跨文化交际精要

Essentials of Intercultural Communication

翁立平 著

上海外语教育出版社
外教社 SHANGHAI FOREIGN LANGUAGE EDUCATION PRESS

图书在版编目（CIP）数据

跨文化交际精要 / 翁立平著. -- 上海：上海外语
教育出版社，2024 (2025重印)
ISBN 978-7-5446-8050-9

Ⅰ.①跨… Ⅱ.①翁… Ⅲ.①文化交流—研究 Ⅳ.
①G115

中国国家版本馆CIP数据核字（2024）第051037号

出版发行：**上海外语教育出版社**
　　　　（上海外国语大学内）　邮编：200083
电　　话：021-65425300 (总机)
电子邮箱：bookinfo@sflep.com.cn
网　　址：http://www.sflep.com
责任编辑：王冬梅

印　　刷：**上海信老印刷厂**
开　　本：**787×1092　1/16　印张 19.5　字数 290千字**
版　　次：**2024年4月第1版　2025年8月第2次印刷**

书　　号：**ISBN 978-7-5446-8050-9**
定　　价：**52.00元**

本版图书如有印装质量问题，可向本社调换
质量服务热线：4008-213-263

前　言

在构建人类命运共同体的时代背景下，跨文化交际日趋频繁，也愈显重要。为了应对语言障碍、文化差异、心理隔阂给跨文化沟通和合作带来的挑战，达到有效与得体的交际目的，跨文化能力已经成为人们不可或缺的需求，对个人和社会的发展具有重要的意义。本书借鉴现有的跨文化交际研究成果，结合当下的社会现实，旨在揭示跨文化交际的内在规律和本质特征，剖析跨文化交际的疑点和难点，为培养跨文化能力提供指导和建议，以助力读者们踏上跨文化交际的成功之路。

本书的讨论是在"基本概念""三大障碍"和"跨越障碍"的框架内展开的。作者首先详细介绍交际、文化和跨文化交际三个概念，然后深入剖析跨文化交际面临的三大障碍：语言与非语言障碍、社会文化障碍以及心理层面障碍。在此基础上，作者系统探究跨文化交际的几个重要的研究和应用领域，如跨文化接触、跨文化适应、跨文化关系和跨文化能力，以实现理论与实践的对接，以期揭示跨越障碍之道。

本书为广大读者提供一种兼顾泛文化视角和本土视角的文化观和交际观。这是对现有跨文化交际概念和理论的拓展和深化，也为加强本文化意识提供一条切实可行的路径。既然讨论的议题是跨文化的，理论出自单一的西方文化语境显然是不理想的。我们既要从西方理论中汲取营养、获得启示，又要认识到它的局限与不足。因此，我们需要在更广阔的视野内，综合考虑不同文化的语境因素和现有的本土理论，以实现泛文化视角和本土视角相互补充、相得益彰的目的。

衷心感谢上海外语教育出版社提供了撰写本书的机会，使得作者可以将自己的学术观点和实践经验分享给广大的读者。特别感谢参与写作咨询会的各位专家，他们是：上海外国语大学跨文化研究中心主任张红玲老师、复旦大学时丽娜老师、湖南理工学院熊奕老师、北京语言大学依涵老师、江苏大学李加军老师和上海中医药大学李芳老师。他们在会上给出的宝贵建议，为本书的撰写提供了重要的指导和启示。

　　本书的撰写得到了两位同仁的鼎力相助。梁文波起草了第一章第一节（7 000余字）和第二章第一节（5 000余字），梁晓雪起草了第七章第一节（8 000余字）。对她们的辛勤付出，作者表示由衷的感谢。本书的部分章节是在前著《什么是跨文化交际学》的相关内容基础上扩充而成。作者感恩许多学生的大力支持，他们分享的跨文化经历，为本书提供了大量的真材实料，也给了作者很多智慧的启示，使得本书的内容更加丰富，可读性更强。

　　本书得到上海外国语大学校级重大项目"国际传播中的跨文化互动机制研究"（2021114007）的资助。

　　衷心感谢上海外语教育出版社的王冬梅老师精心策划、协调和组织这项写作任务，衷心感谢编辑老师们的辛勤付出。他们的敬业精神和高效工作确保了本书的顺利面世。

　　衷心感谢上海外国语大学跨文化研究中心所有同仁的鼓励和支持。2023年适逢研究中心外籍主任顾力行（Steve J. Kulich）教授在华任教30周年，他为中国跨文化交际学科的创立和发展做出了杰出的贡献。他是跨文化理念的倡导者，更是跨文化理念的践行者。谨以此书献给作者的恩师与挚友——"老顾"。

　　衷心感谢您选择《跨文化交际精要》，希望这本书能给您带来实实在在的帮助。受限于作者的视角、经验与能力，本书尚存诸多缺陷，恳请广大读者批评指正。

翁立平

Starting Out…

This road leads me to

    the border,

        to the boundary,

            to the breaking point of all I know.

        Will I go?

            Will I grow?

                Dare I say no?

— Steve J. Kulich

（顾力行）

目 录
contents

第一部分

基本概念

第一章
交际、文化与跨文化交际

Cathy来自新西兰，今年55岁，在上海的一所大学教授英文。刚来上海时，在公交和地铁上常常有年轻人给她让座，Cathy不理解为什么。中国朋友解释说，中国人在长辈、老人面前讲究礼让。年轻人给年长的人让座，是表达对长者的关心和照顾。Cathy仍然感到纳闷，她认为自己并不老，身体又不弱，并不需要照顾。

当年轻人给Cathy让座时，一个交际行为就发生了。如何理解这个交际行为的过程，如何解读年轻人让座的意图和Cathy"不领情"背后的文化因素，我们可以从交际和文化这两个概念切入。

第一节 交际

一、交际的定义

什么是交际？简单来说，交际就是人与人之间分享意义的过程。课堂上，老师将相关的知识传授给学生，学生回答老师的问题，两者均以各自的方式传递意义。在KTV包间，K歌者通过歌声抒发情感，或者纯粹是要过一把歌瘾，但其行为所蕴含的意义对同伴都会带来不同程度的影响。发朋友圈有别于上面的例子，因为你无法直接看到交际的另一方。这种借助社交媒体的交际行为，其核心仍然是意义的分享。你所发送的内容，或文字，或图片，或视频，都承载着意义。而你的意图可能是给自己的经历做一记号，也有可能是让朋友们知道你的喜怒哀乐。至于单独找人倾诉，无论是形式，还是过程，也许最符合我们心目中的交际特征了。

回到开篇的案例，我们可以看到，交际行为的发起者是给Cathy让座的年轻人。他们通过让座向Cathy传递爱心，然而让座所包含的意义由于文化差异的存在而没有顺畅地得到传递。中国朋友向Cathy解释年轻人给她让座的理由，是另一次意义的传递和分享。听到解释之后，Cathy仍然很困惑，也就是说，中国朋友所分享的意义没有按照他们的预期在Cathy身上发生作用，他们没有得到预期的反馈。

更确切地讲，意义除了分享之外，还需要协商。比如，商务谈判时，双方讨论合同细节、完善合同条款的交际行为，是针对合同的签订而进行的意义协商。这样的协商或为了措辞准确，避免歧义的产生，或为了敲定细节，使得双方对各自的权利和义务心中有数。事实上，意义分享和意义协商这两种提法也反映出人们对交际性质的不同认识。分享意义好比分享食物，食物已经摆在那里，只等他人来享用；意义已经存在，只需要传递一下即可，这样的认识显得较为直观。然而，在有些人看来，意义并不一定是事先设定好的，意义往往需要在交际过程中通过协商得以确立。比如，我们也可以把Cathy的案例理解为对让座的意义进行协商。让座对于国内年轻人而言是向长者表达关爱，而对于Cathy而言是对方认为自己年老体弱，需要照顾。由此可见，让座的意义在案例中并没有最终得到确立，或者说年轻人和Cathy没有达成共识，协商的结果并不令人满意。

为了尽可能多地涵盖交际所涉及的内容，我们采用了"意义"这个相对抽象的词汇。在实际生活中，意义往往体现在信息、情感、伦理等多个层面。年轻人给Cathy让座，在信息层面是让座这个动作和对对方接受座位的预期；在情感层面体现的是爱心、关心、照顾；在伦理层面折射出年轻人对儒家传统行为规范的认同。此外，不管是分享意义还是协商意义，都离不开语言和非语言符号的参与。比如，在说"来，您坐！"的同时，年轻人用手指向刚让出的座位，而此时的Cathy可能因为感到困惑而皱起了眉头。手势和脸部表情都属于非语言信息。

除了意义的分享与协商之外，交际也可以理解为生成、维护、修补、改变现实的符号过程。符号指的就是语言和非语言信息。那么，对现实的生成、维护、修补和改变又是怎么回事呢？我们再回到Cathy的案例。简单说来，年轻人通过让座这个动作生成了一个现实，而这个现实在此举之前是不存在的；然后在一般情况下，让座对象需要谦让一番，而让座者往往会继续坚持这一好意，这些行为可以理解为对现实的维护或者修补；此时，如果Cathy欣然接受对方的好意，这一交际行为是对现实状况的一种延续，也可以说是依旧在维护现实。假如Cathy不理解对方的好意，曲解了对方的关心，那么围绕着让座的现实被改变了，而新的现实产生了：或是年轻人的不解，或是Cathy的困惑。这些现实的呈现都是通过交际者交换语言和非语言信息得以完成的。

二、 交际的过程

交际是一个线性过程

意义的传递，是通过交际过程中的各个环节来完成的。David K. Berlo（1960:31）的SMCR线性模型是这样描述的：信息发送者（source或sender）将信息（message）进行编码，通过某种渠道（channel）传递到信息接收者（receiver），信息接收者通过解码来解读发送者的信息。

信息发送者也可以看作是"信息源"，如在事件一线报道的记者、TED演讲人、文艺作品（如果从广义上理解"交际"的话）。信息是一个人想要传递的事实、观点或感受。记者从一线传回的报道、演讲人分享的观点、文艺作品传递的思想、我们给予他人的鼓励，这些都可视为信息。

　　渠道是信息传递的通道或方式。传统的媒体如纸媒、广播和电视，后来兴起的互联网和社交媒体，以及我们学习和工作中常用的慕课平台和腾讯会议平台，都是传递信息、交流思想、融通感情的重要渠道。传送信息的渠道往往是多重的。比如，如今很多媒体机构推出的"融媒体"平台，就是整合报纸、广播、电视等传统媒体，将内容以听觉和视觉的形式传递给信息接收者。信息传递的方式可以是语言（verbal）的，比如球迷为自己支持的球队呐喊助威，也可以是非语言（nonverbal）的，如球迷穿上球队的球衣，打起锣鼓，为球队制造声势。无论通过哪种形式，球迷传递的信息，就是对球队的支持和鼓励。

　　信息接收者是信息发送的对象。被让座的Cathy、听课的学生、新闻报道的读者和文艺作品的观众或读者，都是信息接收者。信息通过发送者的编码得以呈现。也就是说，抽象的意义要被赋形于具象的符码而被感知。SMCR模型中的编码环节，其实就是一个为意义赋形的环节。因此，编码是指发送者用表达意义的符号代码（简称"符码"，code）建构信息的过程。符码的形式可以是语言的，如"您请坐"，也可以是非语言的，如起身让座的动作和指向座位的手势。《纽约时报》畅销书《爱的五种语言》（*The 5 Love Languages: The Secret to Love That Lasts*），其实就是爱的五种编码方式：肯定的语言（words of affirmation），精心的时刻（quality time），礼物的接受（receiving of gift），服务的行动（act of services）和身体的接触（physical touch）。每一种语言或非语言的编码方式都可以传递爱的信息。Cathy如何理解让座的意义，是一个解码的过程。解码指的是信息接收者对编了码的信息进行还原与解读。年轻人要表达"关爱"这一信息，于是编码成"让座"这一行为，传递给Cathy。Cathy接收到"让座"这一行为符码后，却没有领会到年轻人对年长者"礼让"的正面信息，而是解码成对方认为自己"年老体弱"的负面信息。同样，爱的信息如何被伴侣解码，伴侣把礼物解码为爱的表白还是怀疑对方做错了什么事现在来补偿，就看两者之间的信任和默契了。

　　SMCR模型常被用来解析交际的过程。该模型之所以被称为线性（linear）模型，是因为有起点（信息发送者），有终点（信息接收者），有单向度（信息从发出到接收）。它的不足之处在于忽略了信息接收者的反馈（feedback）。事实上，在交际过程中，接收者时时刻刻会对信息做出反应（response），这种反应就是发送者获得的反馈。反馈可以是语言的，也可以是非语言的。在中国朋友给Cathy解释了年轻人让座的原因之后，Cathy表示自己并不老，而且身体并不弱，不需要有人让座，这就是她给中国朋友的语言反馈。看到年轻人让座时，Cathy皱起眉头表示不解，这就是她给对方的非语言反馈。接收者的反馈是发送者判断意义是否正确传递的重要依据。

SMCR线性模型被诟病的另一点，在于它没有足够重视影响信息传递的干扰因素。这一不足，在Claude Shannon和Warren Weaver提出的模型中有所弥补（Kramer & Liu 2015:2–3）。他们的模型同样强调交际的单向度过程，但加入了"噪音"这一元素，即干扰信息正常传递的各种因素。噪音可以是外在的，也可以是内在的。外在噪音是指影响接收者接收信息的外部环境因素。比如，声声地叫着夏天的知了，停在窗外秋千上的蝴蝶，都是影响学生听课的外在噪音。内在噪音是指影响信息编码和解码的语言因素、生理因素和心理因素。学生疲劳，精力不济，就很难消化讲座人的信息，这是生理因素造成的。假如交际双方互存嫌隙，就很容易曲解彼此发送的信息，于是就会有"我不是这个意思"和"你就是这个意思"这样的对话，这是心理因素造成的后果。

内在噪音中的语言因素也可称为"语义噪音"（semantic noise），即信息发送者使用的符码（语言或非语言）含混不清，模棱两可。中文表达里有不少诙谐的"歧义句"。比如，寒暑假想去哈尔滨看朋友，你问起穿多少衣服合适，朋友告诉你："冬天，能穿多少就穿多少；夏天，能穿多少就穿多少。""多少"一词存在歧义。语义噪音也广泛存在于非语言符码中。自媒体表情符的使用便是一例。"微笑脸"原本表达的是"高兴""友好"等积极情绪，后来被年轻一代渐渐用来表达"讽刺"，因为他们认为这个"微笑脸"很假。TikTok的年轻用户则认为"微笑脸"像是"灵魂凝视"。笔者给学生回复信息时曾用微笑脸，本想表示友好，结果学生立刻反馈："老师！不要用这个符号啊！很吓人的！"由此可见，当人们赋予旧符号以新意义时，语义噪音便产生了。

交际是一个互动过程

上述两种线性模型为我们清晰地展示了交际的各个环节。不过，在现实生活中，交际更应该被视为一个不间断的双向互动过程（a transactional process）。从人际交流"互动论"立场出发，Charles E. Osgood和Wilbur Schramm（Berger 1995:16–17）强调交际双方之间的循环反馈，因此他们构建的模型被称为"循环模型"（circular model），强调交际双方的角色功能。在该模型中，交际双方被视为对等的信息互动者，双方均集信息编码者（encoder）、释码者（interpreter）和译码者（decoder）于一身，在交际过程中，彼此不断反馈，相互作用，相互影响。

那么，如何解释案例中年轻人和Cathy的困惑呢？Schramm（1982:40）认为，所有交际者进入一个交际关系时，都带着一个满载信息的生活空间和储存于这个生活空间的丰富经验，用来解释获得的信息符号，并决定如何做出回应。这个满载信息的生活空间，被Schramm（1970:6）称作"经验场"（field of experience）。年轻人生活在具有敬老传统的中国文化经验场中，在公共场所为老年人让座是对他们表达关爱的典型行为。这种生活经验，对于Cathy来说是陌生的。Cathy无法从自己的过往生活经验场中调取相关信息，去释码和解码有关让座的信息符号，她的皱眉，她的困惑也就成了自然的反应。反过来，年轻人也无法从自己的经验场中调取足够的经验，去理解Cathy为什么不领情。Cathy作为一个身体健康、崇尚独立的新西兰人，虽然55岁了，但认为自己无论在心态上还是身材样貌上都还很"年轻"，并不"老"。在这样的身体条件下被看作"老弱"，甚至被"照顾"，让她感到尴尬和不悦。这种来自新西兰生活经验场的感受，对于出于善意而让座的年轻人来说，同样是陌生的。Schramm指出，有效的交际离不开交际双方各自生活空间的经验的交叉重叠。

交际是对社会关系的维护

线性模型和循环模型均把意义、情感、信息和思想的传递与分享看作交际的主要目的。然而，在深受儒家传统价值观影响的社会里，交际的终极目标是维护社会关系和人际关系的和谐。这一目标派生出社会关系取向的交际观和带有儒家价值观烙印的交际行为。

一名来自新加坡的学生在分享其英国留学经历时，说到英国导师曾鼓励他对其直呼其名，不要使用教授（Professor）的头衔。这个建议一度使他感到为难，因为在他的认知中（即在他过往的"经验场"中），对导师直呼其名是失礼的行为。在儒家价值观主导的社会里，与他人交往要从"亲疏"和"尊卑"这两个概念出发，来衡量彼此间的角色关系：前者指彼此关系的亲疏远近，后者指双方地位的尊卑上下。然后，依照"亲亲之杀，尊贤之等"做出差序性反应，这便是"礼"（黄光国2010）。儒家社会的师生关系是"上/下""尊/卑"的纵向差序关系：老师是长辈，学生是晚辈，长辈的社会地位尊于晚辈。对于深受儒家价值观熏陶的新加坡学生而言，晚辈对长辈直呼其名，便是失礼。费孝通（转引自阎云翔2006:206）曾为称呼上的"失礼"做过这样一个注脚："在我们的社会结构中总是分有尊卑的，年龄是尊卑的标准。从这个原则上，我们可以明白为什么我对院长太太无法改口称她的名字了。称呼在我们是规定人们相对地位的符号。只有在上的人才能用名字直呼在下的人。在下的人若用名字直呼在上的人就表示违犯了社会的结构原则。"费孝通所谓的"分有尊卑的社会结构"，是植根于儒家称为"五伦"的人际关系中的。儒家认为，君臣、父子、夫妇、兄弟、朋友是社会中五种最重要的人际关系。五伦中每一对角色关系间的互动，都按"尊卑"及"亲疏"程度，提出不同的伦理要求（黄光国2010）：

父子有亲，君臣有义，夫妇有别，长幼有序，朋友有信。

《孟子·滕文公上》

值得注意的是，五伦中除了"朋友"之外，其余四伦都有"上/下""尊/卑"的纵向差序关系。费孝通（2008:30）在《乡土中国》中把"伦"描述为"有差等的次序"。在乡土中国的"礼治秩序"下，礼是社会公认的行为规范。这些行为规范符合五伦的伦理要求。以"长幼有序"为例，费孝通曾用"贵庚多少"这样的寒暄语来说明中国社会以老为尊的等级化特征（阎云翔2006:206）。他认为，这样不经意的口头禅并非偶然，因为在中国社会里，"敬老是一种基本道德"，人际交往时，"各人相对的行为时常是依着长幼之序来安排的。……有比我年长的人在旁，他若不坐，我坐着就不安心，很自然地会站起来。"这一点想必会引起开篇案例中让座青年的共鸣。而新加坡学生之所以感到为难，是因为对导师直呼其名会"长幼失序"。

June Ock Yum（1998）以北美人际关系取向为参照，着眼同处儒家文化圈的中、日、韩三国的交际模式，描述了东亚人际关系的五个特点，这些特点与儒家礼教及五伦规范关系密切：

1. **特殊主义（Particularism）价值取向，即在人际交往过程中遵循因人而异的交际原则。**对同辈直呼其名以示亲切，称呼导师则要加上"老师"或"教授"等头衔，以示尊重。在韩国和日本，与长辈或社会地位高于自己的人交谈，要使用敬语和自谦语。年龄、性别、社会地位、亲疏程度往往是交际双方采取何种交际策略的依据，所谓上下有别，亲疏有异。相比之下，在北美更为常见的是"一视同仁"，人们采取"普遍主义"（universalism）的价值取向。这种取向根植于人们对"平等"和"公平"的诉求。在北美，散步时对迎面走来的陌生人说"Hi"或微笑致意甚为常见，但在韩国，如果对路上遇到的陌生人微笑致意或者说声早安，有可能会被视为一个怪人。

2. **互惠（Reciprocity）。在儒家文化里，人际关系的维系是建立在彼此互惠基础上的。**《礼记·礼运篇》中提倡的"人义"，便是五组互惠的"尊尊法则"：父慈子孝，兄良弟悌，夫义妇听，长惠幼顺，君仁臣忠。这种互惠之"义"或多或少仍规范着当今东亚的人际交往实践。日本的上司会帮助下属解决家庭问题，获得帮助的下属往往会更加努力地工作。日语中的"義理"（giri）一词所表达的就是互惠义务所涉及的忠诚、感激和道德债务（Befu 1968:450）。Yum认为，东亚的互惠观是长期导向的，而北美的互惠观是短期导向的。在北美，个人更倾向于独立而非互相依赖，人际关系倾向于互不亏欠，因为他们认为，人情债对个人自由和自主性均构成威胁。因此，在北美，朋友聚餐往往会选择AA制，而在韩国，朋友、同事或上下级一起吃饭，很少使用AA制。

3. **内外有别，区别对待（Ingroup/Outgroup Distinction）。**中国人通常有五类内群体（ingroup）成员：血亲、同乡、同事、师生、同学（Chen & Starosta 2007）。内群体成员之间更容易自在而深入地交流，而与外群体（outgroup）成员则较难建立亲密关系（Gao & Ting-Toomey 1998）。国人戏称外国人"老外"，就是"内外有别"的一种体现。在中国工作的外国人，发现自己很难被中国同事视为"自己人"。内外有别与特殊主义价值取向是一脉相承的。而主张"一视同仁"、崇尚普遍主义的欧美人，对内外群体没有那么清晰的区分。

4. **"中间人"角色**（Role of Intermediaries）。内外有别的结果是与外群体成员存在隔阂，因此，东亚人在建立新的人际关系时，需要一个了解双方的"中间人"。中间人与双方往往分别存在内群体关系。中间人帮助双方建立关系，一是帮助他们建立直接的内群体联系，如"你们都是××大学的校友哦""你们是同乡哦"，二是通过自己与一方的关系帮助另一方建立一种间接的内群体联系，如"××是我的高中学长""××是我部门的同事"。与依赖私交的东亚中间人不同，北美的中间人更多的是帮助交际双方直接解决问题的第三方，如律师、谈判专家、婚姻咨询师。他们无需与双方的私人生活有交集，只需为双方提供职业性的帮助。在北美，动用私人关系以达成目标的做法，有可能与利用裙带关系画上等号。

5. **公私关系的重叠**（Overlap of Personal Relationships and Public Relationships）。东亚人认为，良好的私人关系有助于建立良好的工作关系。因此，很多东亚人对私人关系和工作关系不做严格的区分。为了与商业伙伴建立有效的、高回报的工作关系，东亚商人甚至投入大量的时间与其建立私交，通过安排运动、喝酒或旅游等活动，了解彼此的个性和工作情况，建立信任和对彼此的好感，发现共同的利益诉求，达成合作上的共识。相比之下，珍视私人空间、追求自主和独立的北美人对私人关系和工作关系的区分往往更为严格。

　　总之，不论我们将交际理解为一个线性过程，一个动态过程，还是对社会关系的维护，交际总离不开特定的语境。语境有宏观与微观之分。政治、经济、社会结构、族群交往史以及发生交际事件的历史背景，都是交际的宏观语境。微观语境包括物理环境、人际关系、心理感知、文化环境等。物理环境即交际发生的特定地点，如线下教室或在线课堂。人际关系指交际双方的关系属于何种性质。朋友之间和陌生人之间的交往方式就会有所不同。心理感知有关对人和事的看法。假如交际一方对另一方存有偏见，那么交际就会变得困难。文化环境与交际规则与受哪种文化制约有关，"入乡随俗"说的就是交际要符合当地文化环境的要求。那么什么是文化呢？这是接下来要讨论的问题。

第二节　文化

一、文化的定义

　　说到新西兰教师Cathy的困惑，人们大都以为是文化差异使然。假如Cathy是本地人，就不会有上面的故事了。那么，文化究竟是什么呢？按照《现代汉语词典》的说法，文化包括三种情况：一是人类创造的物质财富和精神财富的总和；二是历史遗迹，如龙山文化、河姆渡文化；三是人处理文字的能力或者知识，如这个人没有文化。显然，我们关注的是第一种情况。

　　人们常把文化比作冰山。冰山包含水上和水下两部分，同样，文化包含可见部分和不可见部分。可见部分也叫客观部分或外显部分，如饮食、建筑、服饰、书籍以及人的日常行为；不可见部分也叫主观部分或内隐部分，如宇宙观、价值观、态度、规范，这些要素虽然比较抽象，但往往对客观部分影响深远。比如，让座行为背后起作用的，往往是敬老和助人为乐的价值观，或者是老年人应该得到照顾的社会规范。

　　文化人类学家Alfred Kroeber和Clyde Kluckhohn（1952:357）是这样理解文化这一概念的：

　　文化由显性和隐性的行为模式组成，这些行为模式通过符号习得和传输；文化构成人类群体独特的成就，文化包括人工制品中行为模式的表现形式；文化的基本核心由传统的（即经由历史传承和选择的）观念，尤其是其承载的价值观组成；文化系统一方面可以视为行动的产物，另一方面可以视为制约今后行动的要素。

　　这一定义既告诉我们文化是什么，又告诉我们文化来自何处，文化起到什么样的作用。因为文化包罗万象，跨文化交际学者给出的定义也是五花八门。胡文仲（1999:36）考察众多定义后，总结如下：

　　1）文化是人们通过长时间的努力所创造出来的，是社会的遗产；

　　2）文化既包括信念、价值观念、习俗、知识等，也包括实物和器具；

3) 文化是人们行动的指南，为人们提供解决问题的答案；

4) 文化并非生而知之，而是后天所学会的；

5) 价值观念是文化的核心，可以根据不同的价值观念区分不同的文化。

James Neuliep（2018:51）给出的定义短小精悍，值得参考。在他看来，文化是指"积累下来的价值观、信念和行为模式，为一群特征鲜明的人所共享，这群人有着共同的历史和语言及非语言符号系统。"这一定义突出了以下几点：一，文化包含的内容；二，文化是代代相传的；三，文化是共享的；四，文化总是与一群特征鲜明的人联系在一起。传统上，跨文化交际大多指向国家或地区文化，如日本文化、德国文化，现在也指向国家和地区内部的亚文化，如我国的少数民族文化和南北方文化。

二、 文化的内涵

本书所指的文化，首先是价值观、信念、规范、态度、世界观等主观要素，其次是饮食、服饰、建筑等客观要素。尽管客观要素也同样重要，但不是我们讨论的重点。对交际产生的"文化影响"，就是群体持有的价值观、规范、信念和态度对沟通和互动产生的影响（Gudykunst & Kim 2003）。因此，这四大主观要素，加上世界观，将是我们关注的焦点。这些要素在研究中获得的关注也相对较多（Matsumoto & Juang 2013）。下面我们简要地介绍一下这几个要素。

态度（attitudes）：简而言之，态度是对某个人、某件事或某一观点的一种感觉。这种感觉基于对上述对象的评价之上，而评价既有可能即时出现，也有可能早已留在记忆之中。舆论、刻板印象和偏见都是态度（Matsumoto & Juang 2013），其中后两者将在第六章里做重点介绍，因为它们带来的"文化滤镜"，扭曲了交际者对其他文化群体和来自该群体的个体的感知，对跨文化交际造成障碍。

信念（beliefs）：信念要回答的问题是："什么是真实的（或者有道理的）？"信念总是以陈述句的形式出现（表明两个概念之间的联系）。比如，我们常说的"善有善报，恶有恶报"或"近朱者赤，近墨者黑"就是文化信念。文化不同，人们的信念也有所不同。曾有学者围绕着自我、物质环境和社会环境以及属灵世界，对信念（即"社会公理"）进行了跨文化比较研究，我们将在第五章作详细介绍。

价值观（values）：价值观要回答的问题是："什么是重要的或值得的？"价值观是引导人们达成既定目标的原则，由目的价值观（terminal values）和工具价值观（instrumental values）组成。前者是指终极状态，英文里用名词表达，如财富（wealth）和世界和平（world peace）。后者是达到终极状态的手段，英文里用形容词表达，如乐于助人（helpful）和能干（competent），用来描述一个人的特征。价值观主要存在于个人和文化两个层面。个人层面的价值观是人们日常生活的指导原则，而文化层面的价值观为某一群体所共享，是道德、政治、社会、经济、审美、灵性等方面的行为标准。文化价值观因在文化中占有核心地位、具有相对稳定的特征而被广泛研究（Kulich 2009, 2011），我们将从泛文化和本土两个角度，在第四章里对其做专门的介绍。

规范（norms）：规范要回答的问题是："什么是对的或合适的？"在一个文化群体里，规范通常基于约定俗成的标准，规定什么是应该做的，什么是不该做的。任何文化都有规范，规定文化成员在什么情况下该怎样行动。比如，在西方很多地方，女性可以穿比基尼在海滩上享受日光浴，而在中东某些文化里，女性几乎全身被衣着覆盖，只露出一双眼睛。许多规范属于礼貌原则的范畴。比如，在英美文化中，用餐时打饱嗝是不礼貌的，但在我们的文化里，打饱嗝不是大不了的事。有关规范的研究，最具影响力的当数文化松紧度研究，我们将在第五章里详细讨论。

世界观（worldviews）：世界观是有关世界的态度、信念、意见和价值观念，是人们对物质现实和社会现实的预设（Matsumoto & Juang 2013）。比如，中华文化强调天人合一，所谓"天地与我并生，而万物与我为一"（庄子《齐物论》）。西方文化讲一分为二，如"我思故我在"（笛卡尔语），突出自我独立于环境而存在。自我概念是世界观的重要组成部分，交际者如何看待自己对跨文化交际有着深远的影响。我们将在第四章里讨论自我概念的文化差异。

三、文化如何影响（交际）行为

在回答这个问题之前，我们先来探讨一下文化究竟在哪里。一般来说，文化"住"在三个地方，一是人的大脑，二是文化制品（cultural products；如书籍、广告），三是主体间（intersubjective）。人们在社会化过程中内化了文化的各种要素,这些要素储存在大脑中,成为他们的行动指南。一方面,内化的程度因人而异,由此产生了文化的内部差异,所谓"天鹅不都是白的"。另一方面,文化具有共享的特征,因此来自同一文化,人们的行为方式又有一定的共性。当然,文化与行为之间还有不可忽视的一环,那就是情境因素的作用。也就是说,文化的作用主要体现在行为意向的产生上,而行为意向是否转化成具体的行为,要看各种情境因素的影响,如环境、性格、个人经历、动机,等等。

与储存在大脑中的内在文化不同,文化制品中的文化是外在文化,如教科书、广告、歌词里蕴含的文化成分。一方面,我们通过对这些文化制品的分析,可以管窥一个文化所倡导的价值观;另一方面,外在文化可以转化为内在文化,如学生在课本里习得相关的文化知识,并逐渐内化这些知识。同理,人们不断地接触电视或网上广告,而广告承载的文化观念(如家庭、孝顺、健康、幸福)也会有意无意地被人们接受。因此,文化制品中的文化要素通过内化,对人们的行为造成影响。

所谓主体间文化,是指个体眼里被大众广泛接受的文化。比如,在我们看来,财富是我国社会一个重要的价值观,尽管我们本人不一定看重它。换言之,这个观念在我们身上的内化程度并不高。事实上,越来越多的研究表明,与大脑中储存的文化(内在文化)相比,主体间文化对人的行为影响更大。我们很多的决定并非基于自身对某些文化要素的认同,而是觉得大家都是这么想的,所以我也这么想。说得通俗一点,就是随大流。这也不难理解,因为一旦遇到重大决定,基于自身经历和个人认识的理性分析,或者借助家人和朋友意见的种种考量,往往敌不过时代浪潮的冲击,后者的影响之大常常超乎我们的想象。

由于文化对行为的影响过程十分复杂,人们常常借助比喻加以说明。比如,Geert Hofstede(1980)把文化比作心灵的软件(software of the mind),就像软件之于电脑。当然,他一开始就澄清,文化对人的思想和行为影响虽然很大,但人不可能像电脑这样被动,人还有主观能动性。也有人把文化之于人比作水之于鱼,文化在很大程度上处在潜意识里,平时我们很少去思考文化的规范和假设是什么,就像鱼儿在水中自由自在,但并没有在意水究竟是怎么回事。学科先驱 Edward T. Hall(1959)有一句话说得恰到好处:"文化隐藏的,多于显现的,而奇怪的是,它对自己的成员隐藏得最好。"(Culture hides much more than it reveals, and strangely enough, what it hides, it hides most effectively from its own participants.）用苏轼的话来说，就是"不识庐山真面目，只缘身在此山中"。只有当我们置身于另一种文化、发现差异的时候，才会意识到本文化对我们施加的影响。

也有人把文化比作太阳镜。太阳镜会改变甚至扭曲我们眼里的世界。同样，不同的文化会用不同的方式看待事物。当然，个体佩戴的太阳镜还受到个人经历和性格等因素的影响，但无论如何都摆脱不了文化的烙印。20世纪80年代有一部电影叫《Koyaanisqatsi》（意为"失衡的生活"，印第安语），讲的是人类社会对自然环境的破坏。我们引以为傲的现代生活方式，在强调与环境和谐共处的霍皮人看来，就是一种Koyaanisqatsi，即疯狂、混乱、失衡、崩溃的生活。

现在我们把目光聚焦到交际行为上。文化对交际行为的影响之大，曾让Edward T. Hall发出"交际就是文化"的感叹，也就是说，我们如何交际，大都是文化教给我们的。文化教会我们如何思考，如何说话，如何与别人建立关系，如何适应环境，如何获取知识，文化也教会我们什么是重要的，什么是正确的，什么是合适的，什么是真实的。

Shuang Liu等学者（2017）谈到文化对交际行为的影响时，罗列了四条，我们在此稍作展开。

第一，文化教导我们一些重要的规则。课堂上我曾问学生这样一个问题：假如你在等电梯，电梯门开了，发现里面只有一位陌生人，你会作何反应？同学们一般都会说，没什么反应呀，看自己的手机呗，反正可以无视那个人的存在。我说，你们就把那人当作木头人是吧？他们笑着点头称是。我又问，假如电梯门打开的时候，你发现里面是一条小狗，你会作何反应？你不会无视它的存在吧？大家笑了。我说，你肯定会面露喜色，你不是去撸它，就是问它"Are you a boy or girl?"正想撸呢，你的手冷不丁已被它含上一口。此时，同学们笑得更厉害了。我说，难道人不如狗吗？假如电梯里是个熟人，那情况会是怎样呢？正如上一节所述，在儒家文化里，熟人和生人（即内群体和外群体）的界限是很分明的，我们根据关系的亲疏远近来决定如何与对方互动。习惯于"普遍主义"关系模式的外国人遇到这种情况，可能会觉得我们太冷漠。当然地域差异始终存在，比如东北人对待陌生人就要热情得多。

相反，在西方很多文化里，无论遇到谁，首先把对方当作独一无二的个体予以尊重，其次才来考虑内外群体的问题。多年前笔者在美国进修时遇到的这件事，至今还历历在目：

一天傍晚，天色渐暗，寒风冷冽，我独自在一条羊肠小道匆匆赶路。突然间，远处出现一个黑影，朝我的方向缓缓移动。我隐隐约约看见那是一个黑大个儿，体重起码是我的两倍，心里不免有些忐忑。打照面的瞬间，那黑大个儿冷不丁地来了一句"What's up?"我都没有缓过神来。然而，从他口中蹦出的这两个词，不仅打消了我的疑虑，还给我的内心带来一丝温暖。

这便是交际规则的文化差异。规则规范还涉及时间观念、权力关系、穿着打扮、饮食习惯、互赠礼物等很多方面。我们会在其他章节做进一步的介绍。

第二，文化赋予我们价值观和信念。 在开篇案例中，国内青年的让座行为恰恰超越了刚才提到的内外群体的区分，这是值得称道的。但问题是，由于价值取向上的不同，导致交际结果没有按照预期的出现。尊老爱幼是中华民族的优良传统，已流传数千年之久。孟子说："老吾老，以及人之老，幼吾幼，以及人之幼。天下可运于掌。"其意为："敬重自己的长辈，进而尊重他人的长辈，呵护自己的子女，进而爱护他人的子女。若能如此，实现国泰民安的理想就会易如反掌。"作为老人，此时欣然领受别人的好意，便完成了人际互动中温暖的一幕。这也体现出我们的文化强调互依，小的时候由大人照顾，老的时候由年轻人照顾。

然而，在强调独立自强的文化里，成年人被他人照顾乃是软弱的表现。年长者体力下降，却明知不可为而为之，就是为了证明自己仍然行，不想把软弱的一面展示给别人。Eun Y. Kim（2000）提到的两个例子，跟Cathy的颇为相似：有一次，Kim和丈夫在夏威夷度假时，看到一位大爷推着一辆装满货物的推车艰难行进。那天又闷又热，大爷看起来疲惫不堪。Kim顿时想到了身在韩国的父亲。于是，夫妻俩缓缓地走近大爷，礼貌地询问对方需不需要帮助。大爷顿时不高兴了，说："我有那么不中用吗？难道我搞不定这个？"Kim的一位美国朋友也有类似的经历。有一天，他去参加一个商务会议，在机场遇到了同样去参加这次会议的一位女性，她身材娇小，提着很重的行李，于是这位朋友问她需不需要帮助。她态度坚决地回答道："我自己行。"Kim不禁感叹，过于强调独立和自主不见得就是好事，因为这样做，一方面失去了与他人交往的机会，另一方面对需要帮助的人可能会缺乏同情心。有道是，"如果你分享幸福，幸福就会翻倍；如果你分享不幸，不幸就会减半。"

　　第三，文化教导我们如何去与他人建立关系。人际交流有意无意地牵涉到关系的建立和协商。建立人际关系的方式和途径往往带有文化的烙印。文化不同，对人际关系的理解和对双方的期待也会有所不同。比如，在西方某些文化中，朋友关系是建立在共同经历事情的基础之上的，换言之，假如双方在一起的时间很少，关系自然会冷淡下来，各自便与接触更多的人发展新的友谊。因此，在这样的文化里，朋友圈子通常比较大，而且生活的不同领域里有不同的朋友，如有打高尔夫球的朋友，有教会的朋友。而在亚洲某些文化里，朋友关系多半建立在彼此的信任和依靠之上，哪怕因为工作或家庭之故远隔千里，也不妨碍友情的继续升温。对于朋友关系的理解和期待也有文化差异。在西方，朋友关系基本上都是出于自愿，情感上的互依多，彼此间的义务少，并不总是需要为对方做实事。相反，在我国，朋友关系往往牵涉到责任和义务，甚至"为朋友两肋插刀"。当然我们也有"君子之交淡如水"的说法，也许就是因为讲求义务难免落入俗套。至于情侣关系，假如双方来自不同的文化，那么彼此对关系的处理和期待往往会有所不同。一位日本留学生是这样描述她的经历的：

　　我跟中国男友交往的时候，感觉到了人际关系方面的文化差异。中国人的关系紧密，而日本人的关系较为冷淡。在日本，人与人之间是需要距离的，不管身体上还是心理上。除了朋友之外，家人、情侣、夫妻之间也都要有一定的个人空间。日本人最讨厌的就是过度的干扰，干扰别人，或被别人干扰。所以和中国男友交往时，刚开始不太习惯，因为见面的次数和每天联系的次数都太多了。虽然他是公司职员，但刚开始时我们每周要见四五次。他每天从早上起床到晚上睡觉一直都会跟我联系，还需要我秒回，这让我感觉到没有个人空间。当然，我也不是完全不喜欢，因为被关注的感觉也不赖。我现在终于明白了为什么中国男生在日本女生中很有人气。

由此可见，中日人际关系在个人空间方面的理解很不一样。

第四，文化教给我们一整套语言和非语言交际系统。交际风格因人而异，但文化的烙印也随处可见。比如，一名来自埃及的留学生是这样比较中国人和埃及人如何打招呼的：

中国人为了体现对他人的关心，在见面时会询问对方的饮食和身体状况，比如"吃了吗？""您的身体还硬朗吧？"也可以询问对方的婚姻、年龄、祖籍等状况，比如"你是哪里人？""多大年龄了，结婚了没？"还有就是询问对方的行为作为关心式的问候，如"王奶奶，您老还在忙着给花草施肥呢！""小张，你的毛笔字写得怎么样了？""嗨，你这么着急在找什么东西？"近年来，随着社会的高速发展，中国人在物质生活和精神层面都有了更高的追求，见面时的问候语也更趋多样化。我们常常听到这样的问候语："现在在哪高就呀？""年末单位发红包了吧？""五一假期准备去哪儿游山玩水啊？""最近生意越来越红火了吧？"。阿拉伯语中的问候语通常也是询问式的，如"你好吗？""你怎么样？""你做得怎么样？""你过得怎么样？""家人好吗？"。回答是："很好，谢谢。你好吗？""一切都很好，感谢真主！""一切照旧。"或者"恐怕不是很好。"

从上面的比较可以看出，中国人的寒暄有时候是明知故问，有时候触及"隐私"。这些情况不可能在埃及人寒暄时出现。令这名留学生不解的是，一般都说中国人含蓄，但他们还是会用直接的方式询问对方的私事，尤其像婚姻状态和薪水高低这样的问题，这在阿拉伯世界里是不可思议的。我们再来看一个例子，是一名俄罗斯留学生提供的：

中国人谈生意前问俄罗斯客户："你吃饭了吗？"我们知道这是招呼用语，但俄罗斯客户不明白，心里想：你尊重我吗？你知道做生意的人通常是没有时间吃饭的。而你满脑子都是食物，看来你对这次谈判根本不在乎。

非语言交际方式的文化差异或许更加令人印象深刻。比如，美国人、英国人、德国人和新西兰人在见面或分别的时候握手，熟人之间一般不会握手，但在法国和其他一些欧洲国家，人们哪怕彼此很熟，也要握手，有时候一天要握好几次。俄罗斯人认为，在走道上握手是不礼貌的，而且容易带来晦气。在印度、中东和亚洲其他一些国家，握手之后还可以捏着彼此的手。日本人一般不握手，他们用鞠躬代替，而且鞠躬的角度越大表示越尊敬。还有，竖大拇指在美国表示OK、再见或酷，在巴西表示感谢，但在伊朗是粗鲁的，相当于竖中指，在埃及和以色列表示很好或完美，在丹麦、芬兰和澳大利亚则表示好棒、好极了。

语言和非语言差异涉及很多方面，我们会用两章的篇幅（第二章和第三章）来深入讨论。

第三节　跨文化交际

一、跨文化交际的含义

按照我们对交际的理解，界定跨文化交际应该不难。比如，跨文化交际是指"具有不同文化背景的人们之间分享和协商意义的过程"，或者是指"来自不同文化的人们之间生成、维护、修补、改变现实的符号过程"。这样的说法在逻辑上没有问题，但总是给人意犹未尽的感觉。那么，文化或文化背景究竟指的是什么呢？我国的南方人和北方人是否具有不同的文化背景呢？在回答这些问题之前，我们先来感受一下一位来自东北的研究生所观察到的南北方文化差异：

南北方老人们的打扮不同。南方老人相比之下更"精致"一些，男人喜欢穿正式一点的西装，女人大部分也要化妆后再出门，而东北的老人打扮很随意，更注重实际：够不够保暖、方不方便运动，等等。我猜想这可能与东北的人文环境有关。东北的经济发展依靠农业和重工业，实用第一，因此东北人更习惯于关注内在的感受，而对于外在的东西，虽然会留意一下，但如果不是参加隆重的活动，很少刻意打扮。当然，这也与个人习惯有关，这里说的老人群体是我接触到的。

东北人还有一个广为人知的特点，就是热情率直。人们之间的关系相对较近，很重情义，说话办事很少绕弯子，直来直去。如果说中国是一个大的人情社会，那么东北地区的人情含量应该是高过南方的。这一点在称呼上就可以体会到：在沈阳，陌生人可以互相称呼"姐、哥、哥们"，人们不会纠结年龄上"我比你大吗？你叫我姐（哥）？"这种问题，这就是一个平常熟络的称呼罢了，"哥、姐"一叫，距离就近了，也就更好说话；但在苏州，从来就没有这种叫法，我听到最多的便是"美女、帅哥、先生"之类的，不会和年龄、亲疏扯上关系，这也从一个侧面反映了南方人与人的距离要远一些。为了避免误会，我到了南方以后最早和陌生人打招呼会说"您好"，再之后也会慢慢改口叫"美女、帅哥"之类的。

关于人情，东北人看得重，又不会斤斤计较。举个例子，我在大连上学的时候，同学们之间经常送些小礼品，比如吃的水果零食、用的日常用品等等，这是拉近距离的一种方式。这次你送我，下次我有什么好东西也想着你，没有也没关系，送的人也没有指望得到回报。来到上海以后，在和南方同学打交道的过程中，感受到南方的同学似乎不太习惯接受这种赠予。刚送出去一个小礼品，对方就会马上看看手里有什么东西可以用来交换的，生怕欠下人情，接受就一定要立刻回报。于是我不会再用送小礼品的方式认识新的朋友，只会把东西送给熟悉的同学，熟悉了的人之间就会少一些戒备，不会觉得欠对方一个人情。

南北方的笑点也不大一样。前几年春晚上的小品演员大多来自北方。作为东北人，我能被春晚舞台上的每一个包袱逗笑。我现在身边的同学中不乏来自两广地区的，我了解到在她们的家乡很少看春晚，也不觉得小品、相声会给她们带来欢乐，有时候甚至会不理解语言里的笑点，需要解释才行。同样，在前几年《欢乐喜剧人》的舞台上，港台地区演员们表演的喜剧，我有时候也会抓不住笑点。不过我想，这种文化生活上的不同不会过多影响到交际，各地的人们只要挑选自己喜欢的文艺形式欣赏消遣就可以了。

从上面的描述中不难看出，中国南、北方在生活形态和语言使用等方面都存在不小的差异，那么，北方人与南方人之间的互动究竟算不算跨文化交际呢？

我们先来看看学者们是怎样界定跨文化交际的。Jane Jackson（2014:44）认为，跨文化交际是个人或团体之间的人际交流，这些个人或团体从属于不同的文化群体或者在不同的文化（语言）环境中经历过社会化的过程。文化差异体现在年龄、阶层、性别、民族、语言、种族、国籍和身心能力等方面。显然，Jackson给出的定义相当宽泛，年龄差异和性别差异也包含在文化差异之内，如此说来，我们几乎每天都在从事跨文化交际活动。这类定义的好处是，它们给出了差异的具体内容，便于我们理解。当然，有的学者把文化背景限定在相对有限的范畴之内，如只罗列种族、国家、民族、身心能力（是否残障或智障）等几个方面。

有的学者干脆对文化背景避而不谈，而是在文化差异的程度上来做文章。比如，John Baldwin等学者（2014:62）把跨文化交际理解为"文化差异大到影响信息之生产和消费的交际"。看来这是一种明智的做法，因为不管存在何种文化差异（而且有时候多种差异交织在一起，很难厘清），关键在于这些差异是否真的影响到了人与人之间的交流。Myron Lustig 和 Jolene Koester（2010:52）的看法也颇为相似："当明显的、重要的文化差异给如何有效进行交际这一问题带来不同的理解和期待时，跨文化交际就发生了"（"Intercultural communication occurs when large and important cultural differences create dissimilar interpretations and expectations about how to communicate competently"）。这个定义比 Baldwin 等人的定义更为具体，故操作性也更强，可以作为我们讨论跨文化交际问题的基本依据。此外，他们在阐述这一定义的时候，视跨文化性（interculturalness）为一个连续体，使各种人际交流均可以在连续体上找到相应的位置。比如，开篇让座的例子应该位于跨文化性较高的一侧，因为 Cathy 和年轻人不仅来自不同的国家（新西兰和中国，语言文化大相径庭），而且年龄也相差很大。

　　现在我们来尝试回答前面的问题：南方人与北方人的交往互动算不算跨文化交际？回答是"算"，但这类交际活动在跨文化性连续体上显然位于较低的一侧。尽管南北方文化差异不小（近期的研究发现，较之南方人，北方人更倾向个体主义。研究者将这一差异归结为农事差异，即南方种植水稻，灌溉需要协作，故集体主义较为明显；北方种植小麦，较少涉及协作灌溉，故个体主义较为明显。然而，按照林语堂先生的说法，南人和北人在身体、性格和习俗上的差异，甚至不亚于地中海人和日耳曼人），但这些差异在大一统的中华文化背景下就显得微不足道了。我们发现的差异大都与地域、地理和气候条件有关，较多反映在生活形态和语言实践上。但这些差异不至于给交际双方在信息解读和交际预期上带来持续的困难。至于文化内部的代际交流和异性间交往，其跨文化性也在连续体偏弱的一侧。因此，针对某一交际行为，与其用非黑即白的标准来判定是不是跨文化交际，还不如用连续体来衡量其跨文化性的高低。传统上，跨文化交际主要是指种族、区域国别、民族之间的人际交流，这类交际的跨文化性相对突出；现在也倾向于把国家内部"亚文化"之间的人际交流视为跨文化交际。亚文化体现在阶层、职业、信仰、性取向、身心能力等方面的不同，亚文化群体之间的互动同样具有跨文化性，其强弱程度大多取决于交往的性质和各种情境因素。

Lustig 和 Koester（2010:46-47）进而指出，跨文化性并不是一成不变的；假如来自不同国家的交际双方有长时间的接触和共同的生活体验，他们之间的跨文化性会随着时间的推移而逐渐变弱。两位学者在书中提到了这样一个例子：

Dele 来自尼日利亚，Anibal 来自阿根廷。两个年轻人都在自己的国家完成了中学教育，然后来到美国求学。他们在同一所大学学习，第一年就住在同一个宿舍，并选择了农业作为自己的专业。最终，他们成为了室友，一同参加了许多国际学生活动，并一起上了很多课。获得学士学位后，他们进入了同一个研究生项目。四年后，各自回到了自己的祖国，并在该国的农业部任职。在电子邮件、电话和偶尔的拜访中，两人都谈到了他们与农民以及本国的农业综合企业合作时遇到的困难。

Dele 和 Anibal 刚到美国时，两者之间交往，跨文化性无疑是很高的。虽然两者都有一定的英语基础，但英语水平总体上不高。更重要的是，两者各自受到本文化的熏陶，价值取向、社会习俗、社交风格和对朋友关系的理解都存在差异。然而，在美国共同求学的八年时间里，彼此间建立的默契逐渐跨越了文化的藩篱，日常交际的跨文化性随之变弱，在连续体上不断地朝偏低的位置移动。由此可见，简单的分类（如国籍）并不一定能真实地反映人们的文化背景。要确定个体之间交往的跨文化性强弱，还需要考虑他们的个人特征，尤其是跨文化经历。为了体现案例的特殊性，把 Anibal 和 Dele 当下的互动称为人际层面的国际交流也许更好：尽管两者的国籍不同，但互动的跨文化性并不突出（Lustig & Koester 2010）。

二、跨文化交际的特征

既然有跨文化交际的提法，自然也有不跨文化的交际，我们通常把这类交际称为内文化交际（intracultural communication），即来自同一个文化的人们之间的交往互动。内文化交际位于跨文化性连续体最弱的一端（Lustig & Koester 2010），文化差异没有大到影响信息的生产和消费（Baldwin et al. 2014），因为交际双方对于约定俗成的交际规则烂熟于心，在正常情况下，信息的发送、接收和解读都不会成为问题，双方对于交际中的各种期待也都心中有数。

然而，跨文化交际之所以位于跨文化性较强的一端，归根到底是因为交际过程涉及两个不同的文化参照框架。所谓文化参照框架（cultural frame of reference），是指某个文化中正确的行为方式或理想状态，即对于文化成员而言符合社会要求的态度、信念、喜好和实践。文化参照框架往往在文化成员的潜意识里，是在社会化过程中内化了的主要文化特征，对他们的行事为人影响重大。内文化交际只涉及一个文化参照框架，因此信息的分享要顺畅得多。然而，在跨文化交际过程中，信息的编码与发送和信息的接收与解码往往基于不同的文化参照框架。其结果是，发送的信息不一定是接收的信息，这无疑给交际带来了困难。

但不论是文化背景，还是文化参照框架，这些提法都不足以让我们对跨文化交际的特征有相对完整的认识。我们依然只能模糊地把它定格在跨文化性连续体偏强的一端。为了便于接下来的讨论，我们需要框定跨文化交际的大致范围。Stella Ting-Toomey（1999）提出的有关跨文化交际的五大假设（assumption），或许能带给我们一些启示：

1. 跨文化交际涉及不同程度的文化群体成员身份差异。
2. 跨文化交际在交互过程中涉及语言和非语言信息的编码与解码。
3. 很多跨文化相遇涉及善意的冲突。
4. 跨文化交际总是发生在某个语境之中。
5. 跨文化交际总是发生在内嵌系统（embedded systems）之中。

我们借助一个案例（Spencer-Oatey & Franklin 2009:2）来解读这五个假设：

我负责的硕士项目里曾经有一些来自中国的学生。学成回国后，这些学生中间有几位一直与我保持联系。我去北京的时候，偶尔也会和他们碰面，但后来就慢慢地中断了联系。过了几年，其中一位学生来到中国驻英国大使馆工作。他的女儿刚被我校的大学预科班录取。有一天，他主动与我联系，说要带他女儿到学校来看望我。来到学校后，他对我说：你是我的英国老师，有道是，"一日为师，终身为父"。这是我的女儿，你就把她当作自己的女儿吧。当时，我感到非常惊讶，心里想，他的话到底是什么意思呢？是出于礼貌呢，还是希望我为他的女儿做点实事？是希望我邀请她到家里玩呢，还是只需要我平时多给她一点关照，或者跟她交个朋友？我不太明白他的意思，也不知道该如何回应。

首先，"我"（英国华威大学的一位英籍女教授）和这位中国驻英国大使馆工作人员在文化成员身份（cultural membership）上差异显著。一方面，前者是英国人，背后是英国文化，后者是中国人，背后是中国文化；另一方面，前者是教师，后者是学生，但这两个身份分别处在英国人和中国人这对前提之下。也就是说，尽管教师和学生身份的部分内涵超越文化界限，但仍有很大一部分受各自文化身份的制约。因此，教师身份和学生身份之间的差异不光是社会性的，也是文化性的。

其次，跨文化交际之所以称为交际，是因为双方之间有信息的分享与协商，而分享与协商的过程必然要借助语言和非语言符号才能完成。这名中国学生首先通过语言的编码与英国老师取得联系，告知带女儿拜访老师的意图。老师通过解码了解了学生的意愿，并在随后编码和解码的往复中确定了拜访的细节。来到学校后，中国学生再次通过编码，将自己的信息传递给老师，但老师在解码时出现困难，不明白对方的用意，一时无法用语言给出反馈。然而，此时的老师很有可能不经意地皱起眉头，无意间采用非语言编码的方式向对方提供了反馈。

第三，这次跨文化相遇确实涉及善意的冲突。所谓善意，就是交际双方都本着良好的意愿，努力使交际朝着彼此认为好的方向发展，以达到预期的效果。中国学生探望老师，并把女儿介绍给老师，体现了中国"尊师重教"的传统，也希望师生关系可以通过女儿延续下去；老师接待学生，是师生关系的良好互动，一方面可以重温师生的情谊，另一方面也可以了解彼此的近况。这样的互动是维系人际关系的有效途径，在我们的日常生活中并不少见。那么，冲突又是怎么回事呢？这里所谓的冲突，可能是我们通常理解的由矛盾和分歧引发的争执，也有可能只是在价值取向、交际风格、思维习惯等方面的不合拍。但不论冲突的形式如何，起因总是善意的，不是恶意的。假如两个文化群体之间充满敌意，或者交际一方对另一方所在的文化抱有很深的偏见，结果恶语相向，由此引发的冲突也许已经超越了我们讨论的范围。相反，我们在案例中发现，这次不太成功的跨文化互动主要源自交际风格和价值取向上的错位，中国学生的交际风格和价值取向明显受到中国文化的影响，说话含蓄委婉，看重人情关系，这让深受英国文化影响的教授摸不着头脑。

第四，跨文化交际不论通过何种渠道（面对面、传统媒介如书信和电话、新媒体如微信和脸书），总是在某一具体的语境中展开的。案例中面对面的交际发生在英国华威大学的教授办公室里，这是物理语境（physical context）。同时，交际双方是师生关系，这是关系语境（relational context）。借助传统媒介或新媒体的交流，虽然跨越了物理语境，但总是脱离不了关系语境，如朋友关系、恋人关系或生意伙伴关系。关系的性质不同，跨文化交际的方式方法也就随之不同。

最后，所谓的内嵌系统，其实就是文化参照框架。除非一个人出生之后立刻成为真正意义上的全球游牧民（global nomads），居无定所，没有特定的文化用来扎根，通常，人们都长期置身于某个文化系统之内，也就是"内嵌"其中。他们在该系统中经历一系列的社会化过程，通过接受家庭教育和学校教育，参与社会实践，在不同程度上内化了价值取向、自我概念、思维方式、风俗习惯等文化要素，这些要素便成了为人处世的标尺和指南。文化的共享特征使得来自同一文化的个体在行为模式上具有一定的相似性。同时，因为文化要素的内化程度因人而异，加上个人的性格特征和各种语境因素的相互作用，所以即使来自相同的文化，每个成员在交际过程中又会展现出各自的特点。

现在，让我们回到案例，看看一位研究生是怎样从交际双方的"内嵌系统"出发，试图给英国教授解惑的：

中国人家庭观念十分浓厚，重视人伦。在中国人看来，一种关系最亲密的程度莫过于亲情了。因此会有"一日为师，终身为父"这样的说法。另外，中国是一个人情味十足的国家，人们喜欢攀亲戚，拉关系，套近乎。中国人的亲戚范围也远比外国人的要广泛得多，从近亲到远亲再到远亲的近亲、远亲的朋友，都可以成为"亲戚关系"。而这种"亲戚关系"在必要的时候还会变成一种"人情关系"。所以，当学生说"一日为师，终身为父。你就把她当作自己的女儿吧"这句话的时候，他的内心其实是想让英国老师与自己的女儿建立起一种人情关系，不想让老师把自己的女儿当作陌生人来看待，而是想让老师以后在女儿的学业上和生活上照顾一下，让女儿在异国能有个依靠。另外，也是在帮助女儿扩展人脉，好让女儿以后在异国他乡遇到麻烦或困难的时候能够向老师求助。

事实上，每种文化都重视人情关系，但是中国人的"关系"与西方人的"社交网络"（social network）有所不同。两者最主要的区别是"社交网络"没有"关系"那么强烈的感情纽带。

建立人情关系的顺序不同。在中国是先建立人情关系，然后再请求帮助。如果你想得到一个人的帮助，你需要首先与这个人建立较好的人情关系，比如先请客、送礼物，然后再请求他帮忙。而就"社交网络"而言，可以先请求帮助，再表示感谢。

"关系"可以转移，如果某个人拥有"关系"，他可以把这种关系介绍给他的朋友，使第三方得到帮助和照顾。而西方人的"社交网络"是不能转移的，交往是双方的事情，与别人无关，被请求的人自己决定是否要帮助第三方。

这位学生通过比较中国人的"关系"与西方人的"社交网络"，很好地解释了英国教授感到困惑的原因。

至此，我们已对跨文化交际的内涵和特征进行了简单的梳理。跨文化交际与内文化交际之间并没有整齐划一的界限，两者只是在跨文化性连续体上所处的位置不同罢了。前者位于连续体的强侧，后者则位于连续体的最弱侧。这两种交际各有特点，很难说孰难孰易。就我们而言，内文化交际的挑战在于我们置身于一个关系社会，这个社会太注重讲关系，讲人情，重面子，因此与人打交道并不一定容易。相反，在跨文化交际中，只要有良好的意愿，双方就会主动调整交际方式，朝着既定的目标共同努力，因此交往不见得就困难。关键还是要看交际双方的个人特征、交际语境以及交际双方要达成的具体目标。我们之所以要专门讨论跨文化交际，是因为它有某些独特的挑战，或者说它有一些独特的障碍需要我们跨越。

在接下来的几章里，我们将着重探讨跨文化交际面临的三大障碍。第二章和第三章谈语言与非语言障碍，第四章和第五章谈社会文化障碍，第六章谈心理层面（认知、态度等方面）的障碍。

第二部分

三大障碍

第二章
语言与非语言障碍：语言部分

美国教师Henry在上海一家英语教育机构任教。一次口语课上，一位成人学生介绍自己的初中同学时，使用了一般现在时："He *is* my middle-school classmate." Henry提示学生应该使用一般过去时："He *was* my middle-school classmate." "You are no longer middle-school students," Henry解释道。作为英语母语者，Henry的理解是这样的：初中同学的关系在初中毕业时就结束了，并没有延续到现在，所以应该用过去时去描述这段过去的关系。这位学生也与Henry分享了自己对于同学关系的理解：虽然初中时光已经过去，但初中同学过去是、现在是、将来还是他的同学。在中国，同学关系是"一辈子的"，所以他选择了用来陈述恒久性事实的一般现在时。

Henry和学生对时态的不同选择，表面上看是英语母语者对英语时态的"地道"使用和以汉语为母语的英语学习者犯了"语病"，但在两种时态选择的背后，是把同学关系看作"那几年"或"一辈子"的不同。本章聚焦跨文化交际中语言和非语言障碍的语言部分。第一节介绍萨丕尔-沃尔夫假说是如何揭示语言、文化和思维三者之间关系的。第二节讨论外语学习者通常遇到的语义挑战，分析影响语义建构的文化因素，并简要介绍跨文化交际中的语用失误。第三节分析不同的语言交际风格及其文化差异，并从本土视角管窥国人交际风格的主要特征。

第一节　语言与文化

Henry 的学生对时态的误用，很容易引起我们的共鸣。多年的英语学习经历告诉我们，时态的使用是英语学习的一个难点。我们也会像 Henry 的学生一样，用一般现在时去介绍我们的中学同学。研究语言习得的学者把这种现象称为语言迁移（language transfer），即套用母语（汉语）的模式或规则，产生错误或不合适的目的语（英语）表达形式（Richards et al. 2000）。与英语不同，汉语是一种"无时态"语言（tenseless language）。要表达动作发生或者状态存在的不同时间，汉语不是通过动词的时态变位，而是通过添加时间状语（如过去、今天、明年）或动态助词（如"着""了""过"）来完成的。在"过去是、现在是、将来还是"这个表达中，动词"是"并不会像英语中的 be 那样需要变化（was, is, will be）。因为母语"无时态"，所以很多学习者对时态的变化不太敏感，体现在英语表达中，就有了时态的误用。实际上，影响人们语言使用的，不仅仅是他们习得的语言规则。语言作为一种符号，是文化的载体，而文化，诚如我们在第一章第二节中所述，在很大程度上存在于我们的潜意识里，我们很难意识到本文化和本族语的各种规范（norms）和假设（assumptions）。在 Henry 的认知里，初中同学关系的"有效期"只有那么短短几年，而在中国学生看来，这个关系的"有效期"是一辈子的。Henry 和学生对同学关系有效期的不同假设，直接反映在他们的语言表达上。如语言学家 Robert Lado（1957）所言，人们往往把母语和母文化的模式（forms）和意义（meanings）迁移到对外语的使用和对异文化的理解上。显性的语言迁移背后，存在着隐性的文化差异。

关于语言、文化和思维之间的关系，萨丕尔-沃尔夫假说（Sapir-Whorf Hypothesis）提供的视角最有名，也最具争议。这一假说是以美国语言人类学家 Edward Sapir 及其学生 Benjamin Lee Whorf 的名字命名的。因为该假说是沃尔夫发展了萨丕尔的学术思想而完成的，所以也被称为沃尔夫假说（Whorfian Hypothesis）。

萨丕尔（1929，转引自 Mandelbaum 1949:69）认为，语言在很大程度上制约着使用者对真实世界的认知：

Human beings ... are very much at the mercy of the particular language which has become the medium of expression for their society. ... The fact of the matter is that the "real world" is to a large extent unconsciously built up on the language habits of the group. No two languages are ever sufficiently similar to be considered as representing the same social reality. The worlds in which different societies [cultures] live are distinct worlds, not merely the same world with different labels attached.

人类……在很大程度上受到已经成为其社会表达媒介的特定语言的制约。……事实上，"真实世界"很大程度上是人们在其群体语言习惯的基础上不知不觉地建立起来的。没有两种语言足够相似，以至于可以代表同样的社会现实。不同社会［文化］所栖居的世界都是独特的世界，而非仅仅带着不同标签的同一个世界。（译文参考祝华 2022:285）

在萨丕尔的启发和支持下，沃尔夫研究了多种印第安语言。研究发现，许多印第安语言与以英语为代表的印欧语言在语法结构上存在根本的差别，这些差别影响了使用者看待世界的方式。高一虹（2000:2）引述了一个典型的例子：英语的句子结构分为主语和谓语两部分，事物的表达则分为"主体"（agent）和"动作"或"行为"（action）两部分。一些印第安语，如霍皮语（Hopi），并不区分主语和谓语，动词可以脱离主语存在。比如，"The light flashed"（一道亮光闪了一下），"亮光"是主体，"闪"是动作，两者分工明确；而霍皮语中则会使用一个简单的动词rehpi，即flash（occurred）【闪光（出现）】，"闪"这个动作与"光"这个主题是融合在一起的。说英语的人看到的主要是动作（actions），而说霍皮语的人看到的则是事态（states）。沃尔夫认为，主谓句型实际上对应的是一种二分法的世界观，而主谓一体的句型反映了一种整体的、综合的世界观。这种世界观的差异并不是从自然中抽象出来的，而是不同的语言预先规定好的（高一虹2000:3）。沃尔夫（1956:140）还比较了霍皮语和美式英语的时间表达，发现在霍皮语中，表达时间的名词没有英语那般的复数形式，如days。"They stayed ten days"在霍皮语中就会变成"they stayed until the eleventh day"或"they left on the eleventh day"这样的句式。"Ten days is greater than nine days"在霍皮语中就会表达为"the tenth day is later than the ninth"。英语使用者眼里的"a length of time"（一段时间），在霍皮语使用者看来就成了两个事件的先后关系。基于文献研究和实证考察，沃尔夫（1956:221）提出了他的"语言相对论原则"（linguistic relativity principle），用来解释语言对思维认知的影响：

... users of markedly different grammars are pointed by their grammars toward different types of observations ..., and hence are not equivalent as observers but must arrive at somewhat different views of the world.

截然不同的语法会把使用者指向不同类型的观察……因此，他们不是对等的观察者，他们一定会形成不尽相同的世界观。

换言之，使用某一种语言的人，就会按照这种语言的语法逻辑去思维。语言不同，思维就不同，感受到的世界也不同。

现在，我们用沃尔夫的视角回看一下Henry和学生眼中的同学关系。Henry使用过去时和现在时分别去描述过去和现在的同学关系："A was my middle-school classmate；B is my college classmate."在英语语法的规范下，不同的学段对应不同的时间，自然需要用不同的时态进行区分。中国学生用同一个动词"是"来介绍自己各个学段的同学：A是我的初中同学；B是我的大学同学。作为英语学习者，学生用一般现在时介绍初中同学，说明他依然处在汉语语法的规范之下，依然通过汉语思维去理解同学关系。

看待世界的不同方式，从各种语言的词汇中也可见一斑。以亲属称谓为例。你如何向朋友介绍一个同辈亲属与你的关系？英语母语者会说：He/She is my cousin. 我们的选词就复杂了。汉语中表达同辈亲属的词有很细致的分类：同姓的同辈称作堂兄、堂姐、堂弟、堂妹，异姓的同辈称作表兄、表姐、表弟、表妹，而异姓表亲中又有姑表、舅表、姨表之分。有必要给同辈亲属进行如此细致的分类吗？在我们的文化里是有必要的。如第一章第一节所述，在儒家价值观主导的社会里，人际关系讲究尊卑亲疏。中国传统家庭内部讲究长幼有序，以明尊卑，所以兄、弟、姐、妹的称谓需要区分。同时，又讲亲疏有别，因此本姓堂亲和异姓表亲的区分也有必要。然而，英语国家里并没有长幼有序、亲疏有别的说法，称谓上自然也就没有区分的必要，cousin这一个称谓就足以涵盖所有同辈亲属了。

萨丕尔-沃尔夫假说被后人发展为两个版本：强假说（strong version）和弱假说（weak version）。强假说又被称作"语言决定论"（linguistic determinism），认为语言决定思维。如萨丕尔所述，人们对"真实世界"的认知受语言习惯的制约，语言决定了一个人看世界的方式。在萨丕尔（1921:11）看来，语言"不仅是钥匙，而且可能是枷锁"（转引自高一虹2000:4）。弱假说又被称作"语言相对论"（linguistic relativity），认为语言影响（而非"决定"）思维，语言不同，思维方式也有所不同。诚如沃尔夫所言，语言的语法特征在一定程度上会影响该语言使用者的认知活动和观察世界的方式。

为检验"语言决定思维"这一强假说，高一虹（2000:207）以中国大学生为对象，从语法、语义、语篇三个层面做了实证研究，结果并"没有找到足够的事实来证明'语言决定思维'"。语言受思维模式和文化的影响，同时语言也建构思维和文化的现实。换言之，语言、思维和文化是互相影响的，并非由语言决定一切。有学者认为，萨丕尔-沃尔夫假说夸大了语言的作用，忽视了人的自我反思能力，因为人类作为有独立意识的认识主体和交流主体，有能力反思自己的"世界观"，克服语言差异和思维差异造成的障碍（高一虹2000:10）。Claire Kramsch（2004）主张摒弃强假说，原因有三：第一，把一种语言的核心意义翻译成另外一种语言是可能的。第二，双语者和多语者有时还能以"不受任何话语习惯支配"的方式进行语码转换。第三，语言内部日益凸显的社会语言差异和多元性，使人们很难相信使用同一种语言的人都拥有相同的思维方式（转引自祝华2022:288）。也就是说，首先，语言迥异的双方在交流中固然会面临语言障碍，但通过翻译和语言学习，跨文化理解并非不可能。萨丕尔所谓的"枷锁"可以被打开。其次，就双语者的语码转换而言，事实上，有研究表明，很多双文化人（如深谙中美文化的美籍华人和在华工作生活多年的美国人）在切换语言的时候，也会进行相应的"文化框架切换"，自觉地调整认知、情感和行为，以适应不同文化语境的需要。再次，即使是使用同一种语言的人，思维方式也未必相同。第一章第三节中有一个案例，比较了讲人情、多馈赠而不求回报的东北人和不愿欠人情、接受馈赠就一定回报的南方人。尽管他们都说普通话，可待人接物的方式很不一样。诚然，东北人和南方人各有自己的方言，但如果按照语言决定论的逻辑，把待人接物的不同方式归因于方言的不同，一是很难找到科学证据，二是在逻辑上也很难成立。因此，支持强假说的学者现在越来越少，因为没有充分和系统的证据来证明它的科学性。相比之下，更多学者支持弱假说，相信语言对认知过程是有影响的，但这种影响也有一定的范围。

因科学性和解释力一直存疑，萨丕尔-沃尔夫假说在八十多年后的今天依然是假说，而不是理论。然而，这一假说，尤其是提倡语言相对论的弱假说，为学科背景不同的学者理解语言、文化和思维间的关系提供了有益的启示。对于外语学习者和外语教师而言，语言相对论可以引导我们从汉语的语法结构和语义概念出发，反思汉语对我们的外语学习带来的潜在挑战，提高我们对目的语语法规则的敏感度，强化我们对塑造语义的文化因素的了解，从而有效提升我们的外语学习效果。借用萨丕尔"钥匙"和"枷锁"的比喻，假如语言是思维和认知的"枷锁"，那么，我们是否可以说，外语学习为我们打破这一"枷锁"提供了"钥匙"？在语法学习方面，本章开篇案例中的Henry和学生均为彼此提供了这把钥匙。Henry不仅帮助学生理解英语时态背后的语法逻辑，也让学生认识到英语世界里的人们对同学关系的认知模式。学生对同学关系的理解也为Henry打开了眼界："It never occurred to me that Chinese classmate relationships would be expected to last. In America, they are expected to pass！"对Henry来说，这种"长情"的关系认知模式，对他理解中国的人情社会又多了一把钥匙。在词汇学习方面，汉语中丰富的亲属称谓词汇为我们提供了区分亲属亲疏关系的工具。来自英语世界的汉语学习者在学习复杂的亲属称谓时，也可以了解中国传统家庭内部的亲疏关系和等级秩序。而作为英语学习者的我们，可以从诸如cousin这样的词汇切入，去探究亲疏不做细分背后的文化因素。掌握新的语言，探析语法和词汇背后的文化逻辑，可以帮助我们迈入新的认知领域。

第二节　语义和语用方面的挑战

　　跨文化交际中的很多误解，是由语言触发的。对语音的误识，会引发意想不到的语义联想，引起误会。比如，日语词汇"きれい（漂亮）"在泰语中有发音相同的一词，意思是"丑"。2020年9月的某一天，美国南加州大学传播学教授Greg Patton在MBA商务沟通课上谈到外语会话中的"填充词"（filler words），他以中文口语中常用的"那个"作为例子。因为"那个"一词的发音很像歧视非裔的英文单词（N-word），在座的非裔学生感觉受到了冒犯，便向系主任投诉Patton。几天后，系主任宣布让Patton暂时停课，以便校方作进一步调查。暂时停课的理由是这个词"caused great pain and upset among students"。校方的处理原则是"It is simply unacceptable for faculty to use words in class that can marginalize, hurt and harm the psychological safety of our students"。"那个"一词触发负面意义联想，作者的一位朋友也亲历过。数年前，一名来上海某中学交换的荷兰少年在她家住过一段时间（homestay）。有一天，在咖啡店点咖啡时，这位住家妈妈有点犹豫不决，面对服务生喃喃自语："来一个，嗯，那个……"。落座后，荷兰少年忍不住问："Did you just say the N-word when ordering your coffee?"住家妈妈意识到少年误会了，于是解释道，中文会话中的"那个"相当于英文填充词"um"或"well"。误会旋即消除了。

　　言者无意，听者有心。在语言不通的情况下，一个不带任何语义色彩的填充词会让非裔学生深感冒犯，这与当时美国社会紧张的种族关系脱离不了干系。2020年5月，美国白人警察对非裔男子乔治·弗洛伊德（George Floyd）暴力执法致其死亡，触发了全美为期近一年的抗议，对种族平等的呼吁触及了美国生活的方方面面。在此背景下，非裔学生对发音近似一个种族歧视词汇的外语词格外敏感，是可以理解的。遗憾的是，一个简单的解释就可以澄清的误会，因为听者对言者缺乏信任，便升级为一桩极具争议的公案。

　　相比语音的误读，语义的理解是跨文化交际面临的更大挑战。词语的意义分为"字面意义"（denotation）与"引申意义"（connotation）。前者又称为"核心意义"（core meaning，本义），如梅、兰、竹、菊的字面意义就是四种植物。后者是人们对词语指向的人或事物怀有的情感或所持的态度（Richards et al. 2000:97）。中国人将梅、兰、竹、菊誉为花木中的"四君子"，把四种传统美德投射到了四种植物身上，赋予这些植物以道德内涵，并通过它们表达自己的价值取向和人生态度。而英语对应词plum blossom、orchid、bamboo和chrysanthemum只是植物的名称，并不承载汉语词汇里的文化内涵。

词语引申意义的文化差异容易引起误解。这是一名越南留学生提供的案例：

有一次，我们的汉语老师在课堂上评价学生的积极表现时，使用了"你真牛！"这个句子。老师的本意是想让学生学会"原汁原味"的汉语，但没想到，那位受表扬的学生听了这句评语之后，变得闷闷不乐。后来经其他学生的解释才知道，原来"牛"在越南社会里有"愚笨苦力"的含义。学生误认为老师是在批评他，而老师也想当然地把汉语中的正面评价搬到越南课堂上，结果导致跨文化交际失误。

成语或习语的跨文化理解也有不少难点。以中英文为例，对等语为数并不多，如"Many hands make light work"（人多好办事/众人拾柴火焰高），"Haste makes waste"（欲速则不达），"Out of sight, out of mind"（眼不见，心不烦），"Birds of a feather flock together"（物以类聚，人以群分），"Look before you leap"（三思而后行），"Where there is a will there's a way"（有志者事竟成）。然而，更多的习语是非对等的，因此在理解上容易产生问题，如：

落汤鸡	a drowned cat
胆小如鼠	as timid as a rabbit
蠢得像猪	as stupid as a goose
热锅上的蚂蚁	a cat on hot bricks
非驴非马	neither fish nor fowl
牛饮	to drink like a fish
害群之马	a black sheep
拦路虎	a lion in the way
赶鸭子上架	to teach a pig to play on a flute

上述习语的共同之处在于动物的引申意义错位。就像"狗"在汉语里通常承载负面意义，与英语中的"dog"大相径庭。带"狗"字的汉语成语或习语几乎全是贬义的，如"狗仗人势""狗血喷头""狗急跳墙""鸡鸣狗盗""狗皮膏药""狗头军师""狗咬狗""狗腿子"等等。而英语中的"dog"大都是中性或褒义的，如"Love me, love my dog""Every dog has his day""Be as faithful as a dog""I am too old a dog to learn new tricks""Be careful what you say to him because he's top dog in the office"。此外，监察人或监察部门叫"watchdog"（汉语直译就是"看门狗"），球类比赛不被看好的一方叫"underdog"。而在汉语语境中，若被别人称为"狗"，当事人必然暴跳如雷。

相比词义，语言的运用过程——语用——就更复杂了。我们先来看一个语用失误的案例，是一名研究生亲身经历到的：

当时与一位学校工作人员聊天，我的西班牙语是到了当地（西非某国）才学的，而当时刚到那里大概三个月，所以西语说得不好，但他看到有中国面孔，就一直在找我聊天。聊到一半时，他问："你为什么不娶一个非洲女孩呢？"我说："我不喜欢。"（其实想表达的是"人种不同，结婚会有很多跨文化矛盾要解决，很麻烦。"但当时不会表达，嫌麻烦就说了那句话。）当时他的脸色马上就变了，能够明显地感觉到他很克制地问："为什么呢？是黑人不好吗？"我马上意识到自己的问题，火速调整自己的表达方式，回答说："不是啊，我只是觉得不同的种族……"虽然表达得乱七八糟，但是能看到他的脸色慢慢又恢复到之前的状态。

所谓语用失误（pragmatic failures），是指在社会环境中无法正确理解或使用语言。当语言使用不符合特定语言群体的预期规范，导致沟通的失败或误解的产生，就出现了语用失误的情况。这种情况常常出现在非母语使用者身上，是文化差异、特定社会环境的缺失或语言障碍带来的结果。

常见的语用失误包括：

1. **歧义**：使用的词语、短语或句子存在多种解释，使得对方无法确定具体的意思。

2. **模糊性**：语言表达不明确、不具体或含混不清，致使对方无法准确理解想要表达的意思。

3. **非常规用法**：词语或短语的使用超出了常规用法，导致对方无法理解或产生误解。

4. **语境不当**：使用的词语或表达方式不符合具体语境的要求，造成对方的困惑或误解。

5. **社交失误**：在社交过程中，不能准确地把握他人的意图或情感，使得交流不顺畅，或产生误解。

何自然（1997）认为，语用失误不是指遣词造句时出现的语言错误，而是指说话不合时宜，或者说话方式不妥，表达不符合习惯，使得交际不能取得预期的效果。在上述案例中，当事人受西班牙语水平的限制，语言表达不够明确，也不符合当时交际情景的要求，造成了对方的误解。好在他及时发现问题进行补救，从而避免了更大的误会甚至冲突的产生。

跨文化交际在很大程度上与非母语者如何使用语言有关，因此，语用是了解跨文化交际过程至关重要的环节。

第三节 语言交际风格

　　至此，我们讨论了语言与文化的关系，并简要地介绍了语义和语用在跨文化交际过程中扮演的角色。事实上，还有一个关键因素，对跨文化互动影响深远，那就是交际风格。所谓交际风格，是指"一种言语和非言语行为模式，由我们在特定情况下发送和接收信息的首选方式组成"（Saphiere et al. 2005:5）。一个人的交际风格是文化和个性相互作用的产物。文化的熏陶会引导人们以某种方式与他人交流，这种交流方式经由个性的打磨，而呈现一定的个体差异。然而，交际风格的文化烙印始终存在，来自同一文化的人们总是倾向于以某种特定的风格与他人交流。因此，提高对某个群体共享交际模式的认识，有助于我们在互动中对这一群体的期待做出一般性预测，并寻求合适的方式与对方互动。反之，交际风格的错位往往导致沟通失败，甚至引发冲突。接下来，我们将探讨交际风格的主要内容，考察交际在多大程度上依赖语境，并检视交际风格的跨文化维度。

一、交际风格的内容

　　如上所述，人们的交际风格深受文化的影响。那么，交际风格具体包含哪些内容呢？Dean Barnlund（1989）认为，交际风格主要由五个部分组成：(1) 首选的讨论话题（preferred discussion topics），(2) 最喜欢的互动形式（favorite forms of interaction），(3) 寻求的参与深度（depth of involvement sought），(4) 首选的交际渠道（channels preferred），以及 (5) 强调的意义层次（level of meaning emphasized）。

　　沟通过程中话题的选择，受多种因素的影响，如对话双方关系的亲疏远近以及各自的社会地位、性别、年龄，等等。然而，无论文化背景如何不同，人们在初次见面时，总是寻找安全、合适的话题进行互动。这些话题通常包括天气、工作、共同经历，等等。随着对话的深入，话题的选择可能会因文化的不同而不同。有些应该回避的话题，在另一文化里却被允许甚至鼓励。例如，在德国、伊朗和巴西，人们认为政治（有时甚至是宗教）是非正式交谈的绝佳话题，但在英美等国，这些话题往往被视为过于敏感，因此只留给关系非常接近的人来讨论。

一位来自哈萨克斯坦的学生与上海的退休职工交流时发现，中哈两地的老年人在话题选择上存在明显的差异：

我发现上海的老年人聊天的话题跟我国的老年人有所不同。在我国，老年人聊得最多的是他们自己的经历，跟宗教有关的事情，甚至讲一些道理。他们和年轻人聊天的时候，大多以教导为主，以过来人的身份去教导年轻人应该如何对待生活，将自身的看法传授给年轻人，如什么是对的，什么是错的。他们也会给年轻人一些建议。

但是在跟上海的老年人聊天时，我发现几乎不会听到他们谈宗教有关的事情或者讲一些有道理的话来教导你。他们聊天的话题种类很多，如家庭、经济、政治、新闻，等等。比如，你来这里留学，你家里应该很有钱；有没有女朋友或有没有结婚；问我对一些政治问题有什么看法，比如俄乌冲突；还有最近发生的一些比较热门的事件。在我国，老年人几乎不会和年轻人聊这些话题。

互动形式也是交际风格的重要体现。话轮转接（turn-taking）就是一个很好的例子。在许多文化里，频繁的话轮转接意味着对交际另一方的尊重。一言堂不仅会让对方感到厌烦，而且还会表现出一种居高临下的态度。然而，尼日利亚人、埃及人以及来自其他一些文化的人每次说话的时间往往比"正常"的时间长。社交礼仪是另一个例子。有些文化非常讲究礼仪，如日本文化，而另外一些文化则非常随意，如美国文化。中国人在正规场合很讲礼仪。宴请时，他们对于餐桌上的座位安排很有讲究。合影时，谁应该坐在中间也有细致周全的考虑。然而，朋友聚会时，他们却出奇地随意。

这里有必要强调一下日本人讲究礼仪的事。从这位日本留学生的叙述中，我们可以了解为什么日本人总是频繁地道歉：

日本文化有一个独特的现象，就是频繁地向他人道歉。比如，假如我行走在人行道上，有人从对面走来，当两人接近时，为了避免碰撞，我便自觉地走到人行道的一侧，不巧对方也走到同一侧。于是，我马上向对方道歉，尽管让出通道是出于对对方的尊重。这个现象的背后是日本人固有的一种观念："千万不能打扰别人"。日本人从小就被灌输"不能给别人添麻烦""尽可能不打扰别人过日子"的思想。

此外，期望自我披露（self-disclosure）的程度也存在文化差异。一般来说，在交流中，亚洲人不如西方人愿意透露自己的个人信息。有研究表明，在跨文化交往互动中，西方青年（无论男女）比亚洲青年更愿意分享他们的恋爱经历。

不同文化在社交场合寻求参与的深度也有所不同。内外群体区别较小的文化（即普遍主义文化）鼓励人们与家族以外的人建立密切的联系。这些联系是建立在承诺和情感互依基础上的。来自内外群体区分较大的文化（即特殊主义文化）的人们则相对较少与来自不同文化背景的人深交。友谊的概念也揭示了社交参与的深度。例如，美式友谊比较注重共度时光和情感上的相互支持，而中式友谊往往更多地涉及社会义务和互惠互利。

文化群体在沟通渠道偏好上也有差异。来自西方个体主义文化的人们更多地依赖语言来传递他们的信息。在这类文化中，能言善辩的人往往很有人气。相比之下，我们提倡"沉默是金"，认为"言多必失"，故能说会道不见得就受欢迎，炫耀语言技能很容易被视为"油嘴滑舌"。当对话双方地位悬殊时，地位较低一方常用沉默或凝视等非语言行为来表达对另一方的尊重。

强调的意义层次可以是事实，也可以是情感。事实是指客观的信息，如数据和证据。情感则是一种主观体验，可以影响我们感知和解释信息的方式。在个体主义盛行的社会里，人们往往根据信息中的事实而非情感做出判断或决定。他们从小就懂得了要"寻找证据"和"权衡利弊"的道理。然而，在集体主义盛行的社会里，情感与事实往往难以脱钩，这与人事不分如出一辙。批评一个人干的活等于批评了那个人。同样，在决策过程中，情感诉求和客观事实也往往难以厘清，很多时候，打"感情牌"可以影响到最后的决策。

Dianne H. Saphiere 等学者（2005）则认为，交际风格实际上与我们如何应对一些具体的任务有关。他们一共罗列了十项任务：

1. 如何组织信息和传递信息（比如，如何提出观点来说服他人）
2. 如何鼓励他人（比如，称赞他人的频率，称赞他人的方式，回应称赞的方式）
3. 如何表达同意或不同意（比如，直截了当还是拐弯抹角）
4. 如何与他人建立关系和信任（比如，如何与他人建立密切的联系，如何与伴侣建立亲密关系，如何与来自其他文化的人建立信任）

5. 如何表示礼貌（比如，如何通过语言行为表示礼貌，如何从他人的交往行为中感知礼貌）

6. 如何与他人谈判（比如，如何回应对方的谈判风格或冲突管理方式，是否愿意调整自己的沟通方式，以达成共识或提出妥善解决问题的方案）

7. 如何建立可信度（比如，向听众透露多少个人信息）

8. 如何处理、管理和解决冲突（比如，如何道歉，如何提出请求或拒绝他人的请求）

9. 如何做出决定和解决问题（比如，是多人参与决策还是由领导拍板；如何回应他人解决问题的方法）

10. 如何打断别人和喜欢如何被打断（比如，何时打断别人，打断别人的频率，以及如何应对被他人打断）

在此，我们重点讨论一下信息组织和传递的问题。语言学家Robert Kaplan谈到语篇思维时认为，英语是直线的，而汉语和其他东方语言则是迂回的。的确，英文写作一般从主题入手，摆出观点，提供证据，得出结论。内容的安排基本上分三步走：(1) Say what you are going to say；(2) Say it；(3) Say what you have said.汉语写作则费很多笔墨在铺垫和陈述上，而且主观的推断多，证据少，在主题的外围绕圈，最后才形成自己的观点。这样的写作方法用得精到，我们叫"画龙点睛"，但问题是，如果也用这样的方法写英语文章，读者不一定有耐心等到你"点睛"，就转移注意力了。

曾有学者对在美中国留学生的英语作文进行抽样调查。结果发现，中国学生写作的最大问题是重点不够突出，连贯性差。这显然与汉语写作习惯有关。用汉语写作时，往往引经据典，斐然成章，但缺乏逻辑推理，即很少呈现一个从前提到结论的严密论证过程。当汉语语篇思维移植到英文写作中时，不论语法多么准确，词汇多么丰富，修辞多么漂亮，读上去还是感到别扭。用林语堂先生的话来说，就是"English meat with Chinese bones"。

Linnel Davis（2001:291）还注意到，中国学生的英文作文中经常出现的是"理想现实"（"idealized reality"），而不是真实情况（"reality as it is"）。她在书中指出：

Native English speakers teaching writing in China often comment that their students' writing is rich in visual and other sensory images, but at the same time they also say that it is too sentimental. What they mean is that Chinese students tend to idealize what they are writing about. The writer is presenting a person, memory, or situation as he or she thinks it should be rather than how it is observed to be. The writer may not intend to portray a realistic picture of the world. Foreign teachers caution one another, "Don't ask them to write an essay about their mothers or grandmothers. All you will get is stereotypes about devotion and sacrifice. They will all sound alike."

在中国教写作的英语母语者经常说，他们学生的文字里充满了视觉图像和其他感官图像，但他们同时又说，这样未免太多愁善感了。他们的意思是，中国学生往往将写作对象理想化。作者呈现的人物、记忆或情况，是他们心目中该有的样子，而不是他们观察到的真实情况。作者可能不打算描绘一幅现实世界的图景。外教们于是相互告诫："不要叫他们写有关母亲或祖母的文章。交上来的都是关于奉献和牺牲的刻板印象。文章读起来都很像。"

上述现象的出现，多少与那时候的学生缺乏逻辑论证的意识和能力有关，同时也与平时不太注意观察和收集证据的情况有关。此外，文化价值取向也发挥了很大的作用：与西方强调个人的独立不同，我们强调相互依靠，强调母慈子孝，这些根深蒂固的观念容易产生思维惯性，反映在写作习惯上。如今学生的写作是否还沿用这样的套路，需要进一步观察才能下结论。有关文化价值取向的差异，我们在第四章里会详细讨论。

二、 高低语境理论

在讨论之前，我们先来品味一段有趣的文字：

My aunt and uncle were about to return to Beijing after a three-month visit to the United States. On their last night I announced I wanted to take them out to dinner.

"Are you hungry?" I asked in Chinese.

"Not hungry," said my uncle promptly, the same response he once gave me ten minutes before he suffered a low-blood-sugar attack.

"Not too hungry," said my aunt. "Perhaps you're hungry?"

"A little," I admitted.

"We can eat, we can eat," they both consented.

"What kind of food?" I asked.

"Oh, doesn't matter. Anything will do. Nothing fancy, just something simple is fine."

"Do you like Japanese food? We haven't had that yet," I suggested.

They looked at each other.

"We can eat it," said my uncle bravely, this survivor of the Long March.

"We have eaten it before," added my aunt. "Raw fish."

"Oh, you don't like it?" I said. "Don't be polite. We can go somewhere else."

"We are not being polite. We can eat it," my aunt insisted.

So I drove them to Japantown and we walked past several restaurants featuring colorful plastic displays of sushi.

"Not this one, not this one either," I continued to say, as if searching for a Japanese restaurant similar to the last. "Here it is," I finally said, turning into a restaurant famous for its Chinese fish dishes from Shandong.

"Oh, Chinese food!" cried my aunt, obviously relieved.

My uncle patted my arm. "You think Chinese."

叔叔婶婶来美国三个月后，即将返回北京。临行前的最后一晚，我对他们说，我想带他们出去吃顿饭。

"你们饿了吗？"我用中文问道。

"不饿，"叔叔很快回答道，有一次他低血糖发作前十分钟也给过我这样的回答。

"不太饿，"婶婶说道。"也许你饿了吧？"

"有一点，"我承认道。

"我们吃得下，我们吃得下，"他们都表示同意。

"你们想吃什么？"我问道。

"哦，没关系。什么都行。不用太复杂，简单点就好。"

"你们想吃日本菜吗？我们还没尝过呢。"我给出建议。

他们相互看了一眼。

"我们可以吃。"参加过长征的叔叔勇敢地说道。

"我们以前吃过，"婶婶补充道。"生鱼片。"

"哦，你们不喜欢吗？"我说道。"不用客气。我们可以去另一家。"

"不是我们客气。我们可以吃。"婶婶坚持道。

于是我开车带他们到了日本街。我们走过几家餐馆，窗口摆放着五颜六色的塑料寿司。

"不是这家，也不是这家，"我继续说道，仿佛在搜寻和上一家类似的日本餐馆。"就在这儿，"我最后说道，便拐进了一家以山东海鲜闻名的餐馆。

"哦，中国菜！"婶婶叫道，明显松了口气。

叔叔轻轻地拍了一下我的手臂。"你的想法还是很中国嘛。"[1]

如果说文本（text；文字、声音或图像）告诉我们说了些什么，那么语境（context；与某事物相关并帮助我们理解该事物的背景信息）可以让我们听到没有说出来的话，而文化语境（cultural context）可以帮助我们了解为什么没有说出来。

在上面的这段文字里，文本告诉我们"not hungry; anything will do; we can eat sushi; we are not being polite"等内容。语境告诉我们没有说出来的话，如"I'm starving; we prefer Chinese food; we don't like Japanese food; we are being polite"。长期生活在国内的我们很快就明白，叔叔婶婶是因为客气，碍于脸面，才没有直说，不然会显得不礼貌。然而，试想一下，假如这里的"我"不了解中国文化，那多半会觉得叔叔婶婶不够直率，甚至不够诚实。由此可见，要理解这组对话，挖掘没有说出口的话，并理解背后的缘由，非得靠语境提供的信息不可。相反，如果叔叔婶婶说话直白，一听就懂，那么听者对语境的依赖程度就很低了。

1　Source: Tan, Amy (1990). The language of discretion. In C. Ricks & L. Michaels (Eds.), *The state of the language*. University of California Press.

按照美国人类学家Edward T. Hall（1976）的说法，上述对话属于高语境交际（high-context communication），而我们后来的假设，即叔叔婶婶说话直白，则属于低语境交际（low-context communication）。所谓高低语境，指的是人们在交际的时候，在多大程度上认为对方熟知正在谈论的话题以及背景。程度高，说明确信对方已经掌握了许多信息，所以不必给予太多的背景知识，这是高语境交际方式。程度低，说明确信对方对话题知之甚少，因此几乎所有的事情都要说得一清二楚，这是低语境交际方式。

Hall认为，高低语境交际模式可以用来区分文化，即在有的文化里，高语境交际较为普遍，在有的文化里，低语境交际较为普遍。高语境文化的特征是，很多信息包含在语境里，没有通过语言直接表达出来。换言之，意图和意义的传递主要通过语境和非语言渠道，而不是通过语言本身，因此交际风格趋于间接，听者有责任挖掘和弄清隐藏在语言和语境里的多种意义。

比如，在对话中，中国人经常使用"也许""或许""可能"等修饰语来缓和语气。如果中国人说，"或许我会和你一起去""也许你走得太远了""可能不方便"，他们实际表达的意思是"我来了""我不可能让你走"和"不可能"。中国老师上课时想开窗，常见的做法是问学生是不是太热了。中国学生听到后，马上就会明白老师是要他们打开窗户（Fang & Faure 2011）。这样的例子对于习惯于高语境交际的我们而言，实在平常不过。

然而，在低语境文化里，清楚的语言表达对于交际至关重要。大多数信息必须经由话语来传递，以补偿语境中信息的缺失，而非语言信息通常与语言信息保持一致。也就是说，意图和意义的传递主要通过清楚的语言表达来实现，交际风格趋于直接，信息发送者有责任确保传递的信息被准确地解读。

Hall还发现，高低语境交际与个体主义—集体主义价值维度有着密切的联系。个体主义强调个人目标高于集体目标，集体主义强调集体目标高于个人目标。我们在第四章将作详细介绍。高语境交际在集体主义文化中较为普遍，如在中国、日本、科威特、墨西哥、尼日利亚、加纳、沙特阿拉伯、韩国、越南等文化。低语境交际在个体主义文化中较为普遍，如在澳大利亚、加拿大、丹麦、德国、英国、美国、瑞士、瑞典等文化。

需要注意的是，高低语境是一个连续体，文化通常不会占据两极，而是出现在两极之间的某个点上。从越南留学生提供的案例可以看出，虽然日本和越南同属高语境文化，但两者在连续体上的位置应该有一定的距离：

有一次，我接待了四位日本客人，他们来越南拜访一位著名的和尚。客人们在越南待三天，我担任他们的翻译和导游。这是我第一次与日本人有实际的交往，当时我非常高兴。我充满热情地接待他们。因为我是本地人，所以每顿饭他们都让我点菜。我想让他们品尝更多越南的美食，所以每次用餐时，我点七到十道菜（对我来说并不算多，因为有些菜的分量较少）。每次看到他们都吃得津津有味，吃得很干净，我就很兴奋，于是，接下来的几顿饭，点的菜更多了。直到最后一天，团队中一位在日本定居的中国朋友用中文对我说："今天你点菜少一些哦，其实前两天我们吃得有点多。"那时我才恍然大悟，原来是这样啊！为什么不早说呢？

这次经历给了我很大的启发。首先，我意识到自己可能忽略了日本客人的非语言表达。尽管他们没有明说，但吃完的时候，他们也许会通过一些表情来说明"吃得太饱"。我还记得，当时我一直问客人有没有意见，问他们吃得怎么样，我点的菜是否合适，但他们一直都没有明说。

日本客人出于礼貌的含蓄令这位越南导游摸不着头脑。这种高语境交际之所以可以从文化的角度来理解，是因为我们对日本民众交际方式的总体倾向早有耳闻。否则就会陷入这样一个误区：认为来自低语境文化的人们都是低语境交际者，而来自高语境文化的人都是高语境交际者。如果现实果真如此，那这个世界也就太单调了。再者，语境高低与交际双方关系的亲密程度也有很大的关系。与家人、朋友、同学交流时，彼此知根知底，许多事情不需要解释便能心领神会，因此偏向高语境；与陌生人交流时，彼此的底细不甚了解，缺少默契，事情需要一五一十地说清楚，因此偏向低语境。当然，作为个体交际者，我们在总体趋势上也有高低语境之别。我们不妨问问自己，总的来说，我偏向高语境呢，还是偏向低语境？

高低语境交际方式发生碰撞时，容易产生理解上的偏差。比如，一位正在上班的朋友说，他很饿，但他不能离开工作岗位去买吃的。对于低语境交际者而言，言下之意是这位朋友一直得饿到下班，但高语境交际者立马就领会到了这位朋友的意图，其实是想让自己替他买吃的。由此我们想到了本小节的开篇案例。假如"我"不熟悉高语境交际，那叔叔婶婶准得挨饿！这种间接的交际方式很容易给低语境交际者带来困扰，他们认为对方说话不够爽快，甚至不够诚实，没有立场，或者缺乏主见。另一方面，低语境交际者往往直来直去，就事论事，有时会让高语境交际者无所适从。比如，低语境上司对下属说，"我喜欢你这个人，但不喜欢你干的活"。习惯高语境交际的下属依然很受伤，心里想，既然你喜欢我，为什么就不喜欢我干的活呢？在高语境文化中，"我做的事"和"我这个人"是很难分开的。不管你说话如何小心，一旦批评了这个人的工作，也就批评了这个人。

低语境交际者来到高语境文化时，需要注意以下几点：第一，真诚的态度不一定反映在说话诚实上，而是反映在忠诚上，有时为了保持和谐的关系不惜借助善意的谎言。第二，非语言信息可能更为重要，身份地位的重要性十分突出。第三，在紧密的关系形成之前，或商业合作建立之前，通过间接的方式让对方知道自己值得信赖、花费时间建立彼此的信任十分重要。

高语境交际者来到低语境文化时，建议注意以下几点：首先，注重对方个人的特征、能力、成就和潜力而非对方背后的某一个群体。第二，说话诚实非常重要，说话要直接，不要过于担心给对方面子、突出对方的地位或者符合自己的角色期待。第三，自己的话怎么说，就会怎么被解读，所以要避免拐弯抹角的表达方式。对方直接的、就事论事的表达方式并不是有意冒犯，而只是为了提高沟通的效率罢了。

习惯于高语境交际的我们与英美人交往时，切不可为了面子而放弃自己的主张。在遵循礼貌原则的前提下，大胆发表自己的观点，对讨论的问题提出异议，是至关重要的。罗常培（2003:57-58）指出：

咱们还有时为顾全对方的面子起见不肯当时表示异议，英国人管这种虚伪叫做Chinese compliment。说到"顾全面子"恐怕是我们对于英文最得意的贡献了。在英文学用的成语里有"to save one's face"一句话，据《牛津字典》

记载这句话的来源说：Originally used by the English community in China, with reference to the continual devices among the Chinese to avoid incurring or inflicting disgrace. The exact phrase appears not to occur in Chinese, but "to lose face"（丢脸），and "for the sake of his face"（为他的面子）are common.

有关面子的表达方式之所以被英语世界采纳，原因恐怕在于面子的重要性在华人社会里实在太突出了。在跨文化互动中，不乏"死要面子活受罪"的例子。且看笔者一位朋友的孩子的亲身经历：

这位上海女生高中毕业后赴美留学，按照当地学校的规定，第一年必须住校，而且得和一名美国女生同住一个寝室。一天，这名美国女生带男友来寝室玩，待到很晚，美国女生问同屋是否可以让她的男友在卧室门外小厅里打发一宿，那里有一个两人共用的沙发。上海女生碍于面子，迟疑了一会，还是点头答应了。在随后的日子里，这位男生不仅经常在沙发上过夜，后来甚至溜进卧室爬到女友的床上。上海女生这下忍不住提出异议，美国同屋很不高兴，说以前不是征求过你的意见嘛。此时的上海女生后悔莫及。

三、 交际风格的跨文化维度与本土特征

1. 交际风格的跨文化维度

（1）Gudykunst和Ting-Toomey的四对交际风格

除了高低语境理论，还有其他的交际风格维度值得关注。William Gudykunst和Stella Ting-Toomey（1988）在总结前人研究的基础上，提出了四对交际风格：直接与间接（direct and indirect）、详尽与简略（elaborate and succinct）、重个人与重语境（personal and contextual）以及工具性与情感性（instrumental and affective）。这四对交际风格有助于我们了解文化对交际的影响。

直接交际风格是指交际者直截了当地表达意图、希望、需要的交际方式。英语中"speak your mind"和"tell it like it is"，汉语中"实话实说"和"打开天窗说亮话"，说的就是这种交际风格。间接交际风格是指交际者间

接委婉地表达想法和意图的交际方式。英语成语 "beat around the bush" 和汉语成语"旁敲侧击"说的就是这种风格。研究表明，这两种交际风格与个体主义—集体主义文化价值观有关。集体主义盛行的文化（如在亚洲）强调互依与和谐，故间接交际风格更为普遍；个体主义盛行的文化（如在欧美）强调自我和独立，故直接交际风格更为普遍。当然，集体主义是一个很笼统的概念，在各种文化中有不同的表现形式。比如，巴西文化同样被归入集体主义的范畴，但巴西人说话似乎要比中国人直接得多（由一名巴西留学生分享）：

即使是谈恋爱，我们也会直来直去，这跟中国人不一样。中国人拒绝的时候很委婉，要找一些理由，再表示惋惜，但是在巴西我们会直接说："对不起，你不是我的菜。"转而投入他人的怀抱，并不会觉得有任何尴尬。

直接和间接两种交际风格相遇时，容易给交际带来困难。比如，一位在华美国留学生想邀请中国朋友去参加一个舞会。这位中国朋友性格内向，不喜欢抛头露面，但又觉得说"不"会伤了和气，于是硬着头皮去了。结果遭了一通罪。其实他大可不必这样做，只要说一声"对不起，我没法去，我已经有安排了"就完事了。我们再来看一名俄罗斯留学生的观察：

俄罗斯人对中国人说："帮我一个忙吧！"中国人回答说："这件事不太好办。"结果俄罗斯人感到十分困惑："这到底是什么意思呢？他会帮我吗？"

详尽和简略这一对交际风格与说话的多少和表达是否形象有关。持前一种风格的交际者在日常交谈中说话多，使用的语言生动形象、含义丰富。比如，来自中东的人们常常借助隐喻、习语、谚语讨论问题。美国人一般都比较喜欢说话，而且不能容忍交谈中的突然"冷场"。相比日本人，德国人表达意思时对语言信息的依赖程度更高。简略交际风格的特点是谈话中停顿和沉默较多，使用的语言简单明了，切中要害。比如，在日本和芬兰，交际过程中出现沉默是很正常的现象，不需要没话找话。据说，在赫尔辛基，你完全可以在不说一句话的情况下和朋友共度一个美好的傍晚。

重个人和重语境这对交际风格的区别在于前者重人的"自我"，后者重人的角色。重个人的交际风格较为随意，强调交际者之间的平等关系，代词"我"的出现频率较高。重语境的交际风格由角色和地位主导，而因较为正式，突出权力距离，代词"我"的出现频率较低。在交际过程中，意思的表达比较含糊，对方的个人信息不易获得，只能通过揣摩。这一对交际风格与文化价值观也有联系。重个人的交际风格在个体主义盛行的文化中较为普遍，而重语境的交际风格在集体主义盛行的文化中较为普遍。

工具性和情感性这对交际风格与交际的过程和结果有关。前者重结果，焦点在于信息的发出者通过交际达到某个目的。后者重过程，焦点在于信息的接收者，因而更注重接收者的反应。从语言表达来看，前者直截了当，表述较为清晰，较多地出现在职场（尤其在西方），如老板对员工布置工作；后者表述较为含蓄，并通过语境线索传递意义，了解对方的感受。这对交际风格也可以与个体主义—集体主义维度挂起钩来：在个体主义文化中，交际相对直接，偏向工具性；在集体主义文化中，交际相对间接，偏向情感性。

（2）自我拔高与自我贬损

Stella Ting-Toomey（1999）认为，自我拔高（self-enhancement）与自我贬损（self-effacement）这对交际风格也有助于揭示语言沟通风格的文化差异。自我拔高的交际风格通过突出个人能力和成就来显示自己的重要性。相反，自我贬损的语言风格通过谦虚低调和自我批评来忽略自己的重要性。研究表明，在鼓励人们追求独立的文化环境中，自我拔高的沟通风格较为常见。当自尊受到威胁时，人们会采取各种手段来维持或恢复自我形象。比如，公司项目出了问题，我就尽量撇清自己的责任。相比之下，在重视关系互依的文化中，自我贬损的沟通风格更为常见。因为处理好重要的社会关系、维护和谐的社交环境远比突出个人的身份来得重要，所以脱颖而出或与众不同并不见得是好事，过于显摆必然会对群体的和谐构成威胁。如果说自我拔高在一定程度上有赖于能言善辩，那么能说会道显然不符合低调自谦的要求。一位来自摩洛哥的留学生对中国人的谦逊印象深刻：

当他们谈到自己时，总是非常谦逊，即使做了伟大的事情，仍然不想得到太多的赞扬。无论取得什么成就，他们仍然认为自己做得还不够。有一次，一位中国朋友申请了美国的一所顶尖大学。由于她既勤奋，又聪明，结果被录取了。我听到这个消息，又惊又喜，连忙向她表示祝贺，说她非常有才华，因为全世界只有极少数的人能被这所大学录取。但她一直说，哪里哪里，我没那么好，我还需要努力。大多数中国人都有这种自谦的倾向，这让我很是好奇，因为在我们的文化里，这种"自我羞辱"式的交流方式简直就是在虐待自己。摩洛哥人无疑更具自我意识，喜欢被人称赞。

从理论上讲，中国和摩洛哥均为集体主义文化，但人们在回应他人的称赞上显然有着很大的不同。

（3）对语言交际的热衷与回避（approach versus avoidance toward verbal communication）

Min-Sun Kim（2015）认为，交际风格的文化差异也体现在如何看待语言交际本身。总体而言，有的文化鼓励人们积极投入语言交际活动，而有的文化教导人们尽量少说话。这对交际风格关注的焦点是如何看待人际交往中出现的沉默或"冷场"。沉默在高语境文化里（如波多黎各和韩国）具有强烈的语境意义，回避语言交流的做法常常受到欢迎。例如，身居高位的人保持沉默，从不挑明地位的差异，由此显示出对地位低的一方的尊重。对韩国人来说，沉默不仅仅是一种美德，它也是日常交际的必要组成部分，是交际能力的一种表现。然而，在低语境文化里（如瑞士和美国），沉默带有明显的负面含义。因此，人们热衷于语言交际，用说话来"破冰"，来填补空缺，因为他们认为，让对话毫无阻碍地继续下去是自己的责任。此外，他们在言辞上做足文章，由此赢得他人的信任，抬高自己的身份，从众人之中脱颖而出。在低语境文化里，与沉默寡言的人相比，能言善辩的人往往更有机会建立和发展积极的人际关系。

上述六组交际风格有助于我们了解文化差异对交际产生的影响，但我们不能简单地将它们套用在个体身上。如前所述，个体的交际风格是文化与个性相互作用的产物。同时，情景和场合不同，人们采用的交际方式也会不同。比如，在家里说话比较直接，但一到单位，与同事交流起来便含蓄委婉，或者正好相反。如前所述，来华留学生有时抱怨中国朋友喜欢问他们一些私人问题，如是否有对象、薪水多少、年龄多大，这与他们心目中中国人的形象大相径庭。当然，即使平时说话直接，留学生们也不会轻易地回答这些问题。总之，交际风格与文化的关系从总体趋势上来看才有意义，否则只会加深刻板印象，也就是用过于简单和笼统的方式来描述某个文化及其成员的特征。这样做非但于事无补，反而会进一步阻碍跨文化交际的顺利进行。

2. 中国人交际风格的本土特征

中国人交际风格的特点，可以从互动的文化逻辑、交际特征以及面子主导的交际策略三方面来看（Weng & Kulich 2015）。了解这些特点，有助于我们增强在跨文化交际中的自我文化意识，也可以帮助外国人对我们的交际风格有全面的认识。

互动的文化逻辑。理解中国人的人际交流方式，往往离不开"关系""人情""面子"等本土概念。按照黄光国（1987）的说法，关系分三种：(1) 亲属关系（情感型；expressive tie），(2) 与陌生人的关系（工具型；instrumental tie），(3) 与非家庭成员的密切关系（混合型；mixed tie）。第一种关系里情感成分最多，工具成分最少；第三种关系里工具成分最多，情感成分最少；第二种关系介乎两者之间，情感成分和工具成分大体各半。在儒家伦理的影响下，人们通常按照三种不同的规则分别处理这三种关系：(1) 需求规则；(2) 公平规则；(3) 人情规则。在亲属关系中，资源分配自上而下按需求而定，如父母给子女提供大学的学费；自下而上由孝道决定，如子女赡养老人。在与陌生人的关系中，资源配置本质上是一种商业交易行为，较少有情感成分的出现，故遵循公平规则，如乘客付钱，公交司机提供服务。在混合型关系中（如朋友、同事、同学），资源分配取决于分配者想要给予请求者多少人情。在一般情况下，资源分配者在决定是否接受请求者的请求之前，先要评估两者之间关系的性质——情感成分和工具成分各自的占比——以及成本和预期回报之间的差，然后决定是否答应请求，提供帮助。比如，你有帮人解决孩子升学问题的渠道，假如有老同学或同事找上门来，你就要考虑是否答应帮忙。由于中国文化强调礼尚往来，一旦获得帮助，欠下人情，请求者必然会主动寻求回报，还人情，否则，有来无往，非礼也。

资源分配者通过提供资源施与人情，实际上就是给了请求者面子。面子是个体在社会关系中的正面形象。在个体主义文化里，面子常与自我价值、自我表现和自我认同联系起来，而中国文化则将面子与他人（尤其是内群体成员）对自己的价值、自尊和社会形象的看法联系起来。因此，一个人的自我价值与其公众形象密切相关。换言之，一个人的自我价值是由面子的多少来衡量的，别人的正面评价和良好的人脉会极大地提升这个人的社会自尊。强烈的满足感、自豪感和自信心与有面子有关，而强烈的羞耻感、担忧、不安、焦虑和紧张等负面情绪则与没面子有关。可以想象，假如请求者和资源分配者交情不深（情感成分少），后者虽有能力解决问题，却找各种理由拒绝前者的请求，那么对于前者而言，是很没面子的。有时候，请求者可能来头不小，出于面子的考虑（因别人有求于我，帮不了会伤了别人的面子），资源分配者有时候明知不可为而为之，千方百计动用自己的人脉（社会资源）来帮助请求者，结果自己也欠下了人情。

中国人的交际特征。传统上，中国人的交际行为以间接表达、对地位的敏感和彬彬有礼为特征。中国人的交际方式含蓄而委婉。未说出口的部分往往需要听者去揣摩，但这部分与说出口的部分同样重要，甚至更重要。中国人希望交际的另一方成为高度参与对话的观察者，因其表达的意义通常是"不言而喻"的，或者蕴含在非语言信息中。个人的想法、价值观和感受常常通过语境线索来间接地传递。直接的沟通方式是不可取的，并且会带来不良的后果。

许多中国人的说话方式与自己在社会结构中所处的地位和等级很有关系。说话多的一方在资历、权威、年龄、经验和知识等方面都占优势，而地位偏低的一方在沟通中则以倾听为主，并要显出恭顺。即使在今天的课堂上，中国学生大部分时间还是在倾听老师的讲解。在职场上，下属必须学会全神贯注地倾听上级的意见。他们的反馈通常是有限的，表述往往是试探性的，或犹豫不定的，以免对权威提出质疑或构成威胁。因此，他们经常使用"我认为""我不确定""我不知道"等表达方式。

中国人普遍认为，与他人的交流应该是体贴的，礼貌的，愉快的，文明的。正因为"自我"经由他人的定义和认可才得完整，所以寻求与他人的和谐关系就成了一项首要任务，礼貌的交谈互动自然是一切的前提。在主客关系中，主人要让客人有宾至如归的感觉，客人则要以不强求主人的方式回礼。通常，仪式化的"不"是客人对主人任何好客行为的第一反应，旨在表达礼貌。比如，主人说，再吃点水果吧，客人通常回答说，不，够了，谢谢。主人需要重复几次，直到对方接受自己的建议，彼此显出诚意。然而，内群体成员之间

（如亲朋好友）则有不同的交际规则。比如，诸如"谢谢""对不起"等礼貌用语就很少出口，因为过于礼貌等于拉大了人际距离（因此，通常会听到对方回应："用不着这么客气嘛！"）。礼貌还体现在谦虚低调上。受儒家文化的熏陶，一个人在任何情况下都不该居功自傲，志得意满。有意贬低自己的能力、专业知识和成就，谦虚地与他人交流，抬高他人，一直是中国社会生活不可或缺的一部分，也是上面提到的"自我贬损"的交际风格的真实写照。

　　面子主导的交际策略。 鉴于"面子"在社会生活中的核心地位，大多数中国人在沟通中侧重非对抗性方式、对冲策略、第三方介入以及有限的自我表露。由于社会规范要求人们给予、保留或维护对方的面子，一旦发生冲突，往往采取回避、顺从或妥协的方式。批评他人需要慎之又慎。

　　中国人普遍认为，任何公开的想法都与一个人的身份和价值密切相关，这就意味着对一个人想法的否定就是对一个人面子的伤害。因此，人们常常采取对冲策略——先反复颂赞上级的伟大，然后再委婉地提出不同的意见。公开与上级发生争论或冲突，最有可能出现在主动辞职之前。同样，朋友之间发生冲突，也会损害友谊。一旦友谊出现裂痕，很难采取直接的行动来修复，因为中国人不习惯直来直去，通常喜欢间接地表达意图，并为私下的协商留出空间。对冲的基本规则是：尊重关系为先，表达事实为后。事实上，许多人为了保全彼此的面子，甚至牺牲个人的信誉。维护关系的和谐比说真话来得重要，这一点西方人恐怕不一定能理解。为了保全面子，不产生对抗，中国人还经常依赖他人来寻求解决的方案。双方认识的第三方的介入，可以确保公平公正。公正地维护双方的面子是调解的关键因素。调解人通常由双方的挚友或德高望重的长辈担任，通过对双方施加影响，引导他们达成妥协。

　　中国人的公共谈话往往是仪式化的，以避免面子受到威胁，而私人谈话才有实质性的内容，以满足对私人生活的好奇或表达真实的想法和感受。对中国人含蓄委婉早有耳闻的外国人，往往会被这种直率和坦诚惊掉下巴，他们没想到公共场合和私下里有如此不同的沟通方式。当然，私人谈话也有风险，一是太容易被对方的观点所左右，二是自我披露的信息有可能被泄露。因此，敏感信息的共享必须基于相互间的信任。对面子受损的担忧使得中国人在自我披露前，对对象的选择非常谨慎。相反，欧美人往往使用自我披露作为建立和深化人际关系的策略，在适当的范围内，自我披露的增多可以拉近彼此的距离。然而，对于大多数中国人来说，只有建立了深厚的感情，才会透露对面子有潜在威胁的信息。

　　然而，自改革开放以来，中国社会发生了巨大的变化。中国人的交际风格也随之有所变化。当今，90后、00后以及10后对自己的评价更显积极，认为传统意义上的矜持、谦虚、内敛已不太适应城市生活，竞争意识、自信心和自我表达才是有效沟通的关键。当然，在文化变迁的时代背景下，他们也有这样的矛盾心理：一方面他们在解构传统规范底下的沟通模式，并体现出对新情况、新常态更大的适应性；另一方面，他们有需要时，仍然持守某些传统规范。也许，实用性才是中国人交际实践的原动力，因此，如何在社会期许的范围内，达到有效互动的目的，可能仍然是大多数交际者的选择，但交际风格渐趋多样化也是不争的事实。

　　现代信息技术的发展对中国人交际生活的影响同样值得关注。互联网和社交媒体从根本上改变了中国人获取信息、发展关系、保持联系、与他人互动的方式。由互联网和智能手机塑造的全球传播格局进一步模糊了文化界限，弥合了文化差异。中国人如何将直觉与理性、沉默与表达、过去与现在、本土与全球有机地融合在日常的交际实践和动态关系之中，是值得我们每一位思考的问题。

　　本章围绕着语言和非语言障碍的语言部分展开讨论，依次探究了语言和文化的关系，语义和语用在跨文化语境中的挑战，以及交际风格的内涵、高低语境交际、交际风格的跨文化维度、本土视角下的中国高语境交际文化。接下来，我们将目光转向语言和非语言障碍的非语言部分。

第三章
语言与非语言障碍：非语言部分

■ OK手势一般意味着赞同，但在摩洛哥，这是一种威胁性手势。如果中国人去摩洛哥的话，最好不要做这个手势，以免引起误会。来到中国后，我发现中国人被表扬时大多低下头表示不好意思，但在摩洛哥我们不会这样做，因为我们只向上帝低头，向别人低头是软弱的表现。在中国，点头除了表示同意外，可能还表示尊重或理解，但在摩洛哥，点头似乎只表示赞同。在中国，互动时保持眼神交流和微笑非常重要，而在摩洛哥，我们更重视语言表达和身体动作。在许多情况下，中国人似乎不太喜欢身体接触，但肢体接触和亲吻是摩洛哥人交流中常见的表达方式。总体上，我认为中国人使用非语言表达较多，而摩洛哥人更倾向于语言表达。

■ 中国人喜欢用身体接触的方式来表示亲切，包括异性之间，但在我们巴基斯坦文化里，因为宗教的原因，异性之间尤其不能随便有身体接触。刚去中国的时候，我发现中国人看到我们巴基斯坦女生，很是兴奋，为了体现中巴友谊，喜欢跟我们聊天，握手，还有拍照的时候有身体接触，对此我们很难适应。后来每次出现这样的情况，我们就会礼貌地拒绝身体接触，说明原因，他们也就很快理解和接受了。

■ 中国的餐桌礼仪比较复杂，比如哪个座位是主位，哪个座位是次位，怎么摆放碟碗，怎么给别人夹菜，都十分讲究。在越南，吃饭就没有那么讲究，不管是什么身份，坐在哪个位置都可以，餐具的位置也没有严格的要求。越南人认为，吃饭是一种享受，所以可以随意一些。有一次跟中国人吃饭，我一不小心坐在了主位，这让我很尴尬。我觉得中国的餐桌礼仪会让很多人感到不自由。

这三段文字出自三位来华留学生之手，他们分别来自摩洛哥、巴基斯坦和越南。他们从不同的角度比较了非语言交际规则的文化差异。本章我们着重探讨跨文化非语言交际中可能遇到的困难和挑战。我们首先介绍有关非语言交际的一些基本情况。

第一节　非语言交际与非语言信息

在社会化过程中，我们不断地学习和内化语言和非语言交际规则，在潜意识里形成了一套如何与他人交流的方法。在交流过程中，我们重点关注的是语言表达，但研究显示，在面对面表达态度和情感时，语言只占7%，说话的语音、语调、语速、音高等占38%，而非语言行为，如体态语、脸部表情、手势，占55%（Mehrabian 1981）。难怪现代管理学之父Peter Drucker曾经感叹，交际中最重要的事情是听到没有说的话。按照Edward T. Hall（1966, 1973）的说法，非语言交际是"隐藏的维度"，是"沉默的语言"。如果不留意对方的非语言行为，就有可能错失对方正在发送的重要信息。因此，在交际过程中，积极地听固然重要，但积极地观察同样不可或缺。

一、非语言交际的定义

顾名思义，非语言交际就是不牵涉语言的交际。David Matsumoto和Hyisung C. Hwang（2016: xix）认为，非语言交际是指"通过不涉及语言的各种形式，传输和交换信息"。更具体地说，它是指通过非语言代码有意无意传输和解读信息来建构意义的过程。交际者发送的非语言信息，只要是对他人的思想、情感和行为产生影响的，均可纳入非语言交际的范畴。

非语言信息传输的渠道主要有四：(1)环境；(2)面对面；(3)传统媒介以及（4）新媒体。环境作为传输渠道，可以理解为环境本身承载着非语言信息。比如，建筑设计可以营造出可亲可近的氛围，迪士尼乐园就是一个典型的例子。寝室里，同学的床铺有的整洁，有的凌乱，这些信息不仅反映了同学各自的性格或生活习惯，而且也会给他人带来不同程度的影响。爱整洁的同学可能会觉得同屋太邋遢，而邋遢的同学可能会觉得同屋太讲究。教室桌椅的摆放也包含了信息。我们常见的教室讲台在前，桌椅在后，是专门为讲座形式的授课方式设计的，也体现了师生之间身体和地位两方面的距离。相反，如果把桌椅围成一圈，这种距离感就会减弱，师生之间的课堂互动有望变得更加自然和频繁。

空间的使用也传递出重要的信息。比如，办公室的位置体现了主人级别的高低，总经理办公室通常离电梯最远。办公室的大小也是一种身份和地位的标志。长方形洽谈桌边的座位摆放很有讲究，两条长边中间坐的是地位最高的主人和客人，身边是翻译和随从人员。办公室家具摆放传递了主人的态度。有的人喜欢桌子面向大门，欢迎别人随时来访；有的人则把高高的书架放在门口，挡住人们的视线，不让别人接近。再比如，像麦当劳、肯德基这些快餐厅，为了体现一个"快"字，装修设计简洁明快，色彩鲜艳，灯光耀眼，同时配上劲爆的音乐。快餐厅传递这些信息，目的是为了让顾客吃完就走，便于客源快速流动（至于能否达到目的，则另当别论：国内的快餐厅里常有人蹭网，这在国外是不可想象的，那里连上洗手间都要用消费单子的号码来开锁）。相反，高档餐厅里沙发柔软，烛光摇曳，音乐婉转，营造出宁静优雅的氛围，使人流连忘返，酒水的消费也就自然增多。我们在武打小说里经常读到，武林高手来到一片树林，顿感危机四伏，杀气腾腾，这便是环境发送了非语言信息，当然高手捕捉信息的能力也非常人能及。当然，最具中国特色的恐怕莫过于风水了，住宅基地周围地脉山水的方向决定了住宅所处位置的好坏，风水所承载的非语言信息甚至被认为可以影响家族的盛衰吉凶。

作为传输渠道，"面对面"显然是指交际双方在场的情况下进行非语言交流，如向对方挥手致意，与对方眼神交流，或与对方热情拥抱。传统媒介包括书信、电子邮件、电话等。通过这些渠道，人们也可以传递非语言信息。比如，以往朋友或情侣之间通信，会在信笺上画一颗心或夹一片树叶，以传递相思之情。电子邮件里打上笑脸符来传递情感。通过电话可以传递沉默、笑声或诸如"嗯""啊"等副语言信息。新媒体作为非语言信息的出入口越来越受欢迎，一个典型的例子就是emoji。Emoji于1997年在日本手机用户中首次出现，现今已遍及世界各地，显示出智能手机时代非语言交际的强大力量。在国内，我们主要使用表情包。表情包有两种，一种是社交软件自带的，类似于emoji。这类表情包有时存在歧义，如微信里的"微笑""呵呵"。还有一些外国人比较难理解的，如黄色柴犬的头像。另一种表情包是网友自制的图片，如配有张学友脸的熊猫头表情包、从影视剧里截取出来的表情包。这类表情包一部分的含义体现在人物的表情上，另一部分含义体现在表情包配有的文字上，有的文字可能还有谐音梗，这对外国人来说相对难懂。自制表情包里还有一部分是小动物表情包，如小猫、小狗，这些表情包的含义都很好理解。

二、非语言信息的组成部分

非语言信息主要有四种：体态语（body language）；空间语（spatial language）；时间语（temporal language）和副语言（paralanguage或vocalics）。下面我们对这四种非语言信息分别进行介绍。

1. 体态语

体态语有两种：一种是动态的，与身体各部位的动作有关，如手势、坐立姿势、头部动作、脸部表情、眼神交流等；另一种是静态的，与交际者的外部特征有关，如外表、衣着、饰品等。

（1）动态体态语

a. 手势

手势除了用来指方向、配合说话以起到强调的作用或使说话方式更加形象外，还有一个重要的功能就是传递象征意义。手势和象征意义之间的联系往往是主观的。比如，竖起大拇指，一般表示赞许，但究竟为何，没法说清，就像没法说清为什么dog是狗一样。正因为手势的含义具有主观特征，手势的跨文化解读容易出现差错。比如，伸出食指和中指比"V"的手势在我国和欧美很多地区表示"胜利、成功""耶"的意思，但在英国，手心朝外比"V"表示"胜利"，而手心朝内比"V"则有侮辱人的意思。在俄罗斯，即使是小孩都知道用食指指方向是不礼貌的，如果你手里没有任何东西（比如钢笔或铅笔）可以用来指方向，那就用整只手或除食指外的任何一根手指。因此，旅行者在了解当地的手势之前，不要随意使用手势。

此外，手势使用的频率也因文化的不同而不同。比如，意大利人和地中海沿岸城市的居民说话使用手势的频率比其他地方要高。在英国人看来，意大利人几乎是在用手说话。阿拉伯人则被称为手势种类的"世界领袖"，他们的手势种类之丰富远超其他地区的人们。有一种说法是，说话、手势和文化三者之间的联系如此紧密，如果绑住一个正在说话的阿拉伯人的双手，等于绑住了他的舌头。

b. 坐姿与站姿

坐立姿势能显示一个人的态度和情绪,如喜欢不喜欢,情愿不情愿,或者专注不专注。坐姿和站姿总体上能体现一个人积极性的高低,也反映出交流时双方的地位关系。比如,身体的前倾角度与交际者对另一方的态度有关。角度越小,喜欢的程度越低,角度越大,喜欢或尊敬的程度越高。交际者坐着的时候手脚敞开,通常表明态度积极,愿意开诚布公,而双手搁在腿上或双手抱在胸前通常表明态度较为消极。坐立时肢体向外舒展还表明拥有更多的权力。

坐立姿势产生的非语言信息不仅会影响到交际的另一方,而且也对交际者本人有意想不到的作用。哈佛大学教授Amy Cuddy的研究发现,"力量姿势"("Power Postures")能给人带来自信,进而带来成功。力量姿势是指身体向外舒展,以占据更多的空间。站立时,如双手抱紧,放在胸前,身体是内收的。如果把手垂下,放在身体两侧,或叉腰,身体所占的空间就会变大。力量姿势有刺激大脑、增强自信的功能。扩大空间不仅表现出自信,而且让自己感觉到自信,因为表现出来的自信反过来会对大脑产生影响。比如,在演讲时最好不要手持设备(如话筒)或讲稿,因为这些东西让身体没法充分展开,内收的姿势不仅传递了不自信,而且会刺激大脑释放压力荷尔蒙(stress hormones),从而减弱人的自信。当然,占据空间也要有个度,空间过大会给人留下自高自大、盛气凌人的印象,就像小学生在课桌上划界,因不满足属于自己的一半,非得把界线往同桌那边挪。

说到身体的姿势,我们还要提一下"亚洲蹲"。亚洲蹲是指亚洲人经常采用的蹲姿,即双脚完全着地,臀部贴近脚踝,双膝分开。据说欧美人能做到的不足10%。在少数场合中,欧美人也会做出类似下蹲的动作,但只能做到脚尖着地,抬高脚后跟以保持平衡。可以想象,使用蹲便器对于欧美人来说简直就是一场噩梦。

c. 头部动作

点头和摇头应该是普遍性的头部动作。总体而言,点头表示"是",摇头表示"不"。比如,点头一般表示肯定、同意、承认、认可、满意、理解、顺从、感谢或打招呼等,摇头则表示否定、不同意、不承认、不满意、不理解等。但在阿尔巴尼亚和保加利亚,情况正好相反。笔者为此还专门与保加利亚人确认过。泰国员工在上司布置任务时点头并不总是表示yes,

也许只是出于尊重，但内心也许在想，上司的要求不太合理，我还是按照自己的方式和节奏来工作吧。假如印度人有规则地左右晃动脑袋，加上特定的眼神，意思是"也许是，也许不是"；坐在座位上向人点一下头，是示意对方过来的意思。印度人和别人交谈时，会不由自主地摇头晃脑，这就是所谓的"印度摇"，英文叫"bobble head"，被戏称为印度的"国粹"。曾经有人在路边采访印度人，问道：有个动作只有印度人会，其他国家的人不会，你猜是哪个动作？被采访者一开口便晃起了脑袋。其实，摇头也会给印度人带来困扰，因为有时候很难判断对方究竟听没听懂自己的话。但对于印度人来说，摇头是文化的一部分，已经深入骨髓。一说话，他们就会不由自主地摇起头来，根本控制不住！

事实上，头部动作所表达的含义要与语境结合起来才能做出准确的判断。比如，一个正在减肥的女孩嘴馋，非常想吃零食，于是摇摇头，意思是，"算了，我就吃吧"，或者点点头，意思是，"不，我不能吃"。两个人聊起房价，其中一个说，现在的房价高得离谱啊，另一个摇摇头说，唉，不是吗？这里摇头表示赞同，或者更确切地讲，是对高房价表示无奈或不解。

d. 脸部表情

脸部表情通过两个途径获得，一是脸色的变化，如因紧张或尴尬而脸红，二是脸部肌肉收缩，如微笑。脸部通过肌肉收缩，可以传递心情、感受、态度、意见等信息。脸部传达的信息，最重要的非情绪莫属，通过阅读脸部表情，可以得知对方的情绪状态、意图、动机和性格，也可以判断对方是否诚实可靠，因为情绪往往是瞬间的，自发的，无意识的，是对重要事件的一种即时反应。

有学者认为，一些基本情绪，如高兴、愤怒、悲伤、厌恶、恐惧、惊讶，在世界各地均有相同的脸部表情。这六种基本情绪交织在一起，还会产生其他情绪，如尴尬、羞耻、骄傲、害羞、无聊、怀疑、困惑等。然而，情绪的表达规则因文化而异。比如，遇到令人不快的事情时，美国人和日本人都用相同的方式表达情绪，但有别人在场的情况下，日本人要比美国人克制得多，并且常常用类似微笑的表情来掩饰自己的负面情绪。阿拉伯人则不大会抑制自己的情绪表达，脸部表情特别丰富。此外，在情绪归类时，情绪词汇的多少也因文化而异。比如，在强调关系的文化里，与人际关系有关的情绪词汇就要丰富得多。

e. 眼神接触

眼神接触，顾名思义，就是交际双方同时凝望对方的眼睛，通过视觉的联结表达彼此的情绪。由于表达的情绪较为浓烈，眼神接触通常不会持续三秒钟以上，在此之前，必有一方或双方主动断开眼神的交流，眼睛望向别的地方。眼神接触可以传达热情、兴趣、显示权力、表示害怕等。人们通过眼神接触鼓励别人，显示支配地位，调控对话，表达亲密。我们避免眼神接触，为的是尊重别人隐私，表示不感兴趣，或显示对他人尊重（或不尊重），或者另有隐情。

每个文化有各自独特的社交规则来制约眼神交流，因此，如何进行眼神交流，什么情况下需要（或不需要）眼神交流，眼神交流需要多长时间，跟谁有眼神交流，跟谁不能有眼神交流，这些问题既与文化有关，又要看具体的语境。在日本，听者往往注视说话者的颈部，以避免眼神交流，但在美国，听者通常需要凝视对方的眼睛以示专注。主讲人讲完后，如果听众席上没人举手，通常的理解是观众没有兴趣提问，但在日本，想提问的听众一般不举手，而是用直接的眼神接触来表示兴趣，你只要看到谁的眼睛睁得大，谁就想提问。

研究者常常透过凝视（gaze）这个概念来研究眼神接触和其他眼睛活动。在交际过程中，凝视时间通常占28%到70%。在有心理负担时，凝视时间少到8%，多到73%。听的时候眼神交流增加（占交际时间的30%到80%），讲的时候眼神交流减少（占交际时间的25%到65%）（Burgoon et al. 2016:131）。需要从对方获得信息、监视对方或需要被对方看见的时候，凝视增加。讨论难题、感到不确定或感到羞耻的时候，凝视减少。

性别、种族、性格和人际关系影响到眼神接触的量。研究表明，女生比男生眼神接触多，女生之间最多，男生之间最少。与欧美人相比，阿拉伯人的眼神接触要多得多。外向性格的眼神接触要比内向性格的多。凝视通常表达对对方的喜爱。人们更多地凝视情侣、朋友和喜欢的人，而不是不喜欢的人。随着关系的加深，凝视的量也会增加。在表达同理心和热情的时候，直接的不间断的凝视显得尤为重要。异性之间相互凝视表明彼此吸引。凝视也用来表达对对方的尊敬甚至崇拜。我们在演唱会上长时间地凝视我们的偶像歌手。我们对自己敬仰的学者频频行注目礼。在日常的交往中，有的文化强调说话的时候要看着对方的眼睛，至少是看着对方的脸部，但在有的文化中，回避眼神交流表示对长辈的尊敬。比如，美国白人教授与非裔大学生交流的时候，容易产生误解，因为教授遵循的是凝视规则，而学生遵循的是回避规则。有的美国白人甚至认为，讲话时没有眼神交流就是在撒谎，而实际上在有些文化里（如印度某些地区文化），人们避免眼神交流是出于礼貌。

对陌生人长时间的凝视（即盯着看）是很不礼貌的，甚至被视为挑衅行为。在有些文化里，"只是因为在人群中多看了你一眼"而引发肢体冲突的事也时有发生，因为这多看的一眼已经超越了当地文化规定的正常范围。国内朋友去国外旅游要切记这一点。特征鲜明的外国人在中国老是被盯着看，感到极不舒服，因为没有人会喜欢自己像动物一样被围观。假如你被这样盯着看，会有什么感觉呢？笔者也试图对这种现象进行解释。盯着别人看无非是出于好奇，而好奇主要来自难得一见的差异。我国的人口结构相对单一（汉族占绝大多数），文化同质性高（汉文化占绝对的主导地位），加上没有机会体验不同的文化，这些因素合在一起，往往使人对异国风情抱有极大的好奇，这在国际化程度低的地区尤为如此。

为了说明凝视对他人产生的影响，笔者会在课堂上分享一段实验视频，这个视频应该是在研究对象不知情的情况下拍摄的。一位穿着时髦、性感漂亮的女生来到大学图书馆，做了一项凝视实验。她每次来到一位学生面前，就盯着对方看，直到对方避开眼光，或哑然失笑，或开口说话。学生有男有女，有白种人，有黄种人。被盯着看的学生普遍显得局促不安，或问她你怎么啦，或尴尬地微笑，或回望以确定她是否真的在看我，或不停地拿起水瓶喝水。最后，这位女生在一位凝视"高手"面前败下阵来，那位男生同样不露声色地盯着她看，一分钟过去了，这下轮到了女生失笑，实验就此告终。

（2）静态体态语

非语言信息除了来自动态的体态语，还来自外表和身体特征。"以貌取人"实际上说的就是判断人过于依赖这一信息源。长相（颜值）、身材（身高、体重、体型）、肤色、体味都承载着非语言信息。比如，早期的研究者认为，身材与性格有关。体型富态的人通常善于社交，性格开朗。身体棱角分明、肌肉发达的人意志力强，有领导力。身材瘦弱的人比较内向、聪明、容易紧张。但后来的研究并不支持这些结论，即身材和性格之间没有统计学意义上的相关性。有体形庞大的领导如姚明，也有体形瘦小的领导如马云。另外，属于迷信的相术（面相与手相）与这一信息源关系密切。比如，看相者认为，一个人有没有智慧，或这个人一生有没有好运，要看她/他的额位。低额的人聪明，做事认真，适合从事学术研究；润额的人头脑发达，人际关系好；前额突出的人则感情丰富，职业方面适合从商。就手相而言，通过察看掌面的大小和纹路的走向，可以得知一个人的天赋、性格和成就，也可以了解这个人的父母、配偶和子女的情况。

与外表相关的还有广义上的"饰品"，即传递信息的人造物品，如穿刺、文身、服饰（包括制服）、眼镜、戒指、项链、手提包、手机、香水等。这些物品的使用反映出一个人的品位、气质、社会经济地位和价值取向。意大利北部的年轻人通常很注意穿着，很看重服装的品牌和质量，但对手机品牌和价格没有特别的要求，认为那只是一个通信工具而已。这与国内年轻人的看法可能有所不同。笔者的一位学生曾在街头采访过来自法国、英国和意大利的年轻人，她发现，这些年轻人的饰品大多属于快消品牌。在追求时尚的同时，还要追求经济实惠。另外，基本上每位受访者都有一件配饰来自（外）祖母或者（外）祖父，甚至是（外）曾祖父母，因为"继承"隔代长辈的配饰是最经济实惠、最容易追随复古时尚的一种手段。这位学生认为，中国年轻人之所以不去"继承"隔代长辈的饰品，是因为"继承"大多发生在长辈过世以后，而在中国传统的丧葬文化里，这些贴身之物原本应该与死者同葬，故此，隔代继承这些物品会显得不太吉利。由此可见，饰品所包含的非语言信息不仅与审美有关，也常与文化传统有关。

2. 空间语

空间语是指人"对空间的感知和使用"（Hall 1966:83），包括个人空间、身体距离、身体接触，等等。早在1959年，Edward T. Hall 发现了四种身体距离：亲密距离（0到18英寸），个人距离（1.5到4英尺），社交距离（4到10英尺），以及公共距离（10英尺或以上），这是人们在处理空间时的主要依据。Hall 还指出，不同的文化对身体距离有不同的规定，无论是说话，做生意，还是套近乎，站得太近太远都有可能造成误解。他特别提到，在中东旅行的美国人与当地人交谈时常常需要往后退，因为觉得对方离得太近，而当地人则不时地抱怨美国人太高冷，太不友好，或者"太不在乎你"。殊不知，造成误解的原因是各自文化对人体距离的规定不同。

继Hall的开创性研究之后，个人空间和身体距离常与"领地"（territory）这个概念联系在一起，如身体领地，首要领地，次要领地，以及公共领地（Burgoon et al. 2010）。身体领地可以理解为身体周围的一个"空间气泡"（space bubble），或圆柱体。这个领地是所有空间领地中最私密、最不可侵犯的。人们对于别人可以离他们有多近，都有一个清醒的认识。同时，在共同场合又有社会规范（包括法律）来保护人们的身体领地不受侵犯。至于互动时双方保持多大的距离，一方面有个人的喜好，但更多地与文化有关。来自不同文化的人们对于人际距离的期待会有所不同。一旦相遇，彼此不同的期待极有可能导致误解。例如，一位中国女性遇到她的拉美男性朋友时，拉美朋友首先亲她的左右脸颊，然后站得离她很近，这让这位中国女性甚感别扭。反过来，如果她拒绝对方的亲吻，且频频后撤，那么拉美朋友又会觉得对方不够礼貌，缺乏诚意。

首要领地是指个体日常生活和工作的场所，如房子（包括院子）、卧室、办公室、私家车等。这些空间只有得到主人的允许，他人才可以进入。房子和卧室是人生来所需要的空间，很多时候需要与家人共享。研究发现，这些首要领地如果过小，心理上似乎会对社会适应产生负面的影响。次要领地主要是指人们闲暇时经常光顾的公共空间，如酒吧，或者共同生活的空间，如宿舍。说到宿舍，美国一名教授曾告诉笔者，当宿舍变得拥挤的时候，个体对私人空间的需求也会随之增大。于是，个体会想方设法设置障碍或调整家具的位置，以赢得更大的空间，但同时也阻碍了个体之间正常的交流。欧美人对这种领地的要求通常较高，因此较难承受拥挤不堪的宿舍。当时我告诉这位教授，在上海，拥挤的大学宿舍似乎不会造成这样的问题。此外，上下班高峰时间，上海某些地铁乘员太多，离站前连关门都成问题，有时非得由工作人员在乘客背后使劲地推才行，这对于欧美人来说是很难想象的。现实条件对次要领地这一概念的影响是显而易见的。为了保护女性的私人空间，在东京、首尔、里约热内卢等地设有女性专用地铁车厢。当然，在某些伊斯兰国家，许多社交场合是不允许男性和女性同时出现的。公共领地也就是我们常说的公共空间，如游乐场里的停车位、公园里的长凳、图书馆里的桌椅。停车位通过划线规定空间，而公用的桌椅长凳则需要放置私人物品，以表示已有人占用。

触摸包括握手、拉手、搂腰、拍肩、勾肩、拥抱、摸头、亲吻以及触碰肢体其他部位的动作。每个文化都有一套有关触摸的规则，告诉人们触摸谁，触摸哪个部位，怎么触摸，在什么情况下触摸，触摸多长时间，等等。可以想象，在跨文化交际中，触摸是一种较难把握的非语言行为。比如，中国人打招呼一般就是挥手或握手，很少有拥抱，但在马达加斯加以及其他法语国家，人们习惯行贴面礼（bisou）。贴面礼也就是贴着脸假装亲吻、需要发出亲吻的声音，一般左一下右一下。听一位中国学生说，她的外教来自马达加斯加，这名外教每次回国过节的时候，家里总有几十个亲戚排队等着行贴面礼。

哪怕在西方世界，触摸方面的文化差异也十分明显。一名来自意大利的慕课学员是这样描述他在英格兰的经历的：

我十八岁离开意大利，去伦敦学英语，打工。尽管英语学得很快，大城市的生活也适应得不错，也交上不少朋友，但总有什么事让我感觉别扭。过了好一阵子，我才明白，原来问题出在非语言交际上。在意大利，与朋友交谈时，身体接触是很正常的，不管是男是女，而且站得很近。"友好的轻拍"（friendly pat）不带任何性暗示，只是用这种方式表达"我在这儿，我注意到你"的意思。但我的英国朋友对我的轻拍总是反应激烈，"我不喜欢被碰"这几个字赫然写在他们的脸上，或者以为我在性暗示。在此后的十年里，我尽力把自己的双手放进兜里。

握手是在商务场合或在社交场合见面时常用的礼仪。握手的方式与给人的第一印象很有关系。握手不能太轻，也不能只握住对方手的小部分，同时一定要与对方保持眼神接触。女性握手明显比男性温柔。美国人通常握手比较用力，表示自信，绵软无力的握手（wet noodle handshake）是大忌。亚洲人除了韩国人，握手一般不是特别用力。英国人也很类似。法国人一般不会主动向地位高于自己的人伸出手来，握手较为轻快，并且见面和临走时都会握手。德国人握手时间短但比较用力，见面和临走时也都会握手。拉美人握手力量适中，且经常重复握手。中东人握手轻柔，且反复握手，握完后有时还不放手，以示热情友好。当然这些描述只说明了一个大概，语境和个人特征都会影响到具体的握手方式。

在跨文化交际中，有关触摸的禁忌不容忽视。比如，在印度，不可摸小孩的头，因为人们认为头是神明居住的地方，触摸这个地方会给孩子带来厄运。在泰国，受佛教思想的熏陶，人们认为头是身体上最高贵、最神圣的部位，所以切不可摸别人的头。在伊斯兰文化中，左手是不洁净的，因此要避免用左手触摸别人或接受礼物。还有，我们国内男生勾肩搭背、女生手挽手的现象十分普遍，但在北美文化中则比较少见。一名辅导中国移民英语的加拿大女教师曾经这样写道（Davis 2001）：

　　我最喜欢的中国学生和我一走出大楼，她就紧紧地挽住我的手臂，与我步调一致，走向我的车子。我们一路上有说有笑，但我不得不掩饰自己身体的僵硬；这种手挽手的感觉对我来说太奇怪了。我知道，在中国和很多拉美国家，女性朋友之间这种亲密的举止是很正常的。但在加拿大情况不同，我感觉很不自在。但另一方面，当我和加拿大女性朋友见面或分别时，总是相互拥抱，亲吻脸颊，而这些动作会让我的中国女性朋友感到很不自在。

3. 时间语

　　时间是交际的一个重要维度。时间语是指人们如何看待、安排和使用时间。从心理学的角度看，时间取向一般有四种：过去取向、时间线取向、现在取向和将来取向（Reinert 1971）。过去取向之人总是怀念和留恋过去，对过去的人或事充满感情。在这些人看来，时间是循环往复的。时间线取向的人把时间看作连接过去、现在和将来的一个连续体，事件的发生是一个线性过程，因此他们用科学分析的眼光看待时间。现在取向之人着眼当下，很少关注过去和将来。他们顺其自然，坦然应对各种事件和活动。而将来取向之人侧重对将来事件的预测和计划，把将来和现在联系起来。《今日心理学杂志》（*Psychology Today*）曾经做过一个调查，发现心理时间取向与职业选择有关。与时间取向合拍的职业最具吸引力，但职业的成功有赖于将来时间取向的强化。同时，在社交或消遣的时候，现在取向更为合宜，有道是，"努力工作，尽情享受"（Work hard, play hard）。由此可见，在工作和娱乐之间切换时间取向是很重要的。从文化角度来看，要把某个群体定格在某种时间取向上应该难度不小，但也曾有学者认为，传统社会倾向于过去取向，而现代社会倾向于现在和将来取向，从逻辑上讲，是说得通的。我们看看一名俄罗斯学生的观察能带来何种启发：

我发现俄罗斯人和中国人有不同的"记性"。俄罗斯人的记性像一本书，当我们翻开新的一页时，就不再计较旧的一页了，"过去的就让它过去吧，它跟现在无关"。中国人的记性像稿卷，只要打开它，就会知道所有的过去。我的意思是，中国人记得他们做过的一切，不管是好事还是坏事。

然而，中俄两种文化都有很强的现代性。很难说中国文化就是过去时间取向。有关时间语的另一种提法是Edward T. Hall（1959）的单向时间取向（monochronism）和多向时间取向（polychronism）。单向时间取向指一个时间做一件事。人们总是对任务做出规划，在一个时间段里只安排数量有限的事情。重要的事情优先考虑，而且给予最多的时间；不重要的事情排在后面，如果时间不够，干脆剔除。多向时间取向指一个时间做多件事。假如事情总是变幻不定，人是无能为力的。没有一件事是板上钉钉的，尤其是将来的计划。哪怕最重要的计划，不到最后一刻，也都没法完全落实。所以重点是应对每一天遇到的人和事，而不是按照一个既定的计划而行。Hall认为，在日常生活中，一个社会安排时间的方式或多或少倾向于单向或多向。比如，德国、瑞士、美国等国属于单向时间文化，拉美、中东阿拉伯地区以及撒哈拉以南非洲地区则属于多向时间文化。当然，这是总体趋势，不可随便套用到个体成员身上。

从交际角度来看，时间语的一个核心话题是守时。我们大都认为，守时是礼貌原则的要求，显示出对他人的尊重，是确保交流顺畅的重要一环。然而，"守时"的含义有文化差异；也就是说，不同的文化对迟到的接受程度是不同的。北欧人和来自美国东海岸的人们总是非常准时，一旦迟到几分钟，就会马上道歉，但在南美，大多数人对约定的时间没有那么敏感，迟到也不用解释或道歉。设想一下，假如这两类人展开互动，前者必然无法忍受后者迟到的行为，认为后者对约定的时间缺乏尊重。意大利人也难说准时。在那不勒斯孔子学院，意大利师生的迟到问题曾让中方老师很是头疼。笔者在教国际班的时候，班上的意大利学生也经常迟到，他们的解释是，在意大利，上课开始后十分钟到教室是比较正常的。他们需要这十分钟的缓冲期。意大利的电视节目也很少有准时的，排节目也不掐时间，没有整点播什么、几点半播什么的概念，反正一个节目播完了，再上另一个节目。一名来自夏威夷的外国专家曾感叹笔者学校的班车太准时了，他说发射火箭也不过如此。他还说，在夏威夷，你绝对看不到这么准时的班车。

几名巴基斯坦学生的分享很能说明时间观念不同意味着什么：

我们这边（巴基斯坦）不太有时间观念，宿舍里学生一般都很晚睡觉。宿舍的作息时间是灵活的，管理人员也不会太严格。但中国大学的宿舍要求我们10点左右关灯睡觉，最晚不超过11点。尽管管理宿舍的老师再三提醒，但我们还是没太在意。宿舍楼里除了我们几个巴基斯坦学生以外，其他都是中国学生。

一天晚上，时钟敲响12点的时候，我们给了一位女同胞一个惊喜：在她不知情的情况下，音乐响起，我们开始在楼道上翩翩起舞，为她庆生。整个宿舍的学生都听到了，有人报告了老师。第二天上课的时候，老师说起晚上宿舍吵闹的事，我们都很紧张，谁也不敢说那些音乐是我们放的。就在此时，老师收到宿舍管理人员的短信："昨晚巴基斯坦学生12点后过生日，妨碍了其他人的休息，请帮忙解决这件事儿。"于是，老师把我们批了一顿。

除此之外，我们巴基斯坦学生上课也经常迟到。每次挨罚，老师不是叫我们唱歌，就是让我们站在教室前面。好在通过一年的适应，我们慢慢地习惯了这里的作息制度。

笔者的一位中国学生曾经留学西班牙，她观察到以下情况：

我发现美国同学确实准时，但喜欢踩点进入教室，而西班牙同学并没有死板地套用"迟到即美德"的社交准则。在和同班同学的交流中了解到，日本同学和我们都习惯早上提前进入教室，等老师来上课，但俄罗斯同学和美国同学会在确定不会迟到的情况下，尽可能地晚出门。也就是说，他们认为，理想的状况是坐到教室的下一秒老师就进来。到了下课时间，无论老师有没有说"下课"，俄、美同学都会准点收拾好书包走出教室。我问过美国同学："这在美国难道不会被认为是不礼貌的行为吗？"美国同学的回答是："老师拖堂才是不礼貌的行为，在美国，老师应该为此道歉。"

这位同学的如下经历让她刻骨铭心，也学到了如何看待西班牙人迟到的问题：

　　离开住家前一天，住家妈妈约我们晚上六点出门聚餐，我和室友出于尊重西班牙文化传统的想法，六点半才下楼，结果发现住家妈妈非常着急，边看着我们下楼梯，边问为什么准备了这么久，为什么会迟到。面对住家妈妈失望的表情，我们也很疑惑，只能在晚饭的时候问她。住家妈妈听了我们的解释也是非常不解，她说，西班牙人并非"喜欢迟到"，而是"喜欢随意"，也就是喜欢挑方便、舒适的时间到达。假如约好一起出门，还是尽量要按照约定的时间集合。西班牙人做客常常迟到，主要是为了给主人更多的准备时间，免得客人到达时，主人还未准备妥当。因此，出于尊重，西班牙人常常比约定时间晚一点上门。

　　西班牙人喜欢"随性"，却并非"随便。"在警察局上班的住家爸爸六点半就要到单位上班，他从不迟到。离开西班牙的时候，我们拜托住家爸爸一大早把我们载到校门口坐大巴去马德里，然而室友因为收拾行李差点错过约定的时间，住家爸爸急得上楼去帮室友扛行李。一路上他还向我们解释道，每一份工作都有自己特定的责任，对他来说，准时到达警局也是责任之一，无论各人有多自主自立，上班迟到就是不负责任的表现。

　　一位在巴拿马有过汉语教学经历的学生分享了有关"准时"的经历：

　　有一次，课前下起了大暴雨，我怕堵车，没来得及吃午饭便打车去了教学点，还在上下车的间隙淋了不少雨，总算提前几分钟到达了教室。教室里有一个学生在安静地准备上课，而到上课时间后几分钟一直没有人进来。其实我已经做好了很多人会迟到的心理准备，毕竟天气太糟糕。但我没想到，这个学生开始安慰我说："老师，你别伤心，不是因为你的课上得不好他们才不来的，巴拿马人就是很懒，有点困难就不前进了，所以是他们的问题，不是你的问题。"听到他的话，我既感动又惊讶，同时又想起另一个班级里也有一位总是提前到教室、从不迟到的学生。看来，我们永远无法用一条大的规则去定义群体里的所有人。

　　埃及老师经常迟到的现象令中国学生很是不解：

老师上课经常迟到，一开始我很不解。第一次我觉得是老师临时有事，不过后面次数多了，我就开始怀疑老师是否认真。有一次我私底下问老师，老师解释说，埃及人和中国人的时间观念不一样，如果十点开始上课，那么老师在十点一刻之前到达教室就不算迟到。

4. 副语言

副语言指的是说话人对声音的运用，主要包含两部分：一是声音的特征，如音高、语速、声调、节奏、口音、沉默；二是插入音，如"嗯哼""啊哈"。副语言的重要性首先可以通过声音的特征来认识。我们用不同的音调就可以读出下列句子不同的意思和效果：

Hello. (John said coldly.)
Hello. (John said cheerily.)

You've done a really good job. (I am proud of you.)
You've done a really good job. (You've broke my glass.)

Come here, please. (Your friend was having dinner in a restaurant when she saw you come in.)
Come here, please. (Your teacher found that you had cheated in exam.)

如何看待交流过程中出现的沉默，也体现文化差异。在中华传统文化里，沉默有时甚至可以与智慧画上等号。《论语·阳货》有这几句对话：子曰："予欲无言。"子贡曰："子如不言，则小子何述焉？"子曰："天何言哉？四时行焉，百物生焉，天何言哉？"可谓大道至简，言多必失。老子所说的"大辩若讷""大音希声"也在表达类似的道理。能说会道不见得是好事，所谓宁静致远。在社会科学领域，研究者曾在亚洲人和美国人之间进行了比较，发现美国人对沉默的看法要比亚洲人负面得多，使用沉默的频率也比亚洲人低得多。这些差异也体现在美国和芬兰两个文化之间。我们来看看以下采访片段：

Finnish student: I have been to America.

Question: Can you tell me what the experience was like?

Finnish student: The people and the country were very nice.

Question: Did you learn anything?

Finnish student: No.

Question: Why not?

Finnish student: Americans just talk all the time.

Question: Do you like Finland?

American student: Oh yes, I like it a lot.

Question: How about the people?

American student: Sure, Finns are nice.

Question: How long have you been at the university?

American student: About nine months already.

Question: Oh, have you learned anything?

American student: No, not really.

Question: Why not?

American student: Finns do not say anything in class.

芬兰学生：我去过美国。

问：你能告诉我体验如何吗？

芬兰学生：美国人很友好，美国也很棒。

问：你学到了什么吗？

芬兰学生：没有。

问：为什么？

芬兰学生：美国人总是说个不停。

问：你喜欢芬兰吗？

美国学生：哦，是的，我很喜欢芬兰。

问：你喜欢芬兰人吗？

美国学生：当然，芬兰人很友好。

问：你在大学多久了？

美国学生：差不多九个月了。

问：哦，你学到了什么吗？

美国学生：没，没学到什么。

问：为什么？

美国学生：芬兰人在课堂上一言不发。[2]

由此可见，芬兰人也深谙"沉默是金"的道理，真正做到了"惜字如金"。此外，对语速的看法也有文化差异。研究显示，美国人对语速快的人有更多的信任，并且认为他们更能干，也更有吸引力，而韩国人的看法正好相反。

---

2 Source: Wilkins, R. (2005). The optimal form: Inadequacies and excessiveness within the *Asiallinen*［matter of fact］nonverbal style in public and civic settings in Finland. *Journal of Communication, 55*, 383–401.

第二节　非语言交际的主要功能

非语言交际的功能可以从两方面来看：第一，非语言交际本身传递了信息；第二，非语言交际对语言交际有调节作用。

一、传递信息

我们通过非语言渠道传递的信息构建自己的形象，同时也给别人留下印象。Erving Goffman（1959）把人们的日常生活比作戏剧，他们每天在社会这个舞台上扮演着各种各样的角色。无论是哪种角色，关键是在别人面前构建符合社会要求的正面形象。我们的穿着打扮、站相坐相、说话的腔调、脸部表情、手势、眼神等一系列非语言信息和行为，都是为实现这个目标服务的。比如，笔者作为一名中年男性，在不同的场合扮演着教师、丈夫、父亲、儿子、游客、观众等角色，给别人看。当然，一旦走下舞台，进入私人空间，就不用太在乎自我形象的问题。另外，在呈现性别、年龄、性格等身份特征的时候，除了一些自然的非语言信息之外（如胡子、皱纹等），人们还会自觉地通过非语言渠道发送信息，来构建真实的、自己喜欢的形象。比如，有的人穿着打扮不符合社会对性别和年龄的要求，以突出自己的个性。有的人特别讲究外表，平时总是打理得清清爽爽，让人眼前一亮。事实上，外表吸引力会给人一种聪明能干的想象（这是爱屋及乌、以偏概全的晕轮效应，halo effect），从而在职场上获得更多成功的机会。研究者曾对来自全球500强企业的662名经理进行调查，结果发现，在决定适者生存的20个因素中，外表吸引力居然排名第八。

当然，我们想要构建的形象和别人对我们的印象并不总是合拍。对别人印象的形成是一个"偷工减料"的过程，即基于不完整的信息做出判断。因此，无论是面试还是约会，第一印象至关重要，因为第一印象往往是后面所有印象的基础。第一印象不仅在脑海中留下的痕迹更深，而且它还会影响到后续印象的形成。同样重要的事情，第一件最影响我们对他人的看法。研究者观察一名大学老师的非语言行为只要六秒钟，就可以相当准确地预测一学期后学生会对这位老师做何评价。这就说明，第一印象不仅基于有限的信息快速形成，而且这些印象还相当准确。

除了第一印象之外，还有其他因素影响印象的形成，如正向偏倚（positivity bias）和负向偏倚（negativity bias）。所谓正向偏倚，就是一好都好。假如你对某人有好感，你就会一股脑儿把好的东西加在这个人身上，也就是前面提到的晕轮效应。最典型的例子就是"情人眼里出西施。"相反，负向偏倚就是一坏都坏。假如你听到别人谈起某人既有好的一面，也有不好的一面，你会更倾向于认为这个人不好。这两种偏倚自然会影响到对他人非语言信息的解读和评判。

除了构建自我形象之外，我们也通过非语言渠道表达情绪。脸部、声音、身体、动作（如摔门而去）都可以表达情绪。我们通过脸部表情和眼睛活动表达喜悦、悲伤、惊讶、厌恶、不屑、愤怒等情绪。我们提高嗓门表达愤怒，用柔声细语表达爱意，紧张的时候语速加快。步履轻快，心情好；步履沉重，心情糟；跷二郎腿气定神闲，握拳跺脚怒火中烧。小学生考试拿高分，出校门都是一蹦一跳的。用动作表达情绪，我们并不陌生，比如，心情低落，举杯邀明月；国足惨败，怒摔电视机。确实，我们从对方脸部、声音、身体、动作所传递的非语言信息，大体能判断出对方的情绪状况和态度立场。当然，准确判断的前提是交际双方有着相同的文化背景。假如文化背景不同，解读信息的参照系有异，那么，解读对方情绪很有可能发生偏差。

我们还通过非语言渠道传递有关人际关系的信息，这或许是非语言交际最重要的部分。在第一章提到的爱的五种语言里（肯定的语言、精心的时刻、礼物的接受、服务的行动和身体的接触），后四种都侧重非语言。在人际关系中，有两个维度最为重要，一是亲密程度，二是主导或者顺从。两者与非语言交际息息相关。父母搂抱亲吻孩子表达亲密，情侣手牵手爱意浓浓。微笑、触摸和其他亲密的非语言行为都能给人际关系增添情感和活力。当然，我们也用非语言信息来表达关系的疏离，如遇到对方时，拒绝眼神交流，刻意拉大身体距离，或干脆扭头就走。

关系的另一维度是主导或顺从，与权力和地位有关。首先，非语言信息可以反映社会地位的高低。开会时，领导的座位怎么排，发言顺序怎么列，是十分讲究的事，一旦处理不好，就会造成尴尬的局面。拍集体照时，领导们经常为了一个座位相互谦让，因为大家对社会地位的高低很敏感，生怕坐在不该坐的地方，当然也有可能是假客气。其次，权力和地位可以通过社交技巧来体现，其中包括显示自信、展现活力和调控对话。这些技巧离不开非语言行为。比如，显示自信的方式除了前面提到的"力量姿势"外，还有说话流利，面带微笑，有眼神交流，语速稍快，音量较高，等等。展现活力的方式有拉近身体距离，凝视对方，身体略略前倾，声音和手势富有表现力，等等。调控对话的方式包括引起别人注意（如严肃的眼神交流），说话流利且不让别人轻易打断，用手势和点头让对方说下去，等等。

最后，非语言信息可以传递互动的意愿，有时也可以吸引别人来互动。身体距离和眼神接触在表达意愿中起到了重要的作用。例如，在聚会中，若想跟对方互动，就必须走到对方的跟前，使对方意识到你有这样的意愿。同时，凝视对方是建立初步联系的必要环节。此外，外表靓丽可以吸引陌生人的注意，激发他们的互动意愿。从晕轮效应来看，人们喜欢给外表有吸引力的人脸上贴金，认为他们自信、活泼、愉快、友善、真诚、外向、有好奇心，所以他们在社交场合比相貌平平的人更受欢迎。不幸的是，以貌取人、以偏概全是社会认知中颇为常见的现象。

二、调节语言交际

非语言行为在管理和调节对话方面扮演了重要的角色。对话如何开始，离不开非语言行为的配合。比如，熟人在远处相见，双方招手微笑，或点头示意。走近时，彼此稍稍低头，以避免长时间的眼神接触带来尴尬，然后慢慢地抬起头来，微笑之间，或整整衣服，或摸摸头发，便迈开大步，快速走向对方。接着，或握手，或拥抱，或亲吻，彼此问候，开始对话。

非语言交际调节对话的作用包括替代、重复、矛盾、补充、强调、调控等。替代是指用非语言交际取代语言交际。我们经常把食指放嘴唇上叫对方安静。社交媒体上我们用表情符"抱拳"代替"谢谢"，用表情符"捂脸"代替"很无奈"或"没办法"。重复是指交际者在用语言和非语言信息表达同一个意思。例如，一边说"再见"，一边挥挥手；给行人指方向的时候，一边描述行走路线，一边用手指；在社交媒体中，我们经常用表情符重复前面描述的内容，如兴奋或忧伤。重复可以帮助交际者清楚地传递信息，便于对方明白自己的意图和感受。矛盾是指非语言信息与语言信息有悖。男生对女生说"我爱你"的时候眼神飘忽，女生很难相信男生是真心的。朋友送来礼物，恰巧是你不喜欢的，出于礼貌，你连声说谢谢，但脸上看不出太多兴奋的表情。你的脸部表情才是你真实的感受，很难掩藏。那么，语言和非语言信息彼此矛盾时，人们更愿意相信哪种信息呢？答案是非语言信息。有道是，"嘴上说不要，身体却很诚实"。控制非语言信息的发出没有我们想象的容易，如紧张时脸红，说谎时表情不自然。

补充是指在语言信息基础上，增加非语言信息。它与重复的区别在于非语言信息所传递的意义受语境的制约。比如，小伙子手拿大学录取通知书，一边说"我考上啦"，一边挥挥拳，补充语言所表达的兴奋之情。当然，在另外一个语境中，挥拳可能表示愤怒。补充与强调也颇为类似，后者主要与提高信息的强度有关。比如，老师维持课堂秩序时，一边说"注意听，"一边用教鞭敲打黑板。吵架时，一边吼，一边拍桌子。这些非语言信息强化了语言信息，凸显了交际者的情绪和态度。

非语言信息还能起到调控对话的作用。我们已经在前面提到了如何借助非语言信息开始与对方互动，那么如何结束互动呢？除了语言表达之外，我们会借助一些非语言信息，如断开眼神接触，身体前倾，频频点头，挪动大腿，移动身体，等等。在对话过程中，听者不时地点头，表明他明白说话人的意思，或者对话题感兴趣，鼓励说话人继续说下去。快要讲完的时候，说话人会降低语音语调，让对方知道自己快讲完了。这些技巧在话轮转接（turn-taking）这一环节是很重要的。如果想要说话，你可以身子前倾，清清嗓子，或者碰碰说话人的手臂。至于转换话题，"王顾左右而言他"不失为一个经典案例。孟子对齐宣王说："大王的臣子去游历楚国前，将妻儿托付给朋友。等他回来时，发现妻儿受冻挨饿，您觉得应该如何对待他的朋友？"齐宣王答："和他绝交。"孟子问："如果司法官不能管好他的下属，您觉得应该如何对待这名司法官？"齐宣王答："罢免他。"孟子又问："如果一个国家没有治理好呢？"齐宣王环顾身边的大臣，便把话题扯开了。可见，齐宣王借助"顾左右"这一非语言行为，达到了转移话题、调控交际的目的。

第三节　非语言交际的文化差异

我们已经多次提到文化影响非语言交际这一事实。那么，非语言交际的文化差异究竟体现在哪里呢？我们可以从三个方面来看。

首先，非语言行为"库"（repertoire）因文化而异。换言之，非语言行为并不都是普遍性的。有些行为是某个文化特有的，或者只在一部分文化中存在。前面提到的"亚洲蹲"就是一例。日本人的鞠躬，泰国人的双手合十，毛利人的碰鼻礼，是我们文化中没有的。不明白的时候，西方人耸肩，我们摇头，通常只有学习西方语言的国人才会耸肩。

在此，我们围绕日本人的鞠躬礼，稍作展开。鞠躬礼的使用范围非常广泛，除了见面打招呼的时候使用外，还可以在向别人道谢、请求、祝贺、道歉或致敬时使用。此外，进入餐厅或商城时，工作人员以鞠躬礼表示欢迎。参拜神社或者穿过鸟居前，人们也会行鞠躬礼。因为这是进入了神的领地，自然要表达敬意。日本人之所以不停地鞠躬，是因为生怕自己失礼，也是为了给对方留下完美的印象。当一方看到另一方鞠躬时，就会马上还礼。如此不停地来回，难怪我们总是看到日本人在行鞠躬礼。

其次，每个文化有一系列的非语言规则，规定哪些行为是允许的，哪些行为是首选的（甚至是必需的），哪些行为是禁止的。David Matsumoto 和 Hyisung C. Hwang（2016）专门讨论了这些问题。他们认为，文化影响行为的一个重要途径是设立规范，而规范的含义往往需要语境（尤其是环境和社会角色）来确立。公共场合的规范不一定在私人空间里遵循（如衣冠不整），而不同的社会角色对人的行为有不同的期待，如"做老师要有老师的样子"或"做学生要有学生的样子"，这里显然包含了言谈举止、穿着打扮等方面的要求。

Matsumoto 和 Hwang（2016:86）认为，非语言行为的文化规范总体上可分为外露型（expressive）和内敛型（reserved）两种（见表格）。研究发现，这个分类与个体主义—集体主义价值维度和高低语境交际均有相关性，即与个体主义者和低语境交际者相比，集体主义者和高语境交际者更倾向于情感内敛。当然，这只是一个整体的趋势，在现实生活中，交际者的非语言行为还受到各种语境因素的制约，如与交际另一方关系的亲疏远近。

渠　道	文化规范的种类	
	外露型	内敛型
脸　部	脸部表情生动，经常显示情绪，用脸部配合说话，起到强化和明确的作用	脸部表情少，情绪流露少，表达含蓄婉约，生动的表达不多见
手　势	配合说话的手势多，动作幅度大，象征性手势使用频率高	配合说话的手势少，动作幅度小，象征性手势使用频率低
声　音	声音大，音域宽，语速快	声音轻，音域窄，语速慢
凝　视	互动中直视多	互动中直视少
人际空间和触摸	互动中距离近，触摸频繁	互动中距离远，触摸频率低
坐立姿势	放松，向外伸展	僵硬，向内收紧

　　就非语言信息的渠道而言，脸部表情在前面已有讨论，这里不再赘述。手势分为两种：解释性手势（illustrator）和象征性手势（emblem），前者配合说话，强调或说明语言信息；后者具有独立的含义，如V字形手势表示"胜利"。解释性手势的文化差异首先体现在使用频率、幅度和时间长度上。中东人和拉美人的解释性手势幅度大，情绪表达比较夸张。意大利文化鼓励人们"用手说话"，但英国人的手势幅度不大，因为幅度太大被视为不礼貌。东亚人说话含蓄，解释性手势的使用自然要少得多。解释性手势的形式也有文化差异。比如，德国人数数用大拇指代表"1"，而加拿大人和美国人用的是食指。象征性手势的文化差异往往体现在解读的不同，如本章开篇提到，OK手势在摩洛哥具有威胁性。一名中国学生在日本曾遇到这样的情况：

　　当时我在日本某个商场买了6件物品，结账时，我比画了我们中国人常用的"6"的手势，而对面的营业员却露出了疑惑的表情。我这才想起，日本人从"6"到"10"的手势表达与我们不同，比如"6"要一只手向外张开，比一个"5"，另一只手比一个"1"放在手心上。这一点其实我在学日语的时候就知道了，但在实际应用时，还是习惯性地做出了中国的手势，使对方感到困惑。

凝视规则也有文化差异。在强调社会等级的文化里，避免眼神交流可能表示尊敬，但在强调平等的文化里，说话时没有眼神交流会被视为不诚实，好像有什么藏着掖着。身体距离的文化差异主要表现在四种距离（亲密、个人、社会和公共）平均值的不同（Hall 1959）。阿拉伯人交流时，站得近到可以闻到对方的口气，拉美人的社交距离小于欧美人，印尼人交流时坐得比澳大利亚人近。意大利人交流时站得比德国人和美国人近，哥伦比亚人站得比哥斯达黎加人近。与来自同一文化的人互动时，日本人坐得最远，委内瑞拉人坐得最近，美国人居中。甚至有研究显示，来自不同文化的孩子摆放洋娃娃时，洋娃娃的身体距离也是不同的。

有关触摸的文化差异也很大。曾有学者把文化分为高接触（high-contact）和低接触（low-contact）两大类。高接触文化鼓励肢体接触，触摸的频率较高，身体距离较小，如法国、希腊、以色列、葡萄牙、西班牙、俄罗斯、印度尼西亚以及北非、中东、拉美和东欧诸国。缅甸、中国、日本、韩国、菲律宾、泰国、越南、挪威、瑞典、芬兰、德国等国属于低接触文化，人们在互动时身体距离较远，身体接触也较少。

站姿坐姿从整体上反映了一个人的态度和情感，文化差异主要体现在是否看重社会等级与站姿坐姿的关系上。相对于讲求平等的文化而言，重社会等级的文化更倾向于通过站姿坐姿体现地位上的高低。比如，领导两手叉腰，昂首挺胸，下属双手下垂，卑躬屈膝。

此外，文化还规定何时、在何种情况下使用何种非言语信息。例如，在瑞典，祝酒较为正式，并且年长者在先。假如男主人把你安排在女主人旁边的座位上，你或许还得发表讲话。在玻利维亚，吃饭时手要放在桌子上，不可放在大腿上。在马来西亚，公共场合不可表达愤怒，否则会被视为缺少自控能力。在菲律宾，为了表示尊敬，说话要轻声轻气，人们只有在兴奋过度的时候才会大声喧哗。在罗马尼亚，短裤只能在海滩上或乡村穿，城市里一般没人穿。身体接触是一个微妙的非语言行为。在北美，老师一般不拥抱学生，但当毕业论文答辩通过的时候，老师或许会给学生一个拥抱以示祝贺。男老师在某些场合或许可以碰一下女生的前臂，但不大可能触碰她的腰背部，更不会触碰她的臀部。这些规则同样适合于男生。然而，在某些特殊的场合，男老师也许可以拍男生的屁股——比如他们在同一个校篮球队打球，这位男生打了个好球，老师拍他屁股以示祝贺。但这位男生不可能因为提前完成期末论文而得到老师拍屁股祝贺（Matsumoto & Juang 2013）。由此可见，规则总受情景因素的制约，稍不留神，就会出错。

第三，除了非语言行为"库"和非语言规则之外，人们在解读非语言信息上花费的功夫也因文化而异。总的来说，与来自低语境文化的人们相比，来自高语境文化的人们花费的功夫更多。这是由高语境交际的性质决定的。既然很多信息隐含在语境和非语言行为中，接收者自然得想办法把这些信息挖掘出来。比如，在印度尼西亚相亲时，女孩的妈妈用香蕉和水同时招待客人，说明女方觉得不合适，因为吃香蕉时很少喝水，否则容易拉肚子。假如对方对你有好感，多半会凝望你。如果对方很少跟你有眼神交流，或者老是把目光移开，这说明对方对你不感兴趣。此外，真正的微笑是由眼睛参与的。真笑时，眼角肌肉在用力之下，眼睛的边角又窄又皱，故眼角弯弯的微笑才是真笑。假笑是眼睛不参与的微笑。假如对方老是假笑，说明对方跟你在一起的时候并不快乐。这些行为在高语境文化中更为常见，因为交际一方不想当面挑明，怕伤了和气或引起尴尬。然而，这些信息都需要敏锐的感官来捕捉。低语境交际者之所以在高语境文化中经常受挫，是因为对额外的解读功夫缺乏心理准备，同时也不擅长解读高语境里的非语言信息。

总之，在社会化过程中，我们通过观察、学习和模仿他人的非语言行为，逐渐掌握了非语言交际技巧，并知道什么样的行为在什么样的语境中是恰当的、得体的。在与他人交往时，我们也会对合宜的非语言行为有所期待。然而，这些认知和期待是根植于某个文化的，不一定适合别的文化。为了准确解读非语言信息，确保跨文化非语言交际的正常进行，了解彼此的行为期待是至关重要的。因此，一方面我们需要充实和拓展自己的非语言行为"库"，了解不为我们熟知的非语言行为及其传递的意义，同时需要研究目标文化的非语言规则。比如，美国人通常遵循以下规则：

- 进入电梯后，要转过身来，注视电梯门，或者注视楼层按钮。
- 注视陌生人不要超过一到两秒钟。
- 与异性面对面交流时，不要盯着对方身体的敏感部位看。
- 有其他人安静地待着的地方，说话要小声。

- 一般来说，在公共场合，人们会淡化或缓和自己的情绪（尤其是当他们独处时）。
- 眼神交流：眼神接触要适量（陌生人通常不会接受更多或更少的眼神接触）。超过这个量可能被视为行为怪异、盛气凌人或在表达某种兴趣。
- 触摸：一般来说，在公共场合要避免触摸他人的身体，除非是在拥挤的情况下。
- 副语言：通常，音调、频率和音量会根据情况进行调整，以便在向陌生人传达基本信息时，既不显得突兀，又有良好的效果。
- 沉默：一般来说，如果有人问你一些基本问题，你需要作答。除非你不想回答一个陌生人的提问，这时候你可以保持沉默。
- 身体距离：在公共场合要保持社交距离和公共距离，而亲密距离和个人距离则留给关系亲密的人和更私密的空间。
- "地盘"（territoriality）：一般来说，公共空间不是个人"拥有"或占有的，而是"共享"的。
- 香水：人们一般不会使用气味过于浓郁的香水，无论是好闻的还是难闻的（尤其是难闻的）。
- 时间：社会的期望是人们生活在"当下"，而不是过去或将来，尽管整个社会的时间取向可能更倾向于将来。

最后需要强调的是，我们尽管来自高语境文化，通常较为擅长非语言交际，但我们的交际能力还是受限于自己的文化。因此，掌握跨文化非语言交际技巧很有必要。比如，跨文化培训中常用的D.I.C.E.法（describe, interpret, check, evaluate）是一种行之有效的方法（Ryffel 1997）。D.I.C.E.是指这样一个过程：**描述**我看到的非语言行为；**解读**我所描述的非语言行为；与他人**核实**，看我的解读是否准确；**评判**我的解读和他人的解读。通过课堂讨论和培训师的讲解，学员解读跨文化非语言信息的能力有望得到提高。在平时的跨文化交往中，我们要留意自己对他人非语言行为的反应（比如，是否反应过激？），观察他人非语言行为的总体倾向，努力提高用得体和有效的方法进行观察、评估和行动的能力；在解读和归纳信息的时候不能操之过急，需要把所有相关的感知内容综合起来考虑，努力寻求非语言信息组合，而不是光靠片面的信息。

当然，不熟悉对方的非语言体系也不是完全不能过关，只要你脸皮够厚，不怕出丑，或者被你出的洋相逗乐的时候，对方仍然能够共情。但我们总归希望有备而来，毕竟在外语能力受限的情况下，非语言交际的重要性更为凸显。假如临行之前做足功课，我们的跨文化交际应该会顺畅得多。相比于语言交际，非语言交际规则更难洞察，但一旦违反，误解甚至冲突就有可能随之而来。因此，我们需要对非语言交际的文化差异保持足够的警惕，并时刻留意自己的非语言行为是否有效得体。

至此，我们用两章的篇幅，介绍了跨文化交际中的第一个障碍——语言和非语言障碍。在接下来的两章里，我们讨论第二个障碍——社会文化障碍。

第四章
社会文化障碍：价值取向与自我概念

■ 来自西班牙的外教今年47岁，依旧单身。他在婚姻观上和我们存在很大的分歧。他很独立，并不喜欢太多的束缚。他觉得每个人的生活都应该由自己来决定，不应该牵扯他人，被别人的想法左右。他虽然已步入中年，依旧没有结婚的打算，更喜欢把时间花在享受生活上，可以无牵无挂地一个人去很多地方旅行。当他得知我们这儿存在催婚的做法，并且存在"不孝有三，无后为大"的说法，他觉得很奇怪，他认为结婚生子是自己的事情，为什么要牵扯到父母一代？或许这就是根深蒂固的文化导致想法上的不同吧。其实我非常羡慕他对自由的追求，也希望能够把更多的时间花在充实自己和陪伴父母上。但出生于一个传统中国家庭的我也深知不可能做到像他一样，我所有的决定或多或少都会与自己的家人联系起来，包括未来的工作、婚姻、生活都会受到他们的影响，也会与他们的感受联系起来（来自一名中国学生的分享）。

■ 有一天，一位中国女孩哭着鼻子对我说，她不想结婚，她只想从事自己喜欢的工作。可她的父母不同意，最后他们说，除非你考上研究生，否则一切免谈。不幸的是，她考研失败，于是按照事先拟定的"协议"，她只能接受父母给她安排的工作，也要与父母安排好的相亲对象见面，直到料理好婚事。此前我也听说过中国父母催婚的事，但当我从朋友那里听到时，我还是吃惊不小。我不能说哈萨克斯坦的父母从不催婚，但这种事情发生的概率真的很低。在我们的文化里，父母一般不会侵犯孩子的隐私，也不会干涉孩子的私人生活。婚姻属于个人的事情，是否结婚，是否要孩子，是个人的决定。（来自一名哈萨克斯坦学生的分享）

两个案例从不同的角度提到了中国式催婚，以及这一习俗如何让外国朋友疑惑不解。同时，在那位中国学生看来，这一现象或多或少与文化有关。诚然，文化对人们行为的影响无处不在，而这正是跨文化交际学所要探究的问题。在第一章里，我们已简要地介绍了文化的核心内涵，即文化的主观部分（subjective culture），如价值观、信念、规范、态度和世界观。而主观文化上的差异往往给涉外交流互动造成困难。为此，我们将用两章的篇幅来探讨跨文化交际中的第二大障碍——社会文化障碍。所谓社会文化障碍，是指主观文化方面的差异大到影响人与人之间信息的分享与协商。本章聚焦价值观和作为世界观一部分的自我概念。

在切入正题之前，我们首先来了解一下观察主观文化的两个视角：本土视角和泛文化视角。本土视角也可称为局内人视角或"显微镜视角"，用来深挖某个文化。比如，采用本土视角研究中国文化价值观，肯定离不开关系、人情、面子这些概念。泛文化视角也称为局外人（基本上就是西方人）视角或"望远镜视角"，借助较为抽象的概念（如权力距离，power distance，即权力小的人对社会上权力分配不均的现象的接受程度）作为标尺，来衡量和比较不同的文化。泛文化研究的好处是快捷高效，一旦理论确立，便可进行大规模的文化比较，但不足之处是研究结论往往流于肤浅和过度概括。为了弥补这一缺陷，我们提倡两种视角兼顾的原则。比如，在泛文化视角下，印度和中国都是权力距离较大的文化，即普通百姓对于权力分配不均的社会现实基本上都能坦然接受。但要了解权力距离在两个文化中的具体表现，就要借助本土视角。比如，我们可以从印度的种姓制度和中国的"孝道"切入，因为两者一方面均有本土特色，另一方面正好与权力距离这个概念对位。因此，在讨论价值取向和自我概念的时候，我们既着眼泛文化研究成果，又借鉴本土研究的重要发现。

第一节　价值取向

在主观文化的众多要素中，价值观因其相对稳定的特征和在文化中占据的核心地位而长期受到研究者的青睐（Kulich 2009, 2011）。Clyde Kluckhohn（1951:395）认为，"价值观是一种显性或隐性的、作为个体或群体的显著特征的、关乎所欲之事的、影响到现有行为方式、方法与结果选择的观念"（"a conception, explicit or implicit, distinctive of an individual or characteristic of a group, of the desirable which influences the selection from available modes, means, and ends of action"）。这些观念是社会群体所看重和向往的，是整个群体赖以生存和发展的重要原则和核心理念，在政治、社会、经济、道德、精神、审美等多个层面为该群体立下基调。这些观念经由社会化过程，在不同程度上被群体成员内化，成为个人价值取向的重要组成部分。

一、泛文化视角

1. Kluckhohn 和 Strodtbeck 的价值取向

泛文化视角下的价值观比较研究可追溯到20世纪上半叶。其中，Florence Kluckhohn 和 Fred Strodtbeck（1961）基于田野调查的价值取向比较研究影响较大。他们认为，无论哪种文化，都要面临五个基本问题，并要在有限的范围内给出答案。这五个问题分别涉及人性、人与自然的关系、时间、人的活动以及人与人之间的关系。论到人性，首先需要确定人性生来是恶，是善，还是兼而有之。然后需要在人性是否可塑的问题上做出选择。我们常说，"人之初，性本善"。虽然孟子提倡性善说，但也有荀子提倡性恶说，尽管两者的侧重点不同：前者在心（仁、义、礼、智四个善端，即恻隐之心、羞恶之心、恭敬之心、是非之心），后者在身（为了生存而争夺生活资料）。《三字经》接下来两句是，"苟不教，性乃迁"，说明人性是可塑的。西方基督教讲"原罪"，人有犯罪的天性（Man has a sinful nature），需要被救赎，因此，我们也许会想当然地认为，西方人普遍认为性本恶。其实不然，理性主义和后现代主义的浪潮先后荡涤整个西方世界，很多文化摈弃原罪说，倒向性善说。我们不妨给出这样一道选择题：如果做坏事可以不受惩罚，你觉得大多数人（1）通常会做坏事；（2）有时会做坏事；（3）几乎不会做坏事。假如有足够多的、具有代表性的中国人作答，我们基本可以判定当下中国文化对人性的看法。之所以要考察人性说，是因为它关系到我们如何维持社会秩序。你觉得最能规范人们行为的是道德，是法律，还是法律加上道德？

人与自然的关系也有三种选择：顺服自然、征服自然以及与自然和谐相处。第一章里提到的电影《失衡的生活》，正是反映了现代文明与传统文明在人与自然关系上的冲突。在与自然和谐共处的霍皮人眼里，以牺牲大自然而建立起来的现代生活是失衡的生活。在迪士尼动画片《风中奇缘》的插曲 Colors of the Wind 里，有这样几句歌词：

Rainstorm and the river are my brothers

Heron and the otter are my friends

And we are all connected to each other

In a circle, in a hoop that never ends

印第安公主 Pocahontas 对奉命随同总督前来新大陆寻找黄金的英国船长 John Smith 所表达的，就是人与自然和谐共处的思想。这种思想往往来自万物有灵论（animism），体现了人与自然互相尊重的平等关系。当然，中国传统中道法自然、天人合一的宇宙观也带有这样的韵味，尤其是道家学说所倡导的回归自然的主张。然而在儒家入世哲学的滚滚洪流中，回归自然只是一种心灵慰藉。总之，拥抱现代文明的文化大都倾向于征服自然，美国如此，中国也如此。鉴于当下国内的环境问题，保护自然、与自然和谐共处已成为大家的共识。至于在顺服自然的观念中，自然对人有着生杀予夺的奖惩权力。赛珍珠在诺贝尔奖作品《大地》中描述的故事，就是一个典型的例子。赛珍珠紧紧抓住人类共通的"恋土"情感，塑造了王龙这样一个与土地有着生死关系的农民形象，通过在土地上劳动表达出对大地的敬重。正如法国启蒙思想家狄德罗所言："人离开了土地就一文不值。"

对人与自然关系的看法影响到人们生活的方方面面。比如，当你生病的时候，你认为（1）医生能想办法治好你的病；（2）你应该有好的生活习惯，这样就不至于生病；（3）你对此无能为力，只能接受生病的现实。选择（1）是征服自然，选择（2）是与自然和谐共处，选择（3）是顺服自然。

　　时间取向的三种选择分别是过去、现在和将来。过去取向强调家庭背景，尊重传统，力求重现过往的美好时光；现在取向着眼当下，坦然面对文化的变迁；将来取向放眼未来，从长计议，以旧换新。要说清楚一个文化属于哪种时间取向，并不容易。就像我们的文化，既讲以史为鉴，又说面向未来。现在也有很多人提倡要活在当下。从喜欢把钱存在银行、把希望寄托在孩子身上以及"十年寒窗无人闻，金榜题名天下知"等现象来看，似乎将来取向较为明显。你不妨问问自己：我现在所做的一切是为了将来有一个美好生活呢，是为了现在有一个美好生活呢，还是为了让优良传统发扬光大？你的回答在一定程度上反映出你的时间取向。假如有足够多的人给出答案，我们就可以根据答案的占比，来判定某个文化主要的时间取向。当然，落实到个人的时间取向也是一种非语言信息，我们在第三章里已经提到。

　　有关人的活动取向，三种选择分别是存在（being）、成为（being-in-becoming）与做事（doing）。"存在"取向基于内驱力，以我为主，积极参与自己看重的活动，这些活动不一定被群体内部其他成员看重。在"存在"取向的文化里，人们认为，"存在"即意义，人生的价值不需要用取得多少成就来衡量。因此，他们的生活通常较为安逸，不必忙于解决这样那样的问题。"成为"取向的动力在于发展和培养能力，这些能力是自己看重的，但不一定被群体中其他人看重。在"成为"取向的文化中，人的价值更多地体现在成为什么样的人，而不是取得多大的成功。在这类文化中，教育往往受到重视，因为教育可以使人变得智慧和聪明。"做事"取向基于外驱力（如竞争的压力），积极参与自己看重、又被群体内部其他成员认可的活动。在"做事"取向的文化中，无论背景如何，只要努力取得成功，你就会得到社会的认可和赞赏。因此，人们总是为解决各种各样的问题而忙碌。美国文化当属这一类，所谓的"美国梦"——从白手起家，到功成名就——很是被推崇。电影《当幸福来敲门》里的主人公就是实现美国梦的典型例子。中国文化讲实用，讲实效，讲实惠，讲分数，讲出人头地，"做事"取向似乎较为明显。当然，在公开场合谈素质教育也是必不可少的，否则难免显得庸俗和肤浅。

　　人际关系的三个选项分别是尊卑有序（linear or hierarchical）、平等

（collateral）和个体主义（individualistic）。所谓尊卑有序，是强调等级原则，服从群体中的尊长。平等指的是无论是谁，给出的意见都得到尊重，直到群体内部达成共识，因此，每个人都是被尊重的独立个体。个体主义讲独立，但不讲真正意义上的平等，也就是说，在群体内部做决定的时候，虽然个体选择得到尊重，但最终少数需要服从多数。如果单位要派一名代表去参加会议，人选的产生有三种途径：(1) 让每个人参与讨论，直到每个人同意谁去；(2) 让领导决定，因为领导更有经验和智慧；(3) 采用选举的形式，得票最多者去。同理，假如在某个文化里有足够多的、具有代表性的个体做出选择（最好在现实和理想状况之间做出区分），那么，基于对现实的描述，我们可以基本判定该文化的人际关系取向哪一种占主导。

基于以上讨论，我们不难看出，Kluckhohn 和 Strodtbeck 提出的价值取向理论，在具体选项上精确定位某个文化还是存在一定难度，只能显示该文化大体所处的位置。总体上，传统性和现代性分列两侧，即现代文化往往与性善说、将来取向、做事取向、征服自然和个体主义联系在一起，传统文化往往与性恶论、过去取向、存在取向、顺服自然和尊卑有序联系在一起。而从传统迈向现代的文化大多介乎两者之间，是以善恶兼有论、现在取向、成为取向、与自然和谐相处以及平等的人际关系为基本特征的。

2. Hofstede 的文化价值观维度

到了20世纪70年代，随着统计技术的发展，大规模的价值观跨国研究成为可能。Geert Hofstede 借助 IBM 公司在全球40个国家和地区的分公司的十万余名员工调查数据，提炼出四个价值观维度。因研究对象均为 IBM 员工，公司文化产生的影响得到了有效控制，国别文化差异通过这四个维度显示出来。该研究成果于1980年发表在《文化之重》（*Culture's Consequences*）一书。随后，Hofstede 扩充了他的理论，将 Michael Bond 从儒家价值观量表中提取的"儒家动力"（Confucian Dynamism）维度（后更名为"长期取向"（Long-Term Orientation）和 Michael Minkov 从 Ronald Inglehart 的"世界价值观调查"（World Values Survey）数据中提取的"放纵-克制"（Indulgence/Restraint）维度纳入其中。下面介绍一下这六个基于价值观的国别文化维度。

权力距离（Power Distance），有关人与人之间地位不等的解决方法。权力距离是指一个群体（如大家庭、公司）里，地位较低者对权力分配不均的情况的接受程度。权力距离大的文化认为人生来不平等，等级是自然的，也是重要的。权力分配不均被视为有益。权力大的人要照顾权力小的人，上司可以不征求下属的意见做出决定。下属需要服从上司。权力距离小的文化认为人生来平等，权力和地位的差异应该尽量减小直至消除。权力距离可以从下属与上司之间、孩子与家长之间以及学生与老师之间"情感距离"的大小一窥究竟。比如，员工对老板是直呼其名呢，还是叫他某某经理？有没有老师对学生说，就叫我"Jack"好了（见刘烨主演的电影《暗物质》）？还是说学生习惯于用"您"称呼老师？家长与孩子平等对话，还是家长一言堂？Hofstede 的研究发现，权力距离大的文化有马来西亚，菲律宾，斯洛伐克，巴拿马，危地马拉，俄罗斯，中国，以及多个阿拉伯国家；权力距离小的文化有奥地利，以色列，丹麦，新西兰，挪威，瑞典，芬兰，瑞士，荷兰，加拿大，美国等。

几年前，英国广播公司出品纪录片《中式学校：我们的孩子够厉害吗?》(*Are Our Kids Tough Enough? Chinese School*)，讲述了五名中国老师在英国某中学接管一个班级的故事。在四周时间里，班上50名十几岁的英国孩子穿校服，每周有升旗仪式，需要自己动手打扫教室。孩子们每天早上七点开始上课，在校时间每天长达12小时，中间有两次进餐休息的机会。课堂采用中式教学法，老师讲，学生记。四周后，学校进行中英教法的成绩比拼，中式完胜。中式教学体现出教师的权威，对于习惯了"自由散漫"的英国孩子而言，适应起来比较困难。有一片段令人印象深刻：中国老师说，听老师和父母的话非常重要（符合孔子的教导），然后学生反驳道，父母并不总是对的，他们可能有种族主义倾向，也有可能是恐同的（homophobic）。两种文化之间权力距离的大小可谓一目了然。

个体主义–集体主义（Individualism/Collectivism），有关人们融入群体（如大家庭、工作单位）的程度。在个体主义文化里，个人优先于群体，人与人之间的关系比较松散，每个人需要自己照顾自己及核心家庭。在集体主义文化里，群体优先于个人，人与人之间关系紧密，每个人需要对他们所属的群体（如大家庭）保持忠诚，而群体的责任是捍卫每个成员的利益。群体相对较大，群体成员通过共同努力，来促进群体的兴旺发达。Hofstede（2011:11）罗列了这一维度的具体特征：

个 体 主 义	集 体 主 义
"我"意识	"我们"意识
隐私权	强调归属
直话直说有益	应始终保持和谐
视别人为个体	视别人为内群体成员或外群体成员
个人意见：一人一票	意见和选票由内群体事先决定
违反规范带来内疚感	违反规范带来羞耻感
使用语言时"我"字不可或缺	使用语言时"我"字尽量避免
教育的目的是学会如何学习	教育的目的是学会如何做事
任务高于关系	关系高于任务

说到隐私权与强调归属的对立，一名中国学生曾告诉笔者：

我本科是俄语专业，外教是俄罗斯人。她上课非常认真负责，大家都很喜欢她。后来她怀孕了打算回国，不能继续任教了。班上同学们得知这一消息后，非常替她开心，经讨论后，决定大家一起集资买个礼物送给她。但外教收到礼物后并不开心，反而十分生气。因为俄罗斯人认为，女性怀孕不能公布，不允许告诉别人，越多人知道，生产过程就会越痛苦。他们觉得除了亲戚和真正的朋友，其他人不会给你带来好运。外教由于工作原因不得不把这个消息告诉了系主任，却没想到最后弄得人人皆知。同学们想要送外教一件礼物表达心意，最后反而惹得她不高兴。

这名学生在分析中指出，中国人讲究家庭化的社会关系，强调归属，个人界限感不强，而俄罗斯人与其他西方人一样，更强调个人，界限感强。这些差异的根源是价值观的不同。

视他人为个体（individuals）还是用内外群体区分他人，这与第一章里提到的普遍主义（universalism）和特殊主义（particularism）的分野如出一辙。

用内外群体区分他人，是特殊主义的表现。相反，把对方视为独一无二的个体，是普遍主义的表现。这往往会给来自特殊主义文化的外乡人带来一种温暖的感觉。而普遍主义者来到特殊主义文化时，可能会不解地问，为什么当地人对我这么冷冰冰？

"有国才有家""有大家，才有小家""小我融入大我，青春献给祖国"，这些耳熟能详的口号是集体主义的真实写照。记得当年姚明开启NBA之旅后，美方拍摄了一部叫《姚之年》（*The Year of the Yao*）的纪录片，对姚明的篮球生涯和首个NBA赛季的经历进行了回顾。赴美前，体育部门领导在会议上给姚明的嘱咐可谓意味深长。她说，虽然你将远赴他乡，但要心系祖国，要想着人民，想着我们，因为祖国培养了你，人民养育了你。这一方面是对姚明的勉励，但另一方面也给姚明增添了巨大的压力。试想，当美国NBA巨星麦蒂几年后来华打球时，他需要背负三亿多美国同胞的重托吗？他需要面对像姚明面对的压力吗？姚明在首个NBA赛季里所经历的难处实在无法想象。不光是体育层面，文化层面的挑战就已经足够大，集体主义和个体主义之间的鸿沟需要他来填补。所以，论到跨文化适应，在笔者看来，姚明就是一位不折不扣的大师。

一名在美国读高中的上海学生分享的这一经历，很好地诠释了个体主义和集体主义的不同：

学校组织年级段外出参观活动时，指导老师总是再三叮嘱我们，一定要注意自己的形象，因为你首先代表你自己，你的言行，你的修养，你的品性，在众人面前会一目了然。其次，你代表了我们整个年级，我们年级的形象与每一位的表现都是分不开的。最后，你也代表了我们学校，你的所作所为对学校的声誉都会产生影响。美国老师的这番话不由得让我想起在上海读书时的情景。指导老师给出的顺序必然先是学校，班级其次，最后才是个人。

美国青年Cyrus Janssen在佛罗里达大学毕业后，随即来到上海工作，原本一年的合同，结果变成了十年。长期近距离的观察，加深了他对中国文化的了解。令他印象深刻的是中国人回家过春节，一年到头再劳累，这时候都要想尽办法回家，哪怕要坐上40个小时的车，因为对于中国人而言，没有什么比家更重要的了。为此，Cyrus每年假期回美，必专程去爱荷华州的一个小村看望他的 grandma。有趣的是，Cyrus 在华工作之前，很少与 grandma 联系，现在相隔万里，探访却年年不落下，而且他是孙辈中唯一这样做的。在此案例中，我们看到了集体主义和个体主义两种价值取向的互动和交融。

Hofstede 和其他学者的研究发现，典型的个体主义文化有澳大利亚、比利时、加拿大、丹麦、芬兰、法国、德国、英国、爱尔兰、以色列、意大利、荷兰、新西兰、挪威、南非、瑞典、瑞士、美国等。集体主义文化有巴西、中国、哥伦比亚、埃及、印度、日本、肯尼亚、韩国、墨西哥、尼日利亚、巴拿马、巴基斯坦、秘鲁、沙特、泰国、委内瑞拉、越南等。

不确定性回避（Uncertainty Avoidance），有关遇到全新的、未知的、奇怪的、模棱两可的情况时，在多大程度上感受到威胁，也就是人们对可预测性和规则的需要程度。在高不确定性回避的文化里，人们尽可能地让自己的生活纳入可控范围，如签订合同时注重细节，做事有条不紊，讲求标准，因而当新的情况出现时，适应起来比较慢。对于这些文化来说，差异是不好的，是需要避免的；在低不确定性回避的文化里，人们显得更加放松、开明和包容，通常不喜欢规条的束缚，而是更看重人与人之间的承诺，适应新的情况比较快。对于这些文化来说，差异是有趣的。中文成语"有备无患""未雨绸缪""防患未然"表达的是高不确定性回避心态，而俗语"车到山前必有路，船到桥头自然直"则表达了低不确定性回避心态。外国留学生来华报到时，有家长陪同的多半是日本学生，这从一个侧面反映了日本文化的高不确定性回避特征。根据 Hofstede 的研究，高不确定性回避文化除了日本之外，还有希腊、葡萄牙、危地马拉、乌拉圭、马耳他、俄罗斯、塞尔维亚、苏里南等；低不确定性回避文化有新加坡、牙买加、丹麦、瑞典、越南、中国、英国、爱尔兰等。

阳刚-阴柔气质（Masculinity/Femininity），有关男性和女性在价值取向和社会角色分配上的不同。在阳刚文化里，男女角色交叉少，男性需要自信，坚韧，追求成功，女性需要谦虚，温柔，体贴；在阴柔文化里，男女角色交叉多，男女都需要谦虚，温柔，体贴。阳刚文化强调成就，英雄主义，果敢自信，以及成功带来的物质享受；阴柔文化则强调合作，谦虚，照顾弱者，以及生活质量。基于 Hofstede 的研究，阳刚文化有斯洛伐克、日本、匈牙利、奥地利、意大利、墨西哥、爱尔兰、中国等；阴柔文化有瑞典、挪威、丹麦、拉脱维亚、荷兰、斯洛文尼亚、立陶宛、芬兰等。

最近，有学者围绕着父亲带孩子与父母生育意愿的关系，在一些发达国家展开调查，结果显示，父亲经常做家务、带孩子的国家，生育率普遍高。比如，在日本，父亲承担家务、照看孩子的量平均不足10%，父母生育率平均不足1.4人；在瑞典、芬兰、挪威等国，父亲承担的量至少占34%，父母生育率均在1.8人以上。由此可见，在这些发达国家中，阳刚与阴柔的文化气质与生育意愿很有关系。这两种气质也是跨文化适应中要经常应对的。让我们看看一位来自新西兰的慕课学员在日本的经历：

我在新西兰农村长大，自幼养成了一种坚忍不拔、独立自主的气质。为了让别人像对待班上的男生一样对待我，我尽力做一个假小子，从不穿裙子和粉色衣服。自从来到日本后，看到这里的妇女和女童女性味十足，我也就坦然接受了这种文化，乐于探索女性化的兴趣爱好，而这一切是我以前从未涉足的。

说到阴柔文化，我们专门要提一下瑞典。电影金球奖获得者、瑞典影星Alexander Skarsgård曾在访谈中提到瑞典人的行为准则——詹代法则（Law of Jante）。据悉，该法则共有如下十条：

1）不要以为你很特别。

2）不要以为你和我们一样。

3）不要以为你比我们聪明。

4）不要想象自己比我们好。

5）不要以为你懂得比我们多。

6）不要以为你比我们更重要。

7）不要以为你很能干。

8）不要取笑我们。

9）不要以为有人很在乎你。

10）不要以为你能教导我们什么。

总之，詹代法则的要义是，不要认为自己很特别，不要觉得自己比别人优秀。有人戏言，詹代法则赐你平等和满足，又赐你永无出头之日。因此，瑞典人奉行的生活方式往往是，行事低调，不显摆，不受关注，不喜夸赞。难怪人们说，瑞典人"谦虚过度。"据说，Skarsgård获奖后诚惶诚恐，竟把奖杯藏在朋友家数月之久，不好意思让别人知道。

长期取向 (Long-Term Orientation)，有关文化成员对延迟满足物质、情感、社会三方面需求所能接受的程度。该取向原本叫儒家动力 (Confucian Dynamism)，与儒家伦理有关。Hofstede 的研究发现，在西方，个体主义分值高，权力距离分值低，社会的经济发达程度就高。但经济发展迅速、共处儒家文化圈的亚洲国家 (如中国、日本、韩国和新加坡) 则属于权力距离较大的集体主义文化。这是 Hofstede 理论吸纳儒家动力 (后更名为"长期取向") 这一维度的重要原因。长期取向即先苦后甜，为了将来的好处，吃苦耐劳，勤俭节约。"吃得苦中苦，方为人上人""宝剑锋从磨砺出，梅花香自苦寒来""十年寒窗无人问，一举成名天下知"，说的大体上就是这个。长期取向重视教育，强调勤奋和坚韧。难怪中国文化在这个维度上的分值很高。除了中国、日本、韩国、新加坡四国之外，长期取向文化还包括乌克兰、立陶宛、俄罗斯等。相反，短期取向是指着眼现在和不久的将来，强调短期的成功和享受。当然，像"Eat, drink, and be merry, for tomorrow we die"(为乐当及时，何能待来兹) 的说法，就显得极端了。短期取向文化包括加纳、埃及、西非、尼日利亚、摩洛哥、哥伦比亚、特立尼达和多巴哥等。

放纵-克制 (Indulgence-Restraint)，有关社会对人们满足欲望和表达自我的允许程度。放纵是指允许人们自由地享受人生，满足人的基本欲望和自然需求的倾向，而克制是指这种满足需要社会规范的严格约束与管控。前者指向闲暇取向的生活 (leisure-oriented life；工作就是为了生活)，后者指向工作取向的生活 (work-oriented life；生活就是为了工作)。这是笔者的一名学生所观察到的：

多数巴拿马人奉行"周末就要好好享受生活"的原则，在周末的大街上，如果看到一家小商店还在开门营业，那大概率是华裔开的。除此以外，周末能保证营业的商业性单位，大抵只有大型超市了，当然，营业时间也是缩短的。在周末，没有什么比跟家人聚在一起，共度欢乐时光更为重要了。

闲暇的重要性可以在一定程度上反映出放纵或克制倾向。比如，在第七波"世界价值观调查"(WVS) 中 (2017—2020)，当问及闲暇时间时，3 036 名中国受访者中有20.6%认为非常重要，50%认为比较重要，27.5%认为不太重要，1.6%认为一点也不重要；在4 018名加拿大受访者中，51.2%认为非常重要，43.6%认为比较重要，5%认为不太重要，只有0.2%认为一点也不重要；在1 200名越南受访者中，12.8%认为非常重要，52.5%认为比较重要，32.3%认为不太重要，2.3%认为一点也不重要；在2 596名美国受访者中，39.5%认为非常重要，49.1%认为比较重要，10.2%认为不太重要，只有0.7%认为一点也不重要。可见，与加拿大人和美国人相比，中国人和越南人对闲暇时间的重视程度要低得多，因而偏向克制的一侧。放纵型文化主要有委内瑞拉，墨西哥，波多黎各，萨尔瓦多，尼日利亚，哥伦比亚，特立尼达和多巴哥等；克制型文化主要有巴基斯坦，拉脱维亚，白俄罗斯，阿尔巴尼亚，保加利亚，爱沙尼亚，立陶宛，伊拉克等。

介绍完Hofstede的六个价值观维度后，现在我们谈谈如何使用这些维度。首先，这些维度为读者了解跨国价值观差异提供了便利。从分析层面看，这些维度指向国家（文化）价值取向，因此要避免用刻板印象看人，即把国家层面的数据套用在来自该国的个体成员身上，因为人既受文化的熏陶，又有自己天生的个性。这就是为什么集体主义文化中不乏个体主义者，个体主义文化中也不乏集体主义者。

在使用Hofstede的维度进行跨文化比较分析时，要认识到维度是一个连续体，文化在这些连续体上可以找到相应的位置。分值是相对的，在比较时才有真正的意义。比如，中、日、美三国的六维度分值如下：

维　度	中　国	日　本	美　国
权力距离	80	54	40
个体主义	20	46	91
阳刚气质	66	95	62
不确定性回避	30	92	46
长期取向	87	88	26
放纵	24	42	68

由此可见，与中国相比，美国的个体主义数值要高得多，说明美国是典型的个体主义文化。与中国和美国相比，日本的阳刚气质分值要高得多，说明日本是典型的阳刚文化。

总之，基于 Hofstede 的研究结论，中国的个体主义指数在 66 个文化中仅位列第 49 位，在 Robert House 主持的 GLOBE 研究（全称为 Global Leadership and Organizational Behavior Effectiveness，它细化了 Hofstede 的某些维度）中，中国的内群体集体主义（ingroup collectivism）指数位列 61 个文化中的第 9 位，说明中国是个典型的集体主义文化。中国人崇尚权威，遵从社会等级秩序（权力距离大），对不确定性有较高的容忍度（即低不确定性回避），在阳刚气质与放纵-克制方面居于中游，长期取向，强调勤俭节约、社会关系、先苦后甜（Kulich & Zhang 2010）。这些宏观特征常见于跨文化交际文献，用来揭示中国人行为模式背后的某些缘由。事实上，后来的研究发现，个体主义和集体主义并不在连续体的两端，而是彼此独立的两个维度，两者之间始终存在张力，只不过其中一个维度在文化中占主导地位罢了。

那么，平时我们该怎样使用 Hofstede 的维度呢？一位慕课学员给出的建议很有参考价值：

若有疑问，你可以先查阅一下 Hofstede 的分值。你若遇到一位来自他国的人，就分别查一下他国的分值和本国的分值，这些分值对可能遇到的文化差异会有一些启示。然而，不要忘了对方是独一无二的个体，因此 Hofstede 的分值可能只在应对"洋葱的表层"时有用。毕竟，理论对你国家的描述也不一定与你本人对得上号。

Hofstede 本人也不忘提醒读者：Hofstede 维度无法直接预测任何现象……借助这些维度来理解世事，总要考虑文化之外的其他因素，尤其是国家财富、历史、人的个性，以及各种偶发事件。Hofstede 维度绝非万能药，不是服用一剂两剂就能明白社会生活是怎么回事。

二、本土视角

作为文化"局内人"，对本文化的理解，仅仅停留在Hofstede的理论层面显然是不够的。但问题是，光从社交互动的角度看中国文化，其内涵已然纷繁复杂，难以厘清。笔者认为，一个较为有效的办法就是深度挖掘泛文化维度的本土表达，与Hofstede的理论展开对话。我国的本土心理学（indigenous psychology）研究在这方面贡献卓著，值得关注。

本土心理学倡导者杨国枢（2005）有关华人之个我取向-社会取向的提法，有助于我们从社会关系的角度剖析中国文化。在华人社会居次要地位的个我取向（individual orientation）强调自主性，通过支配、控制、改变、利用自然环境和社会环境，来满足自身的欲望，达到既定的目标。个我取向包括自我取向、自治取向、独立取向和平等主义取向。然而，在华人社会中占主导地位的社会取向（social orientation），其涉猎的范围较广，与Hofstede的集体主义、权力距离和长期取向等维度均有一定的联系。所谓社会取向，是指个人适应社会环境的一整套生活方式，它强调融合，通过顺服、配合和融入社会环境，建立和维系和谐的社会关系。

社会取向包含四个次级取向：家族取向、关系取向、权威取向和他人取向。家族取向是指人们在生活圈子里的一切运作尽可能地以家族为重，个人为轻；家族为主，个人为次；家族为先，个人为后。家族的繁衍、和谐、团结、富足和尊荣得到优先考虑。本章开篇有关催婚的案例，与这一取向不无关系；"男大当婚，女大当嫁"的说法折射出家族利益高于个人意愿的观念。而且，家族取向常有泛化的倾向，即原本不属于家族范畴的社群，如公司和机关院校，在管理中也会有大家族的影子。比如，领导的职责不仅要确保单位的正常运行，而且还要像家长一样去关心员工的日常生活，甚至要操心年轻人的"个人问题"，所谓公私不分家。马云名下阿里巴巴公司的家族式运行模式是哈佛商学院的一个经典案例，为员工谋福利的管理方式被视为公司发展的一大秘诀，也是区别于公私分明的西方商业管理模式的一大特征。

关系取向突出人们在社会关系中界定自我身份的倾向，强调社会关系中双方的互惠（如"礼尚往来""滴水之恩，当涌泉相报"），强调人际关系的和谐（如"和为贵""家和万事兴"），强调"缘分"（如"有缘千里来相会""千里姻缘一线牵"),强调"差序格局"(关系亲疏远近)。"差序格局"这一概念是费孝通提出来的,他曾用池塘里扔石子泛起的层层涟漪来比喻人际关系的差序,即离石子越近,关系越近,离石子越远,关系越远。每个中国人都处在波纹大圈套波纹小圈的同心圆中央,即石子落水处。他们视关系的远近,区别对待对方:家人之间讲责任,熟人之间讲人情,陌生人之间讲利害。对于陌生人而言,最好的办法就是耐心寻找机会,建立关系,变陌生为熟悉,尽量往对方关系同心圆的圆心靠近。第二章里提到的黄光国(Hwang 1987)有关关系、人情和面子的论述,有助于我们进一步揭示关系取向的具体特征,也有助于我们理解中国人交往模式背后的动力和逻辑。

社会取向的第三个次级取向是权威取向,即对权威的敏感、崇拜和依赖。在中国的关系社会里,人们需要先弄清楚谁的地位高,谁的地位低,然后才能各就各位,所谓尊卑有序。对权威缺乏敏感,轻则被视为无知,重则带来祸害。鸿门宴上项羽为了显示权威,故意把刘邦安排在三等座,刘邦深知项羽的用意,只能屈从,不敢发作。对权威的崇拜源自人们对权威的迷信,认为权威是无可争辩、不容置疑的。对于习惯了相对平权的西方知名学者而言,来中国参加学术会议将是一种难得的体验。无论是主持人在介绍环节细数该学者的伟大成就,还是会议期间国内同行对该学者的众星捧月,这种待遇在西方学术圈内恐怕甚为少见。当然,对权威的崇拜还远不止此。人们甚至认为权威是全能的,是永恒的。这就不难理解为什么中国文化历来有造神的传统,各种形式的个人崇拜层出不穷。面对权威时,人们容易产生突发性的心理失能,或不知所措,或哑口无言,或泪流满面。此外,对权威总是无条件地服从,权威说的话颠扑不破,权威做的事天经地义。

社会取向的最后一个次级取向是他人取向。该取向是指对非特定他人的意见、标准、褒贬、评判特别敏感,像"别人会怎样看我?"的问题总是萦绕在脑海中,挥之不去。事实上,在乎他人的看法是人的天性,正如 Erving Goffman(1959)在自我呈现理论(也称为拟剧理论)里所描绘的。Goffman 认为,社会就像一个舞台,我们所有的社会行为都是舞台表演,而观众就是生活中的他人或想象中的他人。但中国人对想象中的他人如何看待自己,其重视程度可谓登峰造极。项羽兵败垓下,因"无颜见江东父老",有船不渡,自刎乌江。若非项羽死要面子,天下也许就没有刘邦的份了。正因为特别在乎别人的看法，中国人求同避异、遵循社会规范的倾向特别明显，因为"枪打出头鸟"，"出头的椽子先烂"。同时，在他人取向指引下，人们格外重视名声，在公开场合，处处谨慎，生怕一不小心，铸成大错。另外，除非关系很铁，一般人们不大愿意透露自己的真实想法或分享个人秘密。

上述研究成果对于提高本文化意识是很有好处的。跨文化交际者要有意识地超越哲学、文学或文化学层面的宏观讨论，在诸如本土心理学的社会科学中汲取养料，使有关文化和价值观的讨论，建立在实证研究基础之上。毕竟，跨文化交际作为一门学问，其社会科学取向也是颇为明显的。

当然，上述理论也有它的不足之处。首先，该理论总体上给人一种冷眼看世界的感觉，它侧重中国文化如何在社会语境中运作的一面，而诸如孔子提倡的亲亲之爱和忠恕之道、孟子强调的恻隐之心都没能得到体现，而这种充满温情的利他性和道德律是中国文化重要的黏合剂。所以，我们在介绍理论的时候，需要意识到这一点，否则容易误导人，也容易让外群体成员感到迷茫和失落。其次，上述理论在有些国内学者看来，本土化还不够彻底，没有摆脱西方个体主义和集体主义的两分法，总体上还是把中国文化框定在集体主义的范畴里。但在现实生活中，哪怕是在大家庭内部，成员之间相互拆台、尔虞我诈、明争暗斗的情况屡见不鲜，而同心同德、互利互助的情况有时反而难得一见。有关中国人是不是"一盘散沙"的讨论也曾引起梁启超等大家的关注。这至少说明，中国文化是集体主义和个体主义的杂合体，至于两者之间的互动机制为何，需要进一步的本土理论探索。

社会学教授翟学伟（1996）从中国传统家庭的角度出发，对中国人的社会行为取向追根溯源，发现相互交织的四大因素似乎更有助于揭示中国人社会行为的复杂性，并与西方人和日本人的行为模式区分开来：家长权威、道德规范、利益分配和血缘关系。在权力和财产分配的问题上，日本社会奉行嫡长子继承制，财产和权力都归嫡长子所有。而西方社会奉行契约制（比如按照契约，可把财产和权力传给女儿）。因此，在这两种社会里，权力和财产的去向一致，只要照章办事即可，即有就有，无就无，干净利落，不拖泥带水，因而不需要太依赖道德规范的约束（讲契约、讲诚信），血缘关系也较弱（若当事人感到不爽，就会离开家庭，自立门户，或加入其他群体）。唯有中国社会奉行财产均分、权力传嫡长子的传统，因为权力和财产的去向不一致，使得问题复杂化。尽管强调家长权威，但在权力传承问题上，父亲往往需要屈尊，去安抚非嫡长子们的不满情绪。为了确保家庭和睦，让非嫡长子们随遇而安，势必要动用道德规范，儒家学说就有了用武之地。血缘关系也被强化，并且有拓展的倾向（寻求"认同血缘"，如桃园三结义），所谓打"感情牌"。最理想的状况当然是服从权威、遵循儒家伦理、视资源分配为公平公正、血缘关系亲密，最终达到合群、团结、友爱、克己奉公、以他人为重的集体主义境界。相反，假如出现权威危机、道德失范、视资源分配不公、六亲不认等情况，那么带来的便是一番中国式的个体主义景象：内讧、窝里斗、冷漠、自私、嫉妒，不一而足。毋庸置疑，在现实生活中，这四大因素各自或正或负，纵横交错，由此产生不那么纯粹的集体主义或个体主义，两者掺杂在一起，便组成了一幅幅形态各异的社会互动画像。中国人社会行为模式的原型就在于此，这个原型以多种形式不断向外辐射，渗透到大大小小的各种群体，围绕着权威、道德、资源、关系四个要素，最终构建了中国人独特的社会行为模式。

本小节分别从泛文化和本土两个视角探讨了文化价值观。把两个视角结合起来，不仅有助于我们深入理解文化差异，而且有助于增强我们的本文化意识，从而为跨文化交际的有效开展奠定基础。

第二节　自我概念

自我概念（self-concept）是有关"我是谁"这个问题的个人知识的总和。在讨论自我概念之前，我们先来澄清几个问题。在上一节里，我们讨论的文化维度处在群体（国家）层面。要解释或预测个体交际行为的跨文化差异，我们不能直接搬用文化维度，而是要看这些维度在个体层面呈现的形态。以Hofstede起初的四维度为例，个体主义–集体主义对应个体层面的独立–互依自我识解（independent versus interdependent self-construal），权力距离对应平权主义（egalitarianism），不确定性回避对应对模棱两可的情况的容忍度（tolerance for ambiguity），而阳刚–阴柔文化气质对应个体层面的相应气质（偏阳，偏阴，阴阳兼有，或阴阳不显）。

既然如此，我们为什么还要谈文化差异呢？因为文化差异可以理解为两个或多个群体总体倾向上的差异。通过这些差异，我们可以对相应群体的行为方式做出大致的判断。比如，在大多数情况下，中国人讲内外有别，说话比较含蓄，注重关系的和谐。但你不能说，这样的概括没有意义，因为每个中国人的情况都不一样。假如这一说法成立，那么，社会科学就没有存在的必要了。事实上，社会科学家都认为，虽然人作为个体是独一无二的，但作为文化成员，其行为模式是有规律可循的。

现在，我们回到自我概念这一话题。

一、泛文化视角

在跨文化交际领域，揭示文化差异最常用的维度非个体主义–集体主义莫属。而自我概念是该维度连接个体现实的重要途径。所谓自我概念，是指一个人如何看待自己和评价自己，是个体对自我的定义和赋予自我意义的方式，是有关自己的知识的总和。自我概念对于个体的重要性自不待言。假如有人告诉你，他很内向，那么，"内向"很有可能是他自我概念的重要组成部分，他过去、现在和将来的行为、思想、感觉、动机和计划都与这一部分脱离不了干系。比如，正因为觉得自己"内向"，他总是不愿意主动和别人打交道，喜欢被动地等别人去找他说话。其结果是，别人可能觉得他不合群，而他自己也有可能变得自卑和孤僻。

　　自我概念不但指向自己，而且还指向一个人如何理解自己与社会之间的关系。Hazel Markus和Shinobu Kitayama（1991）提出的独立自我识解（independent self-construal）和互依自我识解（interdependent self-construal）这对概念（见图1），可以理解为个体主义–集体主义文化维度在个体身上烙下的印记。独立自我强调内在和独有的个人特征，视自我为独一无二的个体；从本质上讲，自我与他人是分离的。互依自我强调关系和群体；从本质上讲，自我内嵌于社会世界。如图1所示，独立自我的边界用实线标注，说明自我的边界是清晰的；重要的社会关系，如用大小不等的圆标注的配偶、父母、兄弟姐妹、同事、挚友，与自我这个圆外切，显示出自我的独立性和完整性。而独立自我的外围则用虚线表示，说明内外群体的区分度相对较低（倾向于普遍主义）。相反，互依自我的边界用虚线标注，说明自我的边界是模糊的，用虚线圆标注的主要社会关系与自我这个虚线圆相交，显示出自我与这些社会关系的相互依存。而自我的外围则用实线表示，说明内外群体的区分度较高（倾向于特殊主义）。此外，在社会关系中，圆的大小说明关系重要程度的高低。而对于成家的人而言，倾向独立自我的往往以核心家庭为重，倾向互依自我的则往往以大家庭为重。提出该理论的斯坦福大学教授Hazel Markus在上外讲学时，曾引用了一项有趣的实验：研究人员问中美两国的受访者，假如有一天你家突然失火，你妈妈睡在一间卧室，你配偶睡在另一间卧室，而时间只允许你救一人，你会救谁？结果发现，绝大多数美国人选择救配偶，而绝大多数中国人选择救妈妈。中美两国受访者在自我识解上的差异由此可见一斑。

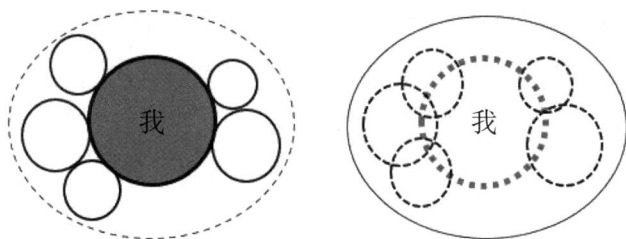

图1　独立自我（左）和互依自我（右）

　　Markus和Kitayama等学者（Markus & Kitayama 1991, 2003; Markus & Conner 2014）认为，倾向独立自我的人们将自己看作一个独一无二的个体。

面对"我是谁?"这一问题时,他们首先会想到自己的内在特质,如性格(比较外向),能力(学习成绩好),以及爱好(喜欢骑行)。这些内在特质可分为两类:一类是不随情境变化而变化的,如"外向""聪明""雄心勃勃"等;另一类是将自己与其他人区分开来的,如"班上最有创造性的","年级段成绩最好的"等。对于倾向独立自我的人们来说,历史背景、传统、地域都不重要(所谓英雄不问出处),重要的是展示自己的独特之处,这是获得自尊(self-esteem)的重要基础。因此,人们专注于在公共场合表达个人的内在属性,如个人的能力、智力、性格特征、目标或喜好,并通过与他人的比较,在私下里对这些属性进行验证和确认。此外,在不同场合和情境下始终如一地做自己,是成熟的表现。与他人交往时,一般遵循平等原则。

倾向互依自我的人们面对"我是谁?"这个问题时,通常首先会想到两点:一是他们在各种关系中扮演的角色(如我是两个孩子的父亲,我是某某人的好朋友),二是他们的群体成员身份(如我是某某公司的员工,我是某某少数民族的一员)。他们把自我放在关系网或群体中来定义,展示自己融入关系网或群体的能力,是其获得自尊的重要基础,而在不同场合、按照不同的需求改变自身行为,调节自身情绪,以促进群体和谐,乃是成熟的标志。倾向互依自我的人们地域观念强,看重历史和传统。跟他人互动时,遵循尊卑有序的原则。正因为自我基于互依,人生经历具有明显的主体间性,即"有福同享,有难同当",而这样的体验只能来自紧密和谐的人际关系。

事实上,没有人拥有纯粹的独立自我或互依自我,两种自我人人都有,只不过其中一种更占优势罢了。当然,文化对自我概念的塑造和打磨是毋庸置疑的,有些文化鼓励独立自我,如在欧美;受个体主义价值取向的影响,人们看重的是个性和与众不同之处。有些文化鼓励互依自我,如在东亚;受集体主义价值取向的影响,对自我的看法往往离不开自己与他人的关系。需要注意的是,文化与自我识解之间并不存在因果关系;不管受何种文化的影响,每个人都能够在某些时候进行"非典型"的自我识解。例如,倾向独立自我的人们也有寻求互依的时候。出现这种情况,往往是将自我看作某个整体的一部分的时候,如参与一项集体活动,或者与家人团聚。相反,倾向互依自我的人们也有寻求独立的时候,如有些国内青年在感情问题上喜欢我行我素,跟谁谈恋爱,父母管不着。然而,一旦进入谈婚论嫁阶段,婚姻对象的选择往往需要父母的参与，原因之一是经济上还无法独立，需要父母的支持。这时候，自我识解又回到了互依的状态。越南也是一个十分重视家庭的国家，相对而言更强调互依自我，很多年轻人成年后也会照顾家人，每个月给家人生活费，给父母买礼物，但遇到困难时，并不是首先想到向家人求助，而是表现出独立自我的个性。

独立自我影响人的认知和对世界的看法。研究发现，倾向独立自我的人们看问题时，更多地关注问题本身，就事论事，较少考虑社会情境因素。这在很大程度上可以解释为什么欧美人容易犯"基本归因错误"（fundamental attribution error；比如员工迟到，老板便认为他缺乏责任心，而较少考虑交通拥堵可能是他迟到的真正原因）。观察事物时，焦点总在事物本身，对事物所处的周围环境不闻不问，也就是"只见树木，不见森林"。

独立自我对人的价值观和行为影响深远。倾向独立自我的人们强调独立自主，个人自由，选择自己的目标，享受生活，个人的快乐与成就是生活满意度和主观幸福感的重要来源。相比社交圈与人际关系，个人自尊对他们的生活质量影响更大。他们更愿意参与有助于个人成功的各种活动。独立自我对社会行为的影响则更为复杂。一方面，倾向独立自我的人们通常喜欢与他人竞争，因此对待小组任务有可能不够认真，缺乏合作精神。另一方面，独立自我的本质在于对内在人格的关注，并确保行为与人格合拍。假如一个倾向独立自我的人崇尚合作精神，那么基于这一人格特征，他的行为更有可能是合作行为，因为这样的行为与其自我概念是相匹配的。换言之，不管一个人的个性倾向竞争还是合作，独立自我会催生与个性相匹配的个人行为。此外，独立自我注重自我表达和自我实现，通常说话直截了当。

互依自我对人的价值观、情绪和行为同样产生重要影响。倾向互依自我的人们重视归属感、友情、家庭等集体主义价值观，不太能接受违反社会规范、不履行社会义务的行为。由于看重社会责任和义务，他们往往通过他人的眼光来评判自己。一旦没有完成他人交给的任务或达到他人的期望，便容易产生负面情绪。同时，这些人的荣誉感和自豪感与所在的群体紧密相连，可谓一荣俱荣，因此幸福感的来源，较之倾向独立自我的人们，似乎更为丰富。互依自我能够促进合作，减少竞争，使人们更愿意在集体任务、社会问题上投入精力。这些人往往把群体内他人的利益放在高处，乐于奉献。最典型的例子莫过于当今许多中国父母，他们为了孩子，甘愿牺牲自己。然而，由于互依自我把自我置于核心关系网络和群体之内，人们通常较少关注网络和群体之外的事情，由此可能产生对外群体更大的偏见。因此，由互依自我催生的利他行为从本质上讲仍然是利己的，只不过这种利己指向的不再是"我"，而是"我们"。此外，互依自我强调适应环境，找到自己的定位，行为举止以得体为先，交流互动的时候要尽量抬高别人，说话含蓄委婉。

自我概念受情景因素的影响。曾有学者做过这样的实验：把研究对象随机分成两组，然后让他们阅读预先准备的文字材料，一组人员给单数人称代词（如"我"）画圈，另一组给复数人称代词（如"我们"）画圈。紧接着完成一项暗含独立自我和互依自我这两个概念的任务（两项任务间的关联性很不明显，研究对象一般无法揣摩研究者的用意）。结果发现，给单数人称代词画圈的人比给复数人称代词画圈的人更倾向于独立自我。由此可见，自我概念与当下情景很有关系。尽管如此，大量的研究显示，这两种自我的使用频率因文化在个体主义—集体主义维度上位置的不同而不同。换言之，在个体主义占主导的文化里，独立自我的出现频率高于互依自我，而在集体主义占主导的文化里，互依自我的出现频率高于独立自我。而且，如前所述，相比文化层面的个体主义—集体主义和个人层面的价值取向，通常独立自我和互依自我对交际方式的预测更为准确。文化维度无法预测文化成员具体的行为，只能提供行为的大致倾向。个人价值取向（文化维度指数就是个人价值取向的平均数）与具体行为的关联性从逻辑上讲应该较高，但价值观运作的复杂性远远高于我们的想象，这一点在前文中已经提到。相比之下，尽管独立自我和互依自我也受情境和生活领域（如在情感领域相对独立，在经济领域相对互依）等因素的制约，研究结果显示，这两种自我的跨文化比较更有助于我们了解和预测交际方式的跨文化差异。

二、本土视角

独立自我和互依自我是在西方语境中诞生的理论。如果说独立自我较为准确地描绘了西方个体主义锻造下的自我意识，那么作为它的对立面、用来说明诸如东亚和拉美地区人们自我概念的互依自我，则需要在本土语境中逐一被检视。在此，我们还是在本土心理学视角下，来探讨互依自我在华人社会的表现形式。

杨国枢（2004）综合华人心理相关研究成果，提出"个体取向我"和"社会取向我"这一对概念，与文化层面的两种价值取向遥相呼应。个体取向我重自治，轻协同，与独立自我比较类似。社会取向我重协同，轻自治，由关系取向我、权威取向我、群体（家庭）取向我和他人取向我组成。随着现代化进程的加速，个体取向我逐渐成为中国人自我概念不容忽视的一部分。杨国枢随后将权威取向我合并到关系取向我之中，与个体取向我、群体（家庭）取向我和他人取向我一同构成"华人自我四元论"。他认为，Markus 和 Kitayama（1991）的独立自我和互依自我只反映了自我四元论中的个体取向和关系取向，而华人自我概念的内涵更为丰富。

杨中芳（Yang 2006）从"文化人"的角度，提出了根植于中国人的日常交往互动之中的"大我"和"小我"这对概念（也叫做"公我"和"私我"）。在中国人的社会生活中，"仁"（爱人）与"和"（和谐）是最受欢迎的价值观。为了践行这些价值观，人们需要丢弃小我，拥抱大我，克己奉公。大我是儒家倡导的自我概念，也确实有人在现实生活中身体力行，但很多时候，人们被个人欲望和利益驱使，小我开始膨胀。于是在资源分配上就出现这样的现象：小我若占上风，个体就想着侵占；大我若占上风，个体就想着谦让。所以，儒家思想一直把"崇公抑私"或"以公废私"作为核心内容，"一日克己复礼，天下归仁焉""君子喻于义，小人喻于利"，以及"存天理，灭人欲"均在不同程度上反映出大我对小我的压制。

在这种背景下，"自我"绝不是由我一个人实现的，也不是我一个人的成就。尽管每个人必须长期修身养性，克己复礼，才能磨炼出一身高尚的品德，但归根到底，我是谁，我是什么，还取决于我所交往的他人，就像他人是谁，是什么，也部分取决于我的所作所为一样。然而，伦理标准和现实生活往往是脱节的。大我和小我之间的张力使得公共领域与私人空间的界限不再清晰，关系、人情、面子便有了用武之地，关系取向得以呈现。翟学伟（1996）认为，中国人的自我总是建构在纵向的等级轴和横向的亲疏轴之上，自我既不自由，又不完整。因此，儒家式的自我无法很好地纳入西方的自我概念理论框架之中。

Tricia Wang（2013）认为，互联网和社交媒体在中国的普及，带来青年一代"对自我的革命"。她提出了"弹性我"这一概念，用来区别常见的传统自我和现代自我两分法。对于中国年轻人来说，"弹性我"既是一种自我概念可变的感觉，也是"尝试"不同的自我概念的行动。具体而言，年轻人感觉自己总需要压制情感和个人需求的表达，才能符合社会规范，于是转向网上，投入闲聊的模式。因为社交平台可以匿名，他们可以大胆地与陌生人互动，来表达自己的情绪，分享私密的话题，不用担心面子问题，也不用顾忌是否符合来自文化和社会关系的各种期待。

总之，在全球化浪潮的冲击下，人们（特别是年轻一代）正经历自我概念的嬗变和重构，无论是个体取向我与社会取向我，还是大我与小我，均在相互博弈，此消彼长。研究显示，在社会文化层面，尽管两种对立的我都有各自发挥作用的空间，但个人取向日益强化的趋势已不容忽视。而摆在我们面前的问题是，究竟怎样的一种自我概念配置能带给人们最多的幸福感呢？笔者的一名越南学生认为，在当今的一些亚洲国家（如中国、日本、越南），很多人强调个性和独立意识，这些观念与欧美许多国家盛行的独立自我如出一辙，但引发的一些不良现象却令人担忧。例如，孩子过于自我，对待父母的态度不好。似乎儒家观念的消亡是早晚的事。

毋庸置疑，代表着传统性和现代性的两种对立的自我各有长短优劣，一切取决于具体的情况。心理人类学家许烺光（2002:13）在讨论中美文化差异时，把两者的生活方式分别称为"个人中心"（强调个人）和"情境中心"（强调个人在其同伴中的恰当地位及行为），这与独立自我和互依自我，或个体我取向和社会我取向，形成了很好的呼应。他是这样对比这两个"中心"的：

> 个人中心使美国走向社会方面的孤立与心理的孤独，他的幸福趋于迷狂，正如他的痛楚可能意味着难以忍受的灾难一样。由于感情专注于一人，那么就会不可避免地具有强烈的情绪色彩。作为情境中心者的中国人在社会与心理方面更易于依赖他人，因为情境中心的个人与他的国家和同伴紧密联系在一起，其欢欣与悲哀由于他人的分享或分担而趋于缓和……这种基本的对比位于每个社会中那些根深蒂固的难题和缺陷的中心……

　　然而，当今社会"内卷"势头愈演愈烈，对人们的主观幸福感带来了负面的影响。也许平衡这两种自我，或"中心"，做到优势互补，是提高人们生活幸福指数的一条途径。这就意味着，人们既能保持一定的独立性，又能建立稳固的人际关系和社会责任感。然而，对于年轻一代而言，要取得这样的平衡并不容易，有研究显示，即使是取得暂时的平衡，这种平衡仍然是十分脆弱的。

　　至此，我们已完成了社会文化障碍部分有关价值取向和自我概念的话题的讨论，我们在下一章继续讨论社会文化障碍部分的余下内容。

第五章
社会文化障碍：
文化信念、社会规范与思维方式

本章我们继续放眼社会文化层面，剖析文化信念、社会规范和思维方式的文化差异，并探讨这些差异给跨文化交际带来的潜在挑战。

一名苏格兰中年男子走进小店，买了一块巧克力。临走前，他对小店老板娘打趣道："那肯定不是个明智的选择，但我觉得血糖有点低。"老板娘微笑着安慰道："嗯，咱们是苏格兰人，苏格兰人在养生方面可没那么讲究，不是吗？"她的确说得没错，但她的回答还是令这位男子感到沮丧，因为在内心深处，他并不能接受这样的说法。尽管最近几年情况向好，但苏格兰依然是欧洲心脏病的高发区。是基因不好，饮食结构不良，生活方式糟糕，还是运气欠佳？

第一节　文化信念

出现健康问题的诱因很多，有可控的，也有不可控的。但有一样你可能想象不到，它往往深藏不露，却总能影响人们的行为和态度，那就是文化信念（cultural beliefs），即群体中共享的观念和原则。在社会化过程中，文化信念被群体成员内化，融入社会生活的方方面面。小店老板娘提到苏格兰人不懂养生，事实上背后有这样一个文化信念：咱们苏格兰人的健康是很成问题的，但就是拿它没办法。比如，苏格兰作为"油煎巧克力棒"的发源地，常令其国人感到自豪；许多苏格兰人依旧以拥有一些不健康的传统生活习惯而感到骄傲。"交情浅，舔一舔；交情深，一口闷"，这句中文俗语形容苏格兰朋友之间对酒，再恰当不过：不喝个烂醉如泥，就不够朋友。这种违背常理的做法，却作为文化的一部分被保留下来。当然，文化信念传递更多的是积极的东西。比如，我们常说的"勤能补拙"，就是一种文化信念，它鼓励大家勤奋，因为勤奋可以弥补先天的不足。很多美国人坚信美国梦，即不管是谁，只要工作足够努力，就一定能取得成功，变得富有，这是另一种文化信念。

价值观的传递往往以信念为渠道。比如，刚才提到的"勤能补拙"是一个陈述句，交代了"勤"和"拙"之间的联系，所以是一个文化信念，但它强调的就是价值观"勤"。因此，一个明显的区别是，价值观大多以名词（目的性价值观）和形容词（工具性价值观）的形式出现，如友谊、世界和平、能干（competent）等。而信念以陈述句和判断句的形式出现，至少涉及两个概念，并交代两者之间的关系，如"好人有好报""知足常乐""知子莫如父"等。文化信念通常是在历史的长河里慢慢沉淀下来、被群体里的大多数人接受或遵行的重要观念。在中文里，但凡听到或看到"常言道""俗话说""有道是"，多半会引出一条文化信念，如"常言道，一个好汉三个帮"。文化信念来自对社会现象的观察和分析，这些现象往往是多种社会因素动态交互的结果。文化信念有一个显著的特征，就是不需要证据来表明其判断的准确性。人们通常只是想当然地接受，不会严肃地提出质疑或加以考证。比如，我们相信"善有善报，恶有恶报"，但没人会跟踪调查"善人"和"恶人"，看他们为人的结局；"寒门难出贵子"，但我们没有准确的统计数字；"没有规矩，不成方圆"，或许也有不少例外。

信念成不成立、管不管用要视具体文化而定，因为绝大部分文化都有其独特的认知、情感和行为模式。比如，有关疾病的根源，有的文化认为疾病是劳累过度所致；有的文化认为每个人身上都潜伏着各种疾病，发不发作就要看个人是否照顾好自己的身体；有的文化则认为疾病是神明对你的惩罚。有关精神卫生，美国社会中不同的族裔就有不同的信念：非裔一般认为，他们的精神健康状况普遍较好，因此不易察觉自己患病；拉美裔认为精神卫生方面的挑战可以自己克服，因此总是迟迟不去寻求专业人士的帮助；亚裔往往否认自己患上精神疾病，这与面子观念恐怕有不小的关系；有些印第安人则认为，精神疾病是超自然力量附体或与自然的关系失调所致。

一、泛文化视角

学者Kwok Leung和Michael Bond曾提出如下问题：除了价值观，我们是否还能从别的角度来构建跨文化差异理论？他们的回答就是文化信念（即"社会公理"）。Leung和Bond等学者（2002:289）认为，"社会公理（social axioms）是关于自己、社会和物理环境或精神世界的概括性信念，是对两个实体或概念之间关系的断言。"（Social axioms are generalized beliefs about oneself, the social and physical environments, or the spiritual world, and are in the form of an assertion about the relationship between two entities or concepts.）这种关系或有因果性（A导致B，如"谦受益，满招损"），或有相关性（A与B相关，如"不想当将军的士兵不是好士兵"）。两位学者还认为，社会公理是"人们认可的并在不同情况下用来指导自身行为的基本原则"（Leung et al. 2002:288）。在他们看来，社会公理是个人态度、意见和观点的核心组成部分。

通过比较41个文化群体，Leung和Bond等学者（2002）发现，在个人层面普遍存在五种社会公理：

1. 愤世嫉俗（Social Cynicism）：对人性和社会事件的负面看法。比如：

   Powerful people tend to exploit others.

   有权之人常常剥削他人。

   Power and status make people arrogant.

   权力和地位使人傲慢。

   Kind-hearted people usually suffer losses.

   好心人往往吃亏。

2. 社会复杂性（Social Complexity）：解决问题的多种方法和事件的不确定性。
   比如：

   People may have opposite behavior on different occasions.

   人们在不同的场合可能有截然相反的行为。

   Human behavior changes with the social context.

   人类的行为随着社会情境的变化而变化。

   One's behaviors may be contrary to his or her true feelings.

   人们所做所感可能正好相反。

3. 努力的回报（Reward for Application）：相信努力会带来正向的结果。比如：

   Hard working people will achieve more in the end.

   功夫不负有心人。

   Adversity can be overcome by effort.

   努力能够战胜逆境。

   Every problem has a solution.

   每个问题都有解决的办法。

4. 宗教性/灵性（Religiosity/Spirituality）：至高无上者的存在和宗教带来的正
   向结果。比如：

   Belief in a religion helps one understand the meaning of life.

   信仰宗教可以帮助人们理解生命的意义。

   Religious faith contributes to good mental health.

   宗教信仰有利于心理健康。

   There is a supreme being controlling the universe.

   有一个至高无上的存在掌控着宇宙。

5. 命运控制（Fate Control）：人生经历的事件命中注定，但人们在某些方面可
   以对结果产生一定的影响。比如：

   Individual characteristics, such as appearance and birthday, affect one's fate.

   个体的特征，诸如外貌和生日，会影响一个人的命运。

   There are many ways for people to predict what will happen in the future.

人们有很多方法来预测今后会发生什么。

There are certain ways to help us improve our luck and avoid unlucky things.

有一些方法可以帮助我们改善运势，避免不幸的事情发生。

Leung 和 Bond 等学者（2002）认为，在他们调查的所有文化里，人们都需要面对一个至关重要的问题，就是如何生存，如何适应社会环境。要解决这一问题，人们至少要在三个方面做出努力：不上当受骗（Detection of Deception），解决问题（Problem Solving），以及寻找意义（Search for Meaning）。不上当受骗对应愤世嫉俗这一维度，这或多或少说明社会本来就是不公平不公正的，心灵鸡汤喝不得。解决问题对应命运控制、努力的回报和社会的复杂性三个维度。尽管人们无法掌控自己的命运，但在某些方面，人的能动性仍然可以对命运的走向产生一定的影响；相信努力总有回报，问题的解决必须依靠自己的双手；人们需要不断地完善自己的知识结构，变得更加有智慧，才能更加深刻地认识世界，洞悉世界的复杂性，从而为各种各样的问题寻找解决的办法。至于对人生意义的寻求，必然要超越眼前的世界，与造物主对话，透过宗教，获得永恒的意义。

Lazar Stankov 和 Gerard Saucier（2015）在 Kwok Leung 等学者的研究基础上，对世界九大区域的 33 个国家和地区进行了调查。这九大区域为：东南亚、撒哈拉以南非洲、南亚、拉美、中东/北非、西欧、东欧、盎格鲁和东亚。研究发现，就"社会复杂性"而言，大多数区域处在同一水平线上，唯独中东/北非明显偏低。"宗教性"是所有维度中跨文化差异最大的。宗教性相对突出的有东南亚、撒哈拉以南非洲、南亚和中东/北非；宗教性偏弱的有拉美、西欧、东欧、盎格鲁和东亚。其中分值最高的国家是马来西亚，最低的国家是西班牙。"努力的回报"分值较高的有东南亚、撒哈拉以南非洲、南亚和东欧；分值较低的有中东/北非、西欧、盎格鲁和东亚。拉美介乎两者之间。分值最高的国家又是马来西亚，最低的国家则是日本。"愤世嫉俗"的跨文化差异不大。分值相对较高的区域包括撒哈拉以南非洲、南亚和东欧。坦桑尼亚分值最高，巴西分值最低。这个维度的分值在最近经历政治和社会变革的国家中普遍较高。"命运控制"分值较高的有东南亚、撒哈拉以南非洲、南亚和东亚。中东/北非居中，其他区域分值偏低。就国家而言，分值最高的是埃塞俄比亚，最低的是秘鲁。

我们也能从总体上看出某些区域的大体趋势。比如，东南亚国家在"宗教性"和"努力的回报"上分值较高，在"社会复杂性""愤世嫉俗"和"命运控制"上分值居中。然而，西欧国家在"宗教性"和"命运控制"上分值较低，而在其他三个维度上得分趋于中游。而就维度本身而言，"宗教性"和"努力的回报"的跨文化差异似乎较为显著（见图2）。

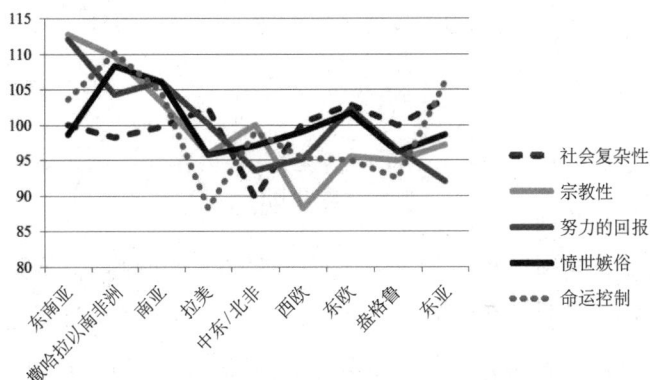

图2　世界九大地区五种社会公理的平均分（Stankov & Saucier 2015:309）

Bond和Leung等学者（2004）还对社会公理数据进行了文化层面的分析，发现两个泛文化维度："动态外在性"（Dynamic Externality）和"愤世嫉俗的社会心态"（Societal Cynicism）。"动态外在性"是指人们对外部力量的简单应对，这些力量被视为与命运和至高无上者有关。这一维度反映了人们如何借助他们的信念体系从心理上来应对外部环境的各种挑战。在该维度上分值较高的文化往往更倾向于集体主义，更趋保守，社会等级更为明显，并且追求安全感、物质资源和长寿。该维度的宗教性色彩也较为浓厚。"愤世嫉俗的社会心态"是指人们对外部世界明显带有恐惧和悲观的心态。在该维度上分值较高的文化里，人们通常认为，世界会产生恶性后果，这些后果免不了要由他们来承担，他们被有权阶层压迫，被肆意妄为、自私自利的个人、群体和机构强取豪夺。

Bond和Leung等学者（2004）的研究发现，尽管"动态外在性"分值高的文化往往经济欠发达，更倾向于集体主义，更强调社会等级，但这些联系并不突出。像美国、加拿大、英国和新西兰等国的个体主义倾向均十分明显，但在"动态外在性"上的分值也只是居中，甚至比集体主义盛行的日本和西班牙还低。伊斯兰国家往往在该维度上分值最高。然后，"愤世嫉俗的社会心态"在地区分布上似乎没有什么规律可循。假如我们将两个维度的高低分布排列成四种可能性，那么，两者均高的是巴基斯坦和泰国；"动态外在性"高而"愤世嫉俗的社会心态"弱的是印度尼西亚和马来西亚；"动态外在性"低而"愤世嫉俗的社会心态"强的是日本和德国；两者均低的则是挪威和意大利。

以上就是我们对泛文化视角下文化信念研究的简单回顾。学者们分别从个体层面和社会文化层面构建了社会公理理论。那么，从本土视角来看文化信念，又是怎样的一幅图景呢？

二、本土视角

细心的读者或许已经注意到，上面列举的社会公理条目均采用平铺直叙的方式，抹去了历史和语境所遗留的痕迹。这是为了便于跨文化比较而做出的选择。有的条目很容易让人想到对等的中文表达，如Current losses are not necessarily bad for one's long-term future恰好对应"塞翁失马，焉知非福"。社会公理条目与英文中的"proverb"一词意义甚为接近，而后者难以在中文里找到对等词。Proverb涵盖的范围远大于中文里的"谚语"。除了谚语之外，部分俗语、成语、流行语、格言和警句均可纳入proverb的范围（Weng et al. 2021）。或许"熟语"这个宽泛的概念更能反映proverb的全貌。在此，我们介绍两项有助于了解华人本土文化信念的熟语研究。

Shengquan Ye等学者（2018）从各种出版物里选取大量的中文熟语后，经过层层筛选，保留了118个熟语供后续研究。经由中国大学生就重要性对这118个熟语打分和随后的因子分析，Ye等学者构建了由26个条目组成的中国熟语量表（Chinese Proverb Scale），并对其科学性和有效性进行了系统的验证。这26个条目反映了四个传统价值观：

勤奋（Diligence）：represented the values of making one's efforts and being persistent in pursuing his or her goal.

1. 失败是成功之母。

   Failure is the mother of success.

2. 勤能补拙。

   To make up for lack of skill with industry.

3. 世上无难事，只怕有心人。

   Nothing in the world is difficult for one who sets his minds to it.

4. 有志者事竟成。

   Where there's a will, there's a way.

5. 锲而不舍，金石可镂。

   To keep on carving unflaggingly — to work with perseverance.

6. 活到老，学到老。

   It's never too late to learn.

7. 吃得苦中苦，方为人上人。

   Suffering builds character.

8. 人往高处走，水往低处流。

   Man endeavors to rise, water flows downwards.

正直（Integrity）：encouraged people to be righteous and honest.

9. 受人之托，忠人之事。

   To try one's best to do what was entrusted to him by others.

10. 若要人不知，除非己莫为。

    What is done by night appears by day.

11. 君子一言，驷马难追。

    A gentleman never goes back on his words.

12. 滴水之恩，当涌泉相报。

    If one receives a water drop of kindness, one should repay with a flowing spring.

13. 害人之心不可有，防人之心不可无。

    One should never intend to do harm to others, but should always guard against the harm others might do to oneself.

14. 善有善报，恶有恶报。

    Good has its reward and evil has its recompense.

15. 身正不怕影子斜。

    If your body is upright, you don't need to worry about your shadows being crooked.

自保（Self-Preservation）：reflected the traditional life principle of keeping a low profile to protect oneself from potential attacks and troubles.

16 是非只为多开口，烦恼皆因强出头。

Troubles only come about as a result of too much opening of the mouth; worries are all because of deliberately showing off.

17. 人怕出名猪怕壮。

Fame portends trouble for men just as fattening does for pigs.

18. 逢人且说三分话，未可全抛一片心。

Always speak with reservation and never pour out your heart to anyone.

19. 木秀于林，风必摧之。

The tallest tree attracts the gale.

20. 明哲保身，但求无过。

To be worldly-wise and play safe.

21. 枪打出头鸟。

The leading bird is the first to be shot.

自利（Self-Interest）：captured the malicious views of pursuing one's own interest at the expense of others.

22. 有仇不报非君子。

One who does not avenge an injustice is not a gentleman, and one who does not seek redress of a wrong is not a man.

23. 顺我者昌，逆我者亡。

Those who bowed to me would prosper and those who resisted would perish.

24. 先下手为强，后下手遭殃。

He who strikes first prevails, he who strikes late fails.

25. 舍不得孩子套不着狼。

One who is not willing to risk his child will not catch the wolf.

26. 人不为己，天诛地灭。

If people do not look out themselves first, Heaven and Earth will destroy them.

　　Ye等学者通过对社会公理调查（Social Axioms Survey）的相关性分析，发现"勤奋"和"正直"与"努力的回报"和"社会复杂性"呈正相关。这些维度均与社会如何运作有关——人们知道并相信社会运作的方式。相反，"自保"和"自利"与"愤世嫉俗"和"命运控制"呈正相关。这些维度均表明对社会如何运作缺乏信任和信心。

　　本书作者和张雁冰等学者（Weng et al. 2021）着眼于中国大学生记忆中存留的中文熟语，在筛选千余条熟语后，重点分析了余下的100多句常用熟语所承载的价值观，共发现八大主题：学问、勤奋、实干、群体取向、社会关系、美德、自由精神和乐观主义。大学生对实干、学问和勤奋的认可度最高，然后依次是美德、社会关系、群体取向、乐观主义和自由精神。其中，实干、学问和勤奋指向成功取向，美德、社会关系和群体取向指向社会和谐。研究结果既与Ye等学者（2018）的发现有重合之处（勤奋和正直），也有各自的不同。自选熟语似乎更符合社会的期许，更多地体现了社会公理中的正向能量。熟语举例如下：

学问（Learnedness）：attached great importance to learning, education, and knowledge, as exemplified by a genuine love of books and life-long learning.

　　活到老，学到老。

　　One is never too old to learn.

　　读万卷书，行万里路。

　　Read ten thousand books and travel ten thousand miles.

　　知识决定命运。

　　Knowledge determines fate.

　　知识就是力量。

　　Knowledge is power.

勤奋（Diligence）：emphasized steady, earnest, and energetic effort as well as hard work, as exemplified by a good use of time.

　　天道酬勤。

　　Heaven rewards conscientiousness.

　　一寸光阴一寸金。

　　An inch of time is worth an inch of gold.

天才就是99%的汗水加上1%的灵感。

Genius is 99 percent perspiration plus 1 percent inspiration.

天才在于勤奋。

Genius lies in diligence.

实干（Practical Orientation）： promoted willingness and readiness to take action and apply oneself once a goal is set.

有志者，事竟成。

Nothing is impossible to a willing heart.

天助自助者。

God helps those who help themselves.

细节决定成败。

The devil is in the details.

千里之行，始于足下。

A journey of a thousand miles begins with the first step.

群体取向（Collective Orientation）：showed a focus on groups and larger collectivities.

天下兴亡，匹夫有责。

All men share a common responsibility for the fate of their country.

众人拾柴火焰高。

Where many help to gather firewood, the flames shoot high.

一方有难，八方支援。

When trouble occurs at one spot, help comes from all quarters.

独乐乐，不如众乐乐。

Shared joy is a double joy.

社会关系（Social Relationship）：emphasized interpersonal interconnectedness with others in a social and cultural context.

忍一时风平浪静，退一步海阔天空。

Yield for a moment, and the wind shall calm and the wave subside; take a step back, and the sea is broad and the sky open.

有朋自远方来，不亦说乎。

Isn't it joyful to have a friend from afar.

严以律己，宽以待人。

Be strict with oneself and lenient towards others.

滴水之恩，当涌泉相报。

Kindness of a drop of water will be repaid with a flowing spring.

美德（Moral Virtue）：promoted certain social and cultural ideals on behavior and character.

己所不欲，勿施于人。

Do not do to others what you do not want others to do to you.

百善孝为先。

Filial piety is virtue of virtues.

谦虚使人进步，骄傲使人落后。

As conceit makes one lag behind, so modesty helps one make progress.

地势坤，君子以厚德载物。

As heaven maintains vigor through movement, a gentleman should constantly strive for self-perfection.

自由精神（Free Spirit）：stressed the importance of freedom of action or inaction and absence of coercion, imposition, constraint, or worldly concerns in action or thought.

走自己的路，让别人去说吧。

Follow your own course, and let people talk.

不自由，勿宁死。

I'd rather die than have no freedom.

非淡泊无以明志，非宁静无以致远。

Nothing lasting can be accomplished without leading a quiet life.

知足常乐。

Happiness is content.

乐观主义（Optimism）：showed an inclination to maintain a happy heart and peaceful mind, and anticipate the best outcome despite difficulties and challenges.

失败乃成功之母。

Failure is the mother of success.

天生我材必有用。

Heaven has endowed me with talent for eventual use.

明天又是新的一天。

Tomorrow is another day.

冬天已经到来，春天还会远吗。

Winter has come, will spring be far away.

Weng等学者（2021）还调查了另一群中国大学生的个体主义和集体主义价值取向以及他们对承载上述八大主题的熟语的认同程度。结果显示，相对于集体主义，他们更认同个体主义。然而，他们同样认同这些熟语中所承载的价值观，而这些价值观更倾向于集体主义。换言之，呈现在读者面前的是当代中国大学生的矛盾心理，他们在传统性和现代性之间左右摇摆，举棋不定。而八大主题显示出儒家和道家两种哲学思想之间的张力与平衡，也体现了传统性、现代性和西方个体主义的杂糅，从而勾勒出当代中国大学生颇为复杂的社会心理。

本小节聚焦文化信念，介绍了几项有关社会公理的跨文化比较研究，并从汉语熟语的角度切入，管窥了中国文化包含的重要信念。熟悉其他文化中的重要熟语，不失为了解其信念体系的一种有效方法。事实上，越来越多的研究表明，与价值观相比，信念对交际行为的影响似乎更加直接，所以对预测交际行为的走向也更为有效。

第二节　社会规范

常言道，入乡随俗，入国问禁。这一说法常与旅居者遵守当地文化的规范联系在一起。规范（norms）是群体成员广泛认可的行为标准，它规定了什么可以做，什么不可以做，什么应该做，什么不应该做。不乱扔垃圾，不在公共场所大声喧哗，礼貌待人，不说谎，不作假见证，对配偶保持忠诚，这些都是规范。在跨文化交际领域，规范可以理解为在某一文化中被大多数成员接受和遵守的、对他们的行为起指导或约束作用的准则。比如，韩国社会对"辈分"非常重视。大学里前辈与后辈之间如何互动，有不少规矩。哪怕两者只相差一岁，向年长的说话就要使用敬语。然而，在中国的大学校园，虽有学长、学姐、学弟、学妹的提法，但远没有韩国大学前辈、后辈的概念来得正式。韩国人如果没有洗头，即使出门一分钟，也必须戴上帽子。尤其是女性，如果不化妆，绝对不出门，连出去倒垃圾都要化妆。这是韩国社会"外貌至上主义"带来的结果。一位韩国女生说："中国女孩都很自信。我很羡慕她们可以不化妆，随意出门。"

规范通常可分为四种：习俗（folkways）、风俗（mores）、禁忌（taboos）和法律（laws）。习俗（英文亦可称为conventions/customs），即社会认可的行为标准，但一般与道德无关。比如，在别人家吃饭时打饱嗝，是有悖于美国文化习俗的。韩国人习惯于每天洗澡换衣服。一位中国学生曾回忆起这段经历：

有次上课时，一位坐在我旁边的韩国同学问：你昨天没有回宿舍住吗？我一脸不解地回答：回去了呀。韩国同学又接着问：那你为什么没有换衣服呢？是没有洗澡吗？他的问题让我一时不知道该如何回答，也觉得非常尴尬，因为前一天我确实没有洗澡，所以第二天也就没有换衣服。当时的我不知道在韩国有每天必须要换衣服的习惯，韩国人十分讲究穿衣，韩国人和日本人有一个共同点便是，他们几乎每天洗头洗澡，并且每天换衣服。无论是学生，还是上班族，每天都会换不同的衣服，如果你第二天仍穿一样的衣服去上课或上班，韩国人就会以为你昨天晚上没有回家，在外过的夜。而在中国，连着两天穿同样的衣服并不会有人觉得有什么不妥。

风俗指的是道德规范，因此也被称为德仪或德型。伤风败俗说的就是违反了道德标准，如《水浒传》里潘金莲瞒着武大郎与西门庆私通。禁忌（taboos）是一种很强的规范，是文化禁止的行为。违反禁忌会带来严重的社会后果，犯禁者往往被视为"邪恶"。比如，乱伦在绝大多数文化中是一个禁忌，在有的文化里，乱伦者甚至会被处以极刑。虐待儿童是另一种禁忌。假如规范需要强化，就会以文字的形式确定下来，一旦有人不遵守规范，国家的权力机关将对违者进行惩罚，这时，规范就成了法律。几乎所有的禁忌都被写入法律，但法律并不包括所有的德仪。

我们常常把规范和规则（rules）放在一起讨论。规则也是一种行为指南，但按照Gudykunst（2004）的说法，规则是没有道德约束的，因此相当于前面提到的习俗。比如，规则告诉我们，"不可当众抠鼻子"，假如有人在餐桌上抠鼻子，那么这个人会被认为缺乏修养，甚至有点"怪异"，但没人会说他道德败坏。有趣的是，有时候一个文化里的规则，到另一文化就成了规范。比如，规则告诉我们不可以在地上乱吐口香糖，但在新加坡，这就是违法行为，需要承担法律后果。

文化成员必须遵循规范才能确保文化发挥应有的作用。因此，文化成员必须内化社会规范，从而知道何为正常的、可接受的、被期待的行为。然后，他们需要将这些规范传递给下一代，使得文化的影响持续下去。同时，为了确保规范得到遵循，诸如罚款、拘留和监禁等惩罚手段就会在必要的时候使用。

规范与价值观之间存在一种互动关系。价值观往往通过规范体现出来，而规范又常常蕴含着为大众所接受的价值观。比如，"不说谎"这一规范强调的价值观就是"诚实"。在社会化过程中，人们内化这些规范和准则，成为自己的行动指南，价值取向由此确立。因此，价值观和社会规范之间具有相关性，正如Hofstede所认为的。就个体主义-集体主义价值取向而言，集体主义者在行为方面往往与群体保持一致，因此更愿意遵守社会规范；而个体主义者倾向我行我素，因此在法律许可的范围内，喜欢标新立异，不一定严格遵守社会规范。

当然，从跨文化的角度来看，作为行为的准则，规范既有文化共性，又有文化差异。比如，俄罗斯人驾车远比中国人守规矩。一位去俄罗斯旅游的中国学生这样写道：

　　我们都知道，很多中国人在开车的时候，总是赶时间或者不会特别地遵守交通法则，所以很多情况下会出现不礼貌的插道超车、别车的情况，但是俄罗斯的交通法规非常健全，并且规范行车已经成为他们的行为习俗。如果你真的有很急的事情，可以开双闪或者鸣一次笛，来告诉旁边的车辆，他们自然而然地就会为你让路。但是我认识的一位中国叔叔在俄罗斯开车时，就按照国内的习惯在距离比较近或者不合适的情况变速超车。这一行为激怒了当地人，那时我也真正体会到了什么叫"战斗民族"，有几辆当地人的车把我叔叔的车逼停，紧接着从几辆车里下来几位高大的俄罗斯男性，用俄语大声地喊话，并且敲打我们的车窗，做着让我叔叔下来的手势。当时紧张和害怕的氛围弥漫在车里，在我叔叔没有任何回应的情况下，他们持续了几分钟然后各自开车走了。回家后我妈妈向我解释，这几位俄罗斯人当时说的意思大概是，从车里出来，我要教训你，你这样开车真是太混蛋了，等等。我妈妈说，这在俄罗斯是非常常见的，他们极其注重公共场合的自我权益保护，我们这样做是在侵犯他们的权益。

　　此外，礼貌原则作为一种交际规范，在任何文化里都存在，以礼待人是普遍性的社会期待。但一旦落实到具体行为，它究竟算不算礼貌，还得视文化的标准而定。比如，我们在第三章里提到过，在东亚某些文化里，人们在交流时避免眼神接触，可能是出于对对方的敬重，但西方人通常认为，互动中缺乏眼神交流是一种不诚实的表现。在交换名片时，我们习惯用双手，以示尊重，但西方人通常只用单手，但这并没有不尊重的意思。

一、泛文化视角

　　现在是柏林的晚上11点。眼前不见一辆车的踪影，但一位行人却在十字路口耐心等待，直到交通灯变绿。与此同时，在四千英里之外的波士顿正值交通高峰时间，行人无视"禁止通行"的指示牌，在出租车前急速穿行。在硅谷，现在是下午三点左右，穿着T恤的谷歌公司员工正在打乒乓。在苏黎世的瑞士银行，加班到半夜的经理们丝毫没有松过领带，该银行的着装要求多达44页，强制实行已有多年。

Gelfand 2018

　　社会心理学家Michele Gelfand的这段开篇描述，巧妙地揭示了规范的文化差异。有关规范的跨文化比较研究，主要围绕着文化的松紧度展开。所谓文化松紧度（cultural tightness-looseness），是指打破规范后惩罚的力度和纵容的程度（Harrington & Gelfand 2014）。我们可以借助人们对以下陈述的反应来探究文化的松紧度："在这个国家，有很多社会规范需要人们遵守。""在这个国家，假如有人行为不端，其他人会坚决反对。""在这个国家，人们总是遵循社会规范。"如果有足够多的代表性样本参与调查，给上述陈述打分，我们就可一窥这个文化的松紧度。

　　Gelfand等学者（2011）认为，文化和社会可以分为松紧两大类。规范明确、对偏差行为（deviant behavior）容忍度低的文化是紧文化，与此相反的则是松文化。松紧文化各有利弊。紧文化（tight cultures）稳定性高，但对革新缺乏热情；松文化（loose cultures）可能遭受来自犯罪或毒品滥用的困扰较多，但它们更愿意接受变革，从而促进社会的进步。文化松紧度与个体主义—集体主义、不确定性回避和权力距离等文化维度在含义上均有所不同。文化紧度着眼社会规范的力度和明确度，而集体主义强调内群体利益为先，个人利益居后。尽管大多数紧文化是集体主义文化（两者具有相关性），但也有一些例外。比如，巴西是一个集体主义文化，但又是一个松文化；德国的文化紧度相对较高，但它是一个个体主义文化。不确定性回避从概念上看似乎与文化松紧度关系密切，但研究发现并不支持这一结论。有一种解释是，受Hofstede数据的局限，不确定性回避没能测量国民性和民众对文化的接受程度，而这两者能较好地反映文化松紧度。文化松紧度和权力距离尽管有相关性，但含义上并不一样，因为社会规范的实施并不依赖于权力距离（即权力小的人可以按规定惩罚权力大的人，如诉诸法律）。综上，文化松紧度对跨文化研究而言无疑是很好的概念补充。

　　Gelfand等学者（2011）基于规范的力度和人们对偏差行为的容忍度，对33个国家和地区进行了对比分析。分值较高的（即紧文化）有巴基斯坦、马来西亚、印度、新加坡、韩国、挪威、土耳其、日本等。分值较低的（即松文化）有乌克兰、爱沙尼亚、匈牙利、以色列、荷兰、巴西等。中国大陆和香港地区居中偏上的位置。因受访者不具有代表性（如中国大陆的数据只来自北京），故这样的比较结果只能反映出大体的趋势。学者Irem Uz（2015）的数据则来自更为成熟的欧洲价值观研究小组（European Values Study Group）和世界价值观调查（World Values Survey）的数据库，他抽取了对离婚、人工流产或自杀的社会接受程度等多种相关数据，回答分散（故从众度低）的国家赋值于松紧量表偏松的一端，而回答集中（故从众度高）的国家赋值于量表偏紧的一端。Uz 和 Gelfand 等学者的研究结果具有一定的相关性，但并没有达到强相关。如果通过数据处理，将两个研究结合起来，我们便可一窥世界多国文化松紧度的整体样貌。最紧的文化大多来自伊斯兰世界，如马来西亚、印尼和中东多个国家。较松的文化则来自拉美、北美、大洋洲和欧洲部分地区。

在紧文化里，遵守社会规范的责任更大，这就意味着，个体往往会因为在思想和行为方面标新立异而受到社会的打压。来自松紧文化的人们在心理上有着显著的不同。在紧文化里，人们认为自己在思想和行为方面的选择范围较窄（Uz 2015）。而且，与来自松文化的人们相比，来自紧文化的人们往往对自己的行为有更强烈的责任感，因为个人行为常常受到社会的评估，一旦评估结果不佳，还要面对潜在的惩罚。因此，他们总免不了要思考在某种情况下"应该"做什么的问题，而不是在做法上有什么选择的问题。

文化紧度似乎是对来自环境的威胁（如战争、孤独、自然灾害和疾病）做出的强烈反应，为的是确保民众的健康和人身安全（Gelfand et al. 2011; Uz 2015）。即使风调雨顺，国泰民安，紧文化也忘不了强调民众的团结和社会凝聚力，可谓未雨绸缪。一旦困难来临，民众便齐心协力，共克时艰。由于紧文化特别关注健康和安全问题，人们在自我控制、自我调节和自觉遵守社会规范方面往往表现出色，这对于维护社会秩序是至关重要的。

需要留意的是，正如文化可以松紧不一，个体也不例外。有些人严格遵守社会规范，并谴责那些违反社会规范的人。有些人则与社会规范保持一定的距离，他们更愿意接受有别于文化习俗的某些行为和想法。总体而言，紧文化中的人们要比松文化中的人们来得"紧"，但即使是在最紧的文化中，也不缺一些较"松"的个体。

二、本土视角

论到社会规范的遵循，不由让人想起中文成语"克己复礼"。这一成语的出处是这样的：孔子的学生颜渊曾问孔子怎样做才是仁。孔子说："克制自己，一切都照着礼的要求去做，这就是仁。一旦这样做了，天下的一切就都归于仁了。践行仁，完全在于自己，难道还在于别人吗？"颜渊说："请告知践行仁的诀窍。"孔子说："不合于礼的不要看，不合于礼的不要听，不合于礼的不要说，不合于礼的不要做。"颜渊于是回答说："我虽然愚笨，也要照您的这些话去做。"

由此可见，仁和礼是相辅相成的，仁是礼的精神内核，通过礼可以表现出来；同时，仁是礼的保证，外在的德行源自内在的德性。按照儒家的说法，人之为人，就在于通过教养，学习"仁"和"礼"，否则与禽兽无异。古人云："道德仁义，非礼不成。教训正俗，非礼不备。分争辨讼，非礼不决。""礼"作为社会期待的行为方式，是儒家倡导的道德观念与伦理精神在生活实践中的具体落实。它不仅是个人行事为人的道德规范，也是公共生活和社会服务的伦理标准。因此，礼的重要性贯穿于社会的各个层面，上到国家，下到百姓，正如《左传·隐公十一年》里所言："礼，经国家，定社稷，序民人，利后嗣者也。"事实上，华夏的称呼也与礼仪有关，《左传》曾用"有服章之美谓之华，有礼仪之大谓之夏"定义了"华夏"这一概念。而礼的源头可以追溯到天地法则："礼以顺天，天之道也"（《左传·文公十五年》）。在儒家的倡导下，中华民族历来有重礼的传统，享有"礼仪之邦"的美誉。

文崇一（1989）认为，社会规范在华夏文化里就是"礼"，礼是用来约束、节制和规范个人行为和群体行为的。礼包含恭敬、礼貌、次序等意义，其核心在于上下有别，尊卑有序，因此，礼被视为表达尊重或友好而约定俗成的行为规范和准则。礼的目的在于人与人之间和谐共处，进而推延至人与自然的和谐共生。习礼和守礼，关键在于明白自己的身份，知道自己的角色定位，并在相应的场景中，做好符合自己角色的事情，或有所为，或有所不为。

礼在社会关系中形成，同时又反过来指导人们建立、维护和发展社会关系。礼与我们在上一章讨论的华人社会取向之关系取向中的脸面问题关系密切。张彦彦等学者（2022）认为，"脸"是一个人拥有的基本尊严和良好品质，"脸"的维护有赖于人们遵守日常的社会规范。"面子"是指一个人所取得的成就、地位或名声的总和，构成了一个人的自我形象，同时也代表了这个人在他人心目中所处的地位和道德水准。"面子"可以视为人们在日常生活中实践"礼"的过程和结果，它对维系和谐的社会关系起着重要的作用。倘若一个人无视社会规范，行为违背常理，那么这个人的面子（自我形象）必然受损，他/她甚至会觉得"丢脸"。这是正常情况下的反应，但我们并不排除不在乎面子和脸的人的存在。

与西方以不伤害他人为核心的道德观有所不同的是，儒家道德观在以"不伤害"作为道德的最低标准的同时，更关注行为的文明程度。也就是说，遵守社会规范只是一个起码的要求，人们更应追求超越道德义务的理想人格（张彦彦等 2022）。儒家倡导的"修身、齐家、治国、平天下"的人生抱负，其出发点在于修身养性，弘扬美德，至于遵纪守法，那自然不在话下。

但问题是，道德需要正义的支撑，才有效用。比如，中国人历来看重名利，但因两者均为稀缺资源，所以在关系盛行的阶序社会（hierarchical society）里，分配往往容易失范；一旦乱象丛生，道德教化便提上日程（文崇一1994）。于是，诸如"君子喻于义，小人喻于利""重义轻利"的说法便悉数登场，脱去名利的羁绊、升华道德情操，似乎成了人们的不二选择。这种教化随着时间的推移，不断升级，最后发展到"存天理、灭人欲"的地步。但无论是陆王心学（心上用功）还是程朱理学（格物致知），这种以道制欲、以义抑利的做法，都无法解决"人欲"的问题，因为两种学派都是以性善说为前设的，无视人性幽暗的一面。

因此，我们不难发现，缺少制度规范的有效约束，片面强调道德教化，反而容易产生人事的两面性：于事，缺乏连贯性；于人，往往表里不一。比如，即使是在上海这样的国际大都市，有的小区楼道、公共空间还是脏乱不堪，但一旦推门入户，便别有一番洞天，窗明几净，纤尘不染，这门内门外之别，恍若隔世。有的人在单位里谦虚谨慎，彬彬有礼，为的是给上司和同事留下好的印象，但一旦走出单位的大门，因为没有熟人在场，便趾高气扬，出言不逊。有的人在家唯唯诺诺，在外飞扬跋扈。也不乏有人在公共场所随地吐痰、乱扔垃圾，但在家里却判若两人。还有像随便插队、大声喧哗、手机音量过高这样无视他人利益的不文明现象，也是随处可见。

此外，按照Robert Cialdini等学者（1990）的说法，社会规范可以分为命令性规范和描述性规范两大类。命令性规范是指绝大多数文化成员认同的规范。比如，乱扔垃圾是应该禁止的，这就是一条命令性规范。描述性规范是指人们在某一社会情境中具体的行为倾向。比如，虽然在角落处有"此处不准乱倒垃圾"的字样，但依然有人把垃圾扔在角落里，于是别人也会如法炮制，不再顾及命令性规范。又比如，电影散场时，不乏有人把垃圾留在座位上。由此可见，当理性的命令性规范被弱化时，非理性的描述性规范便得以成型。看到周围的观众都留垃圾，本来守规矩的我也有可能把垃圾留在座位上。研究表明，描述性规范没有像命令性规范那样能激发利他行为，从而促进社会的和谐。比如，多年前，在"南京徐老太案"中，倒地的徐老太恩将仇报，把帮助者说成肇事者，并向其高额索赔。这样的事情如果一而再，再而三地发生，势必会大大挫伤人们遵循命令性规范（他人有难，当出手相助）的积极性，因为助人的代价太高了。相应的描述性规范（因害怕被诬诈，所以远离是非）一旦形成，真正需要救助的人就会被无视，这对建设和谐社会是非常不利的。因此，如何保护助人为乐者的利益，鼓励利他行为，是当今社会亟须思考和解决的问题。

无论是文化的松紧，还是提倡以礼相待，都是为了确保社会的正常运行。任何社会都看重人与人之间的和谐相处，但在具体关系的处理上有可能遵循不同的原则。跨文化交际者在认知上需要拓展范围，了解目的文化的具体规范，并且从心里愿意调整自己的态度和行事方式，便能与来自目标文化的人们友好相处，有效合作。

第三节 思维方式

思维方式是指文化群体里人们通常思考问题、看待事情的方式方法。思维方式受文化信念、价值观、传统经验等诸多因素的影响，同时又影响人们如何感知世界，如何分析问题，如何做出决定，如何与他人互动，等等。

一、泛文化视角

1. 整体性思维和分析性思维

读者们也许对这组概念并不陌生，但它们被心理学界真正接受，仅仅是20世纪90年代的事。在此之前，学者们并不认为，思维方式在东西方有本质上的差别。而事情的转变与几位华人学者有关。早在20世纪70年代，曾有一位美国华裔教育心理学家邀请200名中国孩子和300名美国孩子参与一项实验，他把这两群孩子分开来，然后让他们看一张印有牛、鸡和草的图片，并问孩子们哪两样可以归在一起。大多数美国孩子选择牛和鸡，因为"牛和鸡都是动物"，而大多数中国孩子选择牛和草，因为"牛吃草"。沉寂了大约二十年后，美国认知心理学家Richard Nisbett受他的中国学生彭凯平的启发，开始在大学生中间复制类似的研究，这些大学生分别来自中国大陆、台湾地区和美国本地。他们采用了多种不同的刺激源（如洗发水、头发和护发素），结果得出的结论均呈现相似的趋势，即美国人倾向于根据属性对事物进行归类，而中国人倾向于根据事物之间的联系对事物进行归类。

而真正轰动学界的研究与一起美国校园枪击案有关（不幸的是，前不久在北卡大学教堂山校区又发生了一起）。1991年，中国留学生卢刚在美国艾奥瓦大学枪杀三名教授、一名副校长和一名中国同学后，饮弹自尽。这起枪击案震惊了整个美国，围绕着案件背后的原因，引发了全社会广泛的讨论。美国主流社会认为，悲剧始于卢刚本性邪恶，而华人社会倾向于认为，许多外界因素造成了他的心理扭曲。比如，华人社会认为，假如卢刚有家庭孩子，也许他不会走上这条绝路，而美国主流社会认为，假如他有家小，那么家庭成员也有可能遭受不测。由彭凯平负责的研究报告问世后，令人难以信服的一点是，凶手是中国人，或许华人社会的反应受到了这个因素的影响。不幸的是，不久后又发生了一起枪击案，这次凶手和受害者都是美国白人。彭凯平等学者随即围绕着这起案件进行研究，结果得出的结论与前一个研究一致。也就是说，在追寻凶杀背后的原因时，华人社会和美国主流社会在认知和思维方面侧重点不一，前者侧重环境，后者侧重本性。

经过二十余年的系统研究，学界逐渐接受了这样一个现实：欧美人倾向于分析性思维（analytical thinking），而亚洲人倾向于整体性思维（holistic thinking）。这两种思维方式反映了感知和认知过程中的某些文化差异。分析性思维着重关注事物本身及其属性，把事物和人从所在的环境中剥离出来，对事物或行为者做因果推断，基于形式逻辑解释事物和社会事件，对将来的事件有清晰的判断，避免出现自相矛盾的推断，对事物分门别类。相反，整体性思维重点关注事物之间、事物与环境之间的关系，往往聚焦场域，对环境做因果推断，基于经验中获得的知识解释事物和事件，预测事件的周期性变化，基于语义关系对事物进行分类。较少使用类属（category）和逻辑推理，更多地依靠辩证思维对事物的运行方式进行解释。有关西方人与亚洲人在思维方式上的差异，Nisbett（2003:100）曾做如下描述：

因此，对亚洲人来说，世界是一个复杂的地方，由连续不断的物质组成，要从整体而非局部来理解，而且更多地受到集体而非个人的控制。对西方人来说，世界是一个相对简单的地方，由离散的物体组成，了解这些物体可以不必过度关注语境，并且这个世界是高度受个人控制的。确实是两个截然不同的世界。

Thus, to the Asian, the world is a complex place, composed of continuous substances, understandable in terms of the whole rather than in terms of the parts, and subject more to collective than to personal control. To the Westerner, the world is a relatively simple place, composed of discrete objects that can be understood without undue attention to context, and highly subject to personal control. Very different worlds indeed.

反映思维方式差异的一个绝佳例子就是西医和中医的对比。分析性思维认为，世界是简单而确定的，关注的焦点是在事物或事件本身而不是其存在和发生的背景，通过揭示其行为的规律，对其进行控制。对事物的理解建立在结构主义基础之上，即部分的相加即是整体。基于这样的思维，西医是一门纯粹的科学，无论是诊疗还是科研，都遵循化整为零、科学观察、客观分析的原则，注重疾病的症状，对症下药，追求效率。

相反，整体性思维强调事物之间的联系，没有事物是一成不变的，每样事物都有对立的两个方面的存在，对事物的了解离不开对其所处的大环境的了解，而中庸之道是人和事物所处的最佳状态。基于整体性思维和辩证法的中医得益于"天人合一，道法自然"的哲学思想，把人的健康看作一个完整的系统，旨在找出造成疾病的原因，以规避疾病对身体带来的危害。因此，中医更注重通过临床实践积累经验，来指导将来的诊断与治疗。

思维模式的文化差异影响认知的很多领域，如记忆、注意力、决策和创造力。例如，东亚人往往容易记住语境信息，而北美人往往容易记住事物本身。有关注意力，曾有研究人员使用眼动追踪设备，来精确定位被研究者注视的地方。摆在他们面前的是一幅照片，繁杂的背景衬托着一个显眼的物体（如火车）。美国人看物体的外围平均只有一次，但盯着物体看有八到九次。而中国人先注视物体一次，然后注视背景有五到六次。Nisbett得出的结论是，如果人们看到了不同的东西，那可能是因为他们对世界的看法不同。正因为分析性思维注重事物本身，而较为忽略场景，而整体性思维的视野更为开阔，所以当研究结论发布之时，据说美国空军高层领导甚为担忧，生怕美国飞行员侦察敌机的能力弱于中国飞行员。为此他们斥巨资邀请专家进行系统的论证，结果证明是虚惊一场。也就是说，无论受何种思维模式的影响，飞行员经过系统的训练，均可达到相应的侦察水平。

说到创造力，不禁让人想起瑞士心理学家荣格曾经说过的这句话："像中国人这样天赋异禀而又聪慧的民族，居然没有发展出我们所谓的科学，这真是奇怪。"这句话正好对应了著名的李约瑟难题（Needham's Paradox）：为什么近代科学没有在有着先进文明的中国萌芽？当时，李约瑟在研究科学史时发现，中国人对"场"和"远程作用力"的认识要早于西方1 500年，但基于这些概念发展起来的现代电磁学和量子力学却诞生于西方。或许，思维方式是问题的关键所在。Kaiping Peng和Richard Nisbett（1999）认为，中国人的朴素辩证法着眼事物的变化、矛盾和联系，不擅长把某个作用力从一个整体中剥离出来分析。而这种分析是现代科学产生的必备基础。诺贝尔物理学奖获得者杨振宁的回答则在整体性思维基础上更进一步：

> 中国传统里面无推演式的思维方式。中华传统文化的一大特色是有归纳法，可是没有推演法："易者象也""圣人立象以尽意""取象比类""观物取象"，这是贯穿《易经》的精神，都是归纳法。徐光启和利玛窦合作翻译欧几里得的《几何原本》时，了解到推演法的一个特点就是："欲前后更置之而不得"。

或许，思维方式也会影响到人们提出怎样的问题。英国汉学家葛瑞汉（Angus Graham）曾在古希腊人和中国古人之间进行了比较：

古代希腊人：真理为何？　（What is the Truth?）

古代中国人：道在何方？　（Where is the Way?）

作为西方文明的先驱，古希腊人喜欢刨根问底，分析事物的原理，探索事物的真相。中国人崇尚实用主义，擅长解决实际问题，注重应用。难怪我们小时候经常在历史课本上读到谁发明了什么，比西方早了千百年，但可惜的是，这些伟大的头脑主要用在解决具体问题上，而不是在抽象的理论建构上。笔者曾数次参观成都的都江堰，这座两千多年前修建的水利工程至今仍发挥着巨大的作用，每次驻足，都会被古人的智慧深深地折服，便不禁纳闷为什么现代科学没有诞生在伟大的中国。

当然，思维方式不分高下，各有千秋，就像中西医各有所长一样。另外，我们谈思维方式，看的是总的趋势，千万不要想当然地认为，西方人都倾向于分析性思维，中国人都倾向于整体性思维。我们或多或少，均会兼而有之。

那么，是什么造成了思维方式的东西方差异呢？学者们试图从哲学和社会科学的角度给出解释。比如，Nisbett（2003）认为，这种差异源于 2 500 年前中国和希腊哲学思想的不同，古希腊人强调个人意志，即自己掌握自己的命运，根据自己的选择来行事；古代中国人讲"和"，即对于每个人来说，最重要的是自己属于一个或多个群体。古希腊人关注对世界本质的理解，强调逻辑推理和抽象思维，认为事物的属性可以抽象出来，可以对事物进行归类，并且认为世界从根本上来讲是静态的，不变的；而中国古代哲学比较排斥抽象思维，认为世界是不断变化的，而且充满了矛盾和辩证关系，因此需要从整体上来观察。

从社会科学角度来看，造成东西方思维方式差异的原因也许是社会取向上的不同。西方文化强调独立的社会取向，看重自治、自我表达和个人成就。东亚文化强调互依的社会取向，看重和谐，关系和内群体（in-group）的成功。不同的社会取向带来不同的感知和思维方式，也就是不同的认知模式。有互依取向的人看事物注重场景，注重两者之间的内在联系，而有独立取向的人往往看事物的类别，这些类别是由事物共享的属性所决定的。

当然，还有其他原因有待验证，比如教育制度。在东亚各国的课堂里，机械性记忆和被动学习还是较为普遍，老师讲，学生听，老师给答案，学生背答案。这种灌输式教学方式与欧美的启发式教学方式形成了鲜明的对照。在欧美国家的课堂里，学生学习的主动性更高，课堂讨论也更积极。与欧美学生相比，东亚学生经过学校十几年的训练，记忆的东西要多得多，思考的方法也不同。因此，在跨文化研究中发现的思维方式差异也许更多地来自教育方式的不同，而不是哲学上或文化理念上的不同（Matsumoto & Juang 2013）。

2. 思维模式与语言

1966年，Robert Kaplan发表了一篇题为"跨文化教育中的文化思维模式"的文章。他在文章里指出，世界上每种语言均受文化特有的思维模式或文化群体共享的风俗习惯和信念的影响。这种思维模式体现在句子结构和句子成段上。每种语言都有独特的语言组织习惯，而这种习惯就是思维过程的反映。因此，为了有效地进行跨文化交际，人们需要了解语言背后的思维模式。这些思维模式不但影响到母语者如何表达自己的想法，而且也影响到他们期待对方传递什么样的信息。当对话双方有不同的思维方式时，产生沟通失误和跨文化冲突的可能性就会增加。

Kaplan对不同语族（language groups）所对应的不同的思维模式进行了描述。如图3所示，英语（包括德语、荷兰语、挪威语、丹麦语、瑞典语等日耳曼语）可以用一条直线来表示。英语表达是直接的，线性的，不偏题，总是与主要话题保持密切的联系。Kaplan曾经用这个句子作为例子：

If the king notified his pleasure that a briefless lawyer should be made a judge or that a libertine baronet should be made a peer, the gravest counselors, after a little murmuring, submitted. (假如国王高兴地宣布，任命一名无人问津的律师为法官，或者封一位放荡不羁的准男爵为贵族，那些最严肃的王室顾问，在嘟哝几句之后，也就屈从了。)

从这个复杂句里我们可以看出，主句和条件从句以主次的秩序排列，从句里还套从句，两句宾语从句以并列的方式出现，丝丝入扣，就像一条链子，一旦某个环节交代不清，文法上便不成立。这就是所谓线性语言的一个特点。

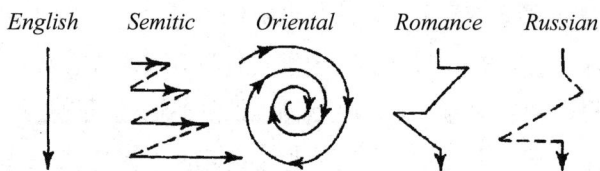

图3 不同语族所对应的不同的思维模式

在Kaplan看来，东方语言（即亚洲的语言）的表达方式可以用螺旋形来表示。语言表达是间接的，不会直截了当地处理一个话题，而是从不同的角度来审视，可谓迂回曲折，若即若离。作为一门东亚语言，汉语（中文）是否具有Kaplan所说的特点呢？虽说他的归纳有笼统之嫌，但也不无道理。且看老子《道德经》的开篇："道可道，非常道；名可名，非常名。"老子的话题自然是"道"，但这区区十二个字里已经包含了另一个对应概念，即"名"。这种对仗和比照是古文中所常见的。而"道可道，非常道"的说法既玄妙又含混，难怪后人在诠释这句话时，产生了歧义。据说在北宋之前就有三种主要的解读：(1) 道若可以言说，就不是永恒常在之道；(2) 道可以言说，但不是人间常俗之道；(3) 道可以言说，但不是恒常不变之道。虽然是一个比较极端的例子，但我们确实可以从中一窥中文的独特之处。

此外，闪米特语（Semitic；如阿拉伯语或希伯来语）在表达思想时，使用一组组并列概念，正反两方面都有。句子结构并列多于从属。拉丁语族（Romance；如法语、意大利语、罗马尼亚语和西班牙语）的一大特点是允许"偏题"，说话人不用紧扣主题，思维可以发散，引经据典，由此丰富谈话的内涵。俄语类似拉丁语族，交流中也经常偏题，而且偏得更有格局，往往包含一系列平行的概念，为语言表达增光添彩。

当然，Kaplan描绘的是一幅语言的宏观图像，它不是绝对的，因此不能机械地理解，对号入座。然而，这样的认识对于培养跨文化能力无疑是有好处的。无论作为说话者还是倾听者，我们都要留意自己语言使用背后的思维模式，以及思维模式对语言组织过程产生的影响。

二、本土视角

1. 心理学界

有关中国人思维特征的本土研究涉及范围更大。比如，在社会心理学领域，讨论中国人的思维方式时，除了整体性之外，还有辩证性。整体性反映的是事物之间的联系，而辩证性反映的是事物的变化。按照 Peng（2000，引自侯玉波、朱滢 2002:108）的说法，辩证性源于中国人的朴素认识论，包含变化论、矛盾论和中和论三个原理。变化论认为，世界万事万物始终处于变化之中，没有永恒的存在和是非对错；矛盾论认为，万事万物都是一个矛盾统一体，里面有相互对立的部分组成，如阴阳两面；中和论即中庸之道，认为处理矛盾的最佳方式就是折中。这与西方人基于亚里士多德形式逻辑的线性思维大相径庭。线性思维强调的是世界的统一性、非矛盾性和排中性。Peng（2000）通过比较中美大学生的认识论差异（引自侯玉波、朱滢 2002:108），显示了思维方式与人们对待知识的态度、方式和目的的联系：

	美国大学生	中国大学生
对待知识的态度	怀疑一切	不带怀疑的尊重式学习
学习知识的方式	个人创造知识	接受式、吸收式学习
学习知识的目的	热爱真理，追求真理	实用主义
考虑问题的方式	线性思维（真假对立）	辩证思维（真假共存）

　　侯玉波（2007）在回顾中国人思维方式的本土理论思考时指出，国内学界的基本共识是，儒家的中庸和道家的阴阳律是中国人思维方式的集中体现。这在很大程度上与非黑即白的西方逻辑二元论划清了界限。中庸之道的理论基础是天人合一。天人合一的真实含义是合一于至诚、至善，达到"致中和，天地位焉，万物育焉"。这种和谐观具有三大特点：辩证性、调和性和统治性，分别对应宇宙、人伦和国家秩序三个层面。辩证性是指中国人相信宇宙是由相互关联的物质构成的有机均衡体，宇宙的存在和运作是一个自发的过程，而不是被超自然力量所左右。调和性强调人与人之间的和谐关系，追求天下大同的美好境界。统治性强调社会和政治的稳定，"稳定压倒一切"。通向这种和谐的途径就是"中庸"，即不偏不倚，张弛有度（黄丽莉 1996）。至于阴阳律，早在西周人们就以此解释宇宙中的各种现象，并将阴阳视为宇宙构成与运作的基本力量。

　　除了理论思考，也有学者尝试用科学方法测量中国人的整体思维方式。比如，侯玉波、彭凯平和朱滢（2016）采用本土心理学的研究方法，通过系统的理论与实践探索，最后提炼出13个条目，对应整体思维的三个组成部分——联系性、变化性和矛盾性。这个测量工具的科学性已得到确认。

　　联系性包括四个强调联系和相互影响的条目：

1）很多看似孤立的事物实际上彼此关联。

2）一个人改变自己的时候，也改变了周围的人。

3）看上去没有关系的事物实际上常常是相互联系的。

4）我时常改变自己，以与不同的人相处。

　　变化性包括五个衡量不变观念的条目：

5）每个人都有其核心的性格，它不随时间而改变。

6）大多数人的本性不随时间而改变。

7）我认为一个人的习惯是很难改变的。

8）我衡量自己言行的标准是明确的。

9）我能够与同我有不同观点的人和睦相处。

　　矛盾性包括四个衡量矛盾和适应性的条目：

10）我时常发现一件事情会有自相矛盾的时候。

11）我的行为经常受环境的影响。

12）我常常发现自己在处理一些问题时存在着前后矛盾的现象。

13）我发现我常常会做一些自己不喜欢的事情。

2. 外语学界

在外语学界，中西比较视域下对思维方式的本土反思也给人颇多启发。连淑能（2002）认为，思维方式是造成文化差异的一个重要原因，同时与语言有密切的联系，可谓你中有我，我中有你。思维方式是定型化了的思维形式、思维方法和思维程序的有机统一，其中思维形式包括逻辑思维形式（概念、判断、推理）和非逻辑思维形式（直觉、灵感、想象），思维方法包括具体逻辑方法（如归纳法、演绎法、分析法、综合法）和理论工具方法（如哲学方法、数学方法、系统方法），思维程序是指思维方式运行的基本路线，是思维形式和思维方法在思维活动中的有机结合。思维方式主要由知识、观念、方法、智力、情感、意志、语言、习惯八大要素组成。由此可见，思维方式涉及的范围很广，类型繁多。基于地域、历史、社会、民族等多角度的反思，连淑能提炼了中西思维方式的十大差异：政治伦理型与科学认知型、整体性与分析性、意向性与对象性、直觉性与逻辑性、意象性与实证性、模糊性与精确性、求同性与求异性、后馈性与超前性、内向性与外向性、归纳型与演绎型。连淑能认为，中国传统上是贤者思维，沿着政治伦理的方向发展，阴柔偏向，拥有艺术家气质，力图求善；西方传统上是智者思维，沿着科学认知的方向前进，阳刚偏向，拥有科学家气质，力图求真。

连淑能（2006:1）总体上把中国传统思维方式视为悟性思维，与西方理性思维方式形成强烈的反差。所谓悟性思维，是指"借助形象，运用直觉、灵感、联想、想象等思维形式，把感性材料组织起来，使之构成有条有理的知识，具有直觉性、形象性、主观性、整体性、模糊性等特征"。而理性思维"借助逻辑，运用概念、判断、推理等思维形式，探索、揭示事物的本质和内在联系，具有逻辑性、抽象性、客观性、分析性、确定性等特征"。

在连淑能（2006）看来，中国传统的悟性思维源于儒家的"外悟"和道家、佛教禅宗的"内悟"。所谓"外悟"，简单地说，就是"格物致知"，即借助外界的经验，尤其是前人的经验，去领悟事物的本质和内在联系。道家的"内悟"，是向内心世界寻求外界事物的真谛，反对向外界观察体悟，排除一切感性经验、语言概念和欲望杂念，保持内心的清静和安宁，达到"常无欲，以观其妙""不出户，知天下；不窥，见天道"的目的。中国佛教尤其是禅宗的"内悟"，以自我为悟之主体和客体，佛我不分，"识自本心""自悟自修""心净自悟，顿悟成佛"。"外悟"是经验的领悟,"内悟"是内省的了悟,两者不仅仅不是感官的印象,更不是逻辑的推论,而是内心对思维主体和客体的领悟。中国人很早就扬弃了感性模式,但始终没有形成理性模式,悟性成了中国人的思维方式。

连淑能(2006:37-38)还通过列举语言表达方式,来呈现这两种截然不同的思维方式。比如,从语法角度看,中文语法是软的,有弹性(与悟性有关),而西洋语法是硬的,没有弹性。中文里有的表达很不符合逻辑,但我们凭悟性不会有理解上的困难,比如,"这锅饭能吃十个人""我差一点没跟他结婚"。还有许多表达方式在英美人看来也不合常理,如:"救火""晒太阳""在家养病""一匹马骑两个人""哎,你想死我了""昨晚我盖了两床被子"等。而英语写作深受逻辑思维的影响,连淑能引用了Norton(1987)这段话的原文:

Writing in English has often been characterized as based almost entirely on a deductive thought pattern such as that characteristic of Aristotelian logic, in which one properly begins with a general topic sentence and then systemically restricts its meaning by presenting more specific details at several levels of generality — proceeding from the most general to the least general.

人们通常认为,英语写作具有如下特征:它几乎完全以演绎思维模式为基础,如亚里士多德的演绎逻辑思维模式;在此模式下,人们按规矩从一般主题句着手,然后通过呈现不同级别的、更具体的细节,来系统地限制该主题句的含义,而这些细节的呈现又是从最笼统的到最具体的。(笔者试译)

有关语言和思维的关系,我们在第二章里已有所讨论。

至此,我们已讲完了与社会文化障碍相关的一些重要内容。当然,文化的复杂性决定了我们的讨论必然具有选择性,还有很多重要的话题没有细谈,如宇宙观、世界观、宗教信仰、礼仪规则,等等。如果说语言和非语言障碍与社会文化障碍来自文化差异本身,那么下一章要讨论的是,对文化差异不恰当的看法和做法如何构成跨文化交际的另一大障碍。

第六章
心理层面障碍：
民族中心主义、刻板印象与偏见

开始本章的讨论之前，我们先来做个自测。

请按你的第一印象快速作答。4=非常同意；3=同意；2=不同意；1=非常不同意。
总的来说，

1. 与其他文化相比，我认为我们的文化提供了最好的生活方式。   4   3   2   1
2. 我喜欢常规操作和稳定的环境。   4   3   2   1
3. 与其他文化相比，我们的文化更加博大精深。   4   3   2   1
4. 我不喜欢模棱两可或不确定的情况。   4   3   2   1
5. 我们的文化为众人提供了最好的成功机会。   4   3   2   1
6. 在不熟悉的环境里我会非常紧张。   4   3   2   1
7. 我们的民族有着最生动的语言和词汇。   4   3   2   1
8. 我不喜欢跟陌生人打交道。   4   3   2   1
9. 我们的文化有着丰富的历史和传统。   4   3   2   1
10. 要在异国他乡生活一年多，我想想都怕。   4   3   2   1

现在请将奇数项的分数加起来，总分为：_____。再把偶数项的分数加起来，总分为：_____。我们暂时不透露这两个分数的具体含义。[3]

---

3   Source: Ting-Toomey, S., & Chung, L. C. (2012). *Understanding intercultural communication.* Oxford University Press. Page 162.

我们已经从语言（第二章）、非语言（第三章）和社会文化（第四章、第五章）的角度探究了语言文化差异的内涵以及这些差异对跨文化交际带来的潜在挑战。本章将探讨人们如何看待和对待这些差异，尤其是不恰当的看待和对待方式如何妨碍跨文化交际的顺利进行。我们先谈社会认同和民族中心主义，然后从感知着手，讨论刻板印象、偏见以及偏见的行为表现（即歧视）的特征与后果。

第一节 认同、社会认同与民族中心主义

一、 认同与社会认同

我们在第四章里谈到了自我概念，即个体有关"我是谁？"这一问题的所有知识。如果说自我概念主要着眼于对自我的认知，那么认同（identity）除了认知以外，还包括自我的情感和表征（representation），后两者与个人所属的社会群体关系很大。一方面，个人对所属群体有归属感或依恋情结；另一方面，作为群体的一员，个人背负着群体成员的身份或标签（即表征）。因此，认同可以简单地理解为作为个体和社会成员的"我"有关自己的意识。通常，我们并不留意这种意识，因为我们很少问自己"我是谁？"或"我属于哪些群体？"这样的问题。然而，这类问题的重要性是不言而喻的，因为它们不仅影响到我们如何看待自己和周遭的世界，如何与他人建立关系，也影响到我们归附哪些群体、回避或疏离哪些群体以及在多大程度上愿意与群体之外的人（或来自不同文化背景的人）交往互动。

"我是谁"和"我属于哪些群体"分别对应认同的两个层面：个人与社会。个人层面是指个体有别于他人的基本特征，如外表长相，兴趣爱好，社会关系，朋友圈子，年龄，性别，性格，国籍，宗教信仰，残障与否，等等。一般认为，个人层面的认同（即个人认同，personal identity）在青少年时期逐渐形成，它对于一个人的幸福感至关重要。社会层面的认同（即社会认同，social identity）是指所属群体（如年龄群体、性别群体、职业群体、宗教群体、社会阶层、国家、种族等）有别于其他群体的特征，是来自所属群体的成员身份以及与该身份联系在一起的价值取向和情感依恋（如爱国之心、敬业精神、宗教虔诚）。个人认同和社会认同也有诸多重合之处。比如，年龄、性别、职业和宗教信仰既是个人层面的，也是社会层面的，但两者的侧重点不同。前者指向个体特征，是对自我的认知（比如，我是男的），后者关注群体归属和社会角色（我属于男性群体，因此我需要按照社会对男性的要求行事为人）。论到这两个层面之间的关系，一般而言，社会层面越是得到肯定，个人层面就越有安全感和力量感。例如，作为学生，假如所在群体（如卓越学院）得到普遍的赞许，那么作为个体必然在自尊、自信方面获得提升。

认同的发展受个体所处社会环境的影响，如家庭背景、价值取向、社会规范、角色期待，等等。在与外部世界的互动过程中，个体不断地建构认同，同时呈现认同，从而获得有关自我的主观体验。认同随着社会阅历的增加和对自我的主观体验的积累，不断地变化和发展。在人生的不同阶段，人们会对许多不同的群体产生认同，如年龄群体、职业群体或虚拟群体。一个群体之所以有别于另一个群体，是因为它有独特的语言和非语言表达方式、价值取向或规范规条。要归属一个群体，就必须学习和内化该群体的诸多特征，也就是被该群体"社会化"。

认同体现在生活的方方面面，并且影响到人与人之间的沟通互动。认同是所有人际互动的先决条件，一旦进入互动场景，我们就需要认清自己是谁，对方是谁。我们如何看待自己和对方，决定了我们如何与对方交流。假如我们在毫不知情或误判对方的情况下进入交际环节，就有可能产生误解甚至冲突。"大水冲了龙王庙——一家人不认一家人""有眼不识泰山"，说的就是对交际对象身份地位的误判。戴有色眼镜看待某个群体或该群体的成员，就是武断地把对方归入不良的一类，同时提升了自我优越感，由此剥夺了对方平等交流的机会。而"自命不凡"，"自视甚高"，说的显然是高看自己的地位和能力，认同错位，因此也不利于交际的正常开展。

需要注意的是，一些看似漫不经心的自我标签，如"我不善言辞"，实际上是个人认同的重要部分，它往往与这个人过去、现在、将来都有联系，涉及生活的方方面面。因此，我们不要轻易地给自己贴上负面的标签，免得成为"自我实现的预言"（self-fulfilling prophecies），即活成标签刻画的样子。个人认同的另一重要部分，就是定义自己与社会世界的关系。在定义这层关系的时候，我们要谨防三种非理性观念：(1) 我必须做得足够好，才能得到别人的认可，赢得别人的爱；(2) 你必须永远对我好，而且必须按照我认可的方式行事为人；(3) 生活（世界）应该是公平公正的。与此正好相反的则是三种无条件的接纳：(1) 无条件地接纳自己（unconditional self-acceptance）；(2) 无条件地接纳别人（unconditional other acceptance）；(3) 无条件地接纳生活（unconditional life acceptance）。自己的情绪状态是可以选择的；它取决于我们的意愿，也取决于我们的选择是否出于理性。但人往往喜欢杞人忧天，自寻烦恼，自我破坏。三种无条件的接纳可以使我们对己、对人、对世界有健康的耐受力和慈悲之心。这是心理学家Albert Ellis给予我们的忠告。

对于跨文化交际而言，有一种社会认同至关重要，那就是文化认同（cultural identity）。文化认同（1）是对一种文化的认同和被这一文化的接纳；（2）是一种受个人文化经历塑造的自我意识；（3）包含他人对本文化群体的心理评估；在交际过程中，人们通过使用不同的交际策略协商文化认同，使正面的文化认同服务于社交的需要；（4）强调"文化成员身份"的概念，认为文化认同是基于文化成员身份的社会认同，即对于一个文化群体的认同和被该群体的接纳，人们在这一文化群体中被熏陶，并共享一系列的符号、价值观、规范和传统；（5）是文化归属感和依附感中的情感成分（Jackson 2014）。文化认同的形成，主要得益于文化成员在文化的熏陶下逐渐确立的文化归属感。文化认同能带给人自尊、安全感和舒适感，也有助于社会关系网络的维持和拓展。当然，文化认同也不宜过于强烈，否则思想容易变得偏激和僵化，就很难接受来自其他文化的风俗习惯、行为方式和价值取向。

除了文化认同之外，社会认同还与国籍、种族、民族、性别、年龄、职业、阶层、残障、宗教信仰、虚拟社群等多种群体概念联系在一起。我们同时属于多个群体，因此，我们的社会认同是多维度的。当然，我们往往在不同的场合突出社会认同的不同方面，就像我们在不同场合关注对方不同的社会角色一样。

二、 社会认同理论

社会认同理论（Social Identity Theory）是由英国社会心理学家Henri Tajfel于20世纪70年代提出的，用来解释和预测人们在什么情况下把自己视为个体或群体成员，并揭示个人认同和社会认同对个体感知和群体行为造成的后果。该理论的提出与一项研究发现很有关系：只要随机地把众多个体分成不同的群体，就足以使他们产生群体成员的身份意识，这与我们小时候随机配对打牌或打球时的认真劲和荣誉感甚为相似。在社交场合，群体成员身份帮助人们定义自己是谁，并选择如何与他人互动。起先社会认同理论主要关注群体之间的关系和冲突，后由 Tajfel 的学生 John Turner 等人在原有基础上，纳入自我归类理论（Self-Categorization Theory）。自我归类理论旨在揭示人们在社交过程中如何自主地将自我与他人归类，并解释这项认知活动如何影响人们对他人的感知以及自身在群体中的行为。因此，社会认同理论关注的焦点由群体间关系拓展到群体内部关系。

Tajfel 和 Turner（1986）认为，构建社会认同分三个步骤：社会归类（social categorization）、社会比较（social comparison）和社会认同（social identification）。人们在交往过程中，首先会不由自主地将自己和对方归类（如中国人、外国人、非洲人、俄罗斯人、少数民族、学生、老师、警察、律师），并判断对方是否是本群体的一员，即在内群体（in-group）和外群体（out-group）之间做出区分。这是社会归类。紧接着，人们对对方所属群体的社会地位和影响力做出判断，并与自己所属群体进行比较（社会比较）。比如，从社会地位来看，律师高于学生，大学教授高于中学教师。而接下来的 social identification 指的是，在社交场合观察对方的时候，人们并非保持客观与中立的；他们必然会想到自己的个人认同和自己拥有的群体成员身份，而这些信息都会影响到人们如何看待他人及其所属群体。曾有这样一个实验：研究者要求 3 到 7 岁的小朋友从两个洋娃娃（一个是黑皮肤，一个是白皮肤）中挑选更好看并且更愿意一起玩的一个，结果发现，白人小孩几乎都选择了白皮肤的洋娃娃，而大部分黑人小孩也选择了白皮肤的洋娃娃。实验表明，白人小孩对自己的白人群体身份有较强的认同，但黑人小孩对他们黑人群体身份的认同较弱。

因为社会认同的认知过程涉及个人和群体两个层面，所以交际者在这两个层面的特征势必会影响他们的社交行为。个人特征产生的影响自不待言（如性格外向，善于沟通，是个"社牛"），而群体特征来自交际者所属群体。为了满足自尊的需要，人们往往会积极地评价自己所属群体，把好的品格、态度和行为一股脑儿加在自己所属群体的身上，一荣俱荣。这就是为什么听到别人说自己所属集体的坏话时，心里总是愤愤不平。

除了有意识地提高本群体的地位、优化本群体的形象之外，还有一个倾向就是有意无意地忽视其他群体的长处，而对他们的短处却从不放过。此消彼长，交际者心目中的群体差异就会拉大，甚至出现孰优孰劣的价值判断，公平公正的原则就很难在交际过程中得到体现，矛盾和冲突便接踵而至。由此可见，人们寻求正向社会认同的动机是导致冲突的一个重要原因，因为自己的正向社会认同往往以牺牲对方作为代价。一位学生给出一个生动的例子：

> 属于不同群体的粉丝们经常会在网上"互掐"，以维护自己所属粉丝群体和自己崇拜对象的利益。他们在网络"交战"过程中会逐渐失去理智，对其他粉丝群体进行谩骂，表现出仇视和敌对的态度。

假如说上述"损人利己"的做法是一种获得自尊的被动策略，那么积极的策略便是努力跻身能真正带来更佳条件和更多自尊的群体。"十年寒窗无人问，一举成名天下知"，就是这种策略的真实写照。在跨文化语境中，积极的策略在移民和旅居者身上较为常见。为了融入主流群体，他们不惜放弃自己的语言和文化，全身心地拥抱新文化和新语言，成为大熔炉的一部分。这就意味着群体之间的边界是可以穿越的，阶层之间的流动通常不受人种、民族、肤色等因素的限制。当然，这种努力是否成功，除了移民和旅居者自身的努力，还要看当地社会对这些人的态度。假如态度是消极的，那么哪怕移民和旅居者再努力，恐怕也很难融入主流群体而获得积极的社会认同。

总之，群体无论强弱，不仅要争夺稀缺资源（如权力、财富、地位、名声），也要为自己赢得并维持正向的社会认同。社会认同理论的提出，纠正了群体之间矛盾和冲突无非来自有形资源争夺的传统说法，更全面地揭示了这类矛盾和冲突产生的根源。该理论表明，为了减少群体间的冲突，需要构建跨越差异的、积极正向的群体认同，创造一种共享的认同感。提倡"全球公民"意识，便是这方面的有益尝试。在跨文化交流日趋频繁的今天，社会认同理论不仅有助于揭示文化之间紧张关系背后的原因，而且也能在认知方面为促进跨文化交往互动提供可行性的建议。

三、民族中心主义

现在我们回到开篇的自测。奇数项的总分是你的民族中心主义（ethnocentrism）分值，偶数项的总分是你的模糊容忍度（tolerance of ambiguity）

的分值。两个分值的范围分别是5~20。数字越大，说明你的民族中心主义倾向越明显，而你的模糊容忍度越低（对不确定的东西越感到害怕）。那么，什么是民族中心主义呢？在社会学家William Sumner（1906）看来，民族中心主义是指按照本族的标准来衡量和评判其他族群，并认为本族的地位高于其他族群的地位。这一现象与社会认同理论所揭示的社会互动规律关系紧密。社会认同理论认为，人们只要从属于某个群体，他们的态度和行为就会呈现厚此薄彼的倾向——厚本群体，薄他群体，通过拔高所属群体的地位，以达到提升自我形象和自尊的目的。每当我们想起"新四大发明"（高铁、扫码支付、网购和共享单车），我们的民族自豪感便油然而生，作为个体的自尊也就相应地得到加强，这是自然不过的事。但假如我们以此作为标准来衡量他国，那就有失偏颇了。有道是"尺有所短，寸有所长"，以己之长攻他人之短，显然不够合理。然而，我们往往有意无意中，做出有失公允的判断，显示自己的优越感。例如，前几年外国人不戴口罩的问题，曾经在国内引起热议。国人一般认为，特殊时期戴口罩天经地义，不戴口罩就是傻，不可理喻。这就是民族中心主义思想的一种体现。且不论有没有口罩（在某些国家，一般只有医务人员有口罩），他们的社会制度、世界观、健康观、生死观、自由观都与我们相去甚远，用我们的标准来评判他们的行为显然是不合时宜的。实际上，习惯于分食制的外国人完全有理由说我们傻，因为合食制不用公筷，岂不是用餐人共享口水，难道你不觉得恶心吗？假如有人胃里携带幽门螺杆菌，这个致癌率颇高的细菌，通过唾液是可以传染的。在老外眼里，我们是不是也很傻？但我们往往不会这样换位思考。

民族中心主义是一种普遍现象，存在于所有的文化当中。或者说，但凡文化，都有民族中心主义倾向。除非我们不认同自己的文化，否则与其他文化比较时，我们总是觉得自己的好，自己的对，自己的正常，因为在社会化过程中，我们深受本文化的熏陶，内化了世界观、人生观、思维方式、价值取向、行为方式等多种文化要素，成为我们行事为人的依据和标准。文化不同，依据不同，标准也不同。不管如何努力和自省，我们还是无法完全脱离本文化的标准，来客观公正地看待另一文化里所发生的事情。看到陌生的事物，遇到不同的做法，我们自然难以习惯。拿世界地图做个比方，我们心目中的世界地图，应该是中国大体居中，欧亚大陆位于上方，大洋洲位于下方，非洲和美洲分列左右两侧，南极洲在底下。当我们看到国外出版、中国不在中间位置的世界地图时，是不是会觉得世界变得"面目全非"了呢？为了显出澳大利亚的中心位置，世界地图甚至可以颠倒过来，即南极洲在上方，欧亚大陆在下方。试想，看惯了熟悉的世界地图的我们，对这种"怪异"的地图会作何感想？

正因为民族中心主义是在文化习得的过程中形成的，它的影响往往难以察觉，就像前面所提到的，在评判他人不按"常理"行事时，我们总是那么的理直气壮。在有的文化里，女性以胖为美；在有的文化里，女性追求苗条的身材；在有的文化里，女性穿着保守，需要佩戴头巾；在有的文化里，女性穿着暴露，追求性感。民族中心主义者就很难接受不同的审美标准和衣着选择。

尽管民族中心主义的负面特征较为明显，但它也并非一无是处。事实上，我们应该把民族中心主义视为强度由低到高的连续体（Neuliep & McCroskey 1997）。强度最低的一端可以理解为爱国主义，这当然是正向的情感态度，是社会的黏合剂，为文化成员提供文化认同感和归属感。尤其当国家的安全遭受威胁时，它可以团结国人，同仇敌忾，保卫国家。强度高的一端是病态的民族中心主义，其中包括民族主义（nationalism）。所谓民族主义，指的是一种坚信自己的国家优于其他国家的思想，而这种优越感往往基于共享的种族身份、语言、宗教、文化或社会价值观。民族主义者思想狭隘又偏激，容不得说别的国家或民族好。病态的民族中心主义为偏见和歧视的滋生提供了温床，容易引发群体间的冲突，在极端的情况下，甚至还会导致种族清洗。而我们通常所指的民族中心主义多多少少带有病态的成分。

民族中心主义对跨文化交际必然带来负面影响。民族中心主义者总是用本文化的规范和标准来评判他人的文化习俗、价值取向和行为方式，一旦不符合预期，就会给它们贴上怪异的、愚昧的、错误的标签，而无意去了解这些现象背后的文化逻辑。而且，人们总有安于所习的倾向，因此，民族中心主义会削弱人们探索新文化的热情，阻碍人们建立和发展跨文化关系和友谊。民族中心主义还直接破坏人们的跨文化交际活动。按照Janet Lukens（1977）的说法，民族中心主义者往往通过操控语言来扩大"交际距离"（communicative distance）。有三种交际距离分别对应民族中心主义低、中、高三种强度：漠然（indifference），回避（avoidance）和蔑视（disparagement）。漠然是与文化背景不同的人交流时，对另一方的想法和感受不敏感，不关心，但敌对态度相对较少；回避是避免或减少与其他文化的成员接触，但对自己的群体保持忠诚；蔑视是对其他文化群体态度敌对，对来自该群体的个体不断地进行嘲弄和贬损。

尽管学者们普遍认为，民族中心主义几乎是不可避免的，人们或多或少都带有民族中心主义倾向，但能意识到有这样的倾向，本身就是一大进步。以我们的情况为例，我们之所以不经意地以本族为中心，除了上面提到的诸多原因之外，与我们所处的文化环境相对单一也不无关系。我们知道，汉族人口占全国总人口的91%以上，汉族文化高度发达，占据绝对的主流。在这样的环境里，我们往往缺乏对文化多样性的体验，对生活方式的多种选择知之甚少。那么，跨文化交际是否有助于减弱民族中心主义倾向呢？从理论上讲，对其他文化的价值观、信念、思维方式、风俗习惯了解越多，应该越容易懂得和接受文化差异背后的原因。但问题并没有我们想象的那么简单。比如，近期的一项跟踪调查发现，研究生通过一个学期的跨文化交际课程学习后，他们的民族中心主义倾向出现不同的变化。46%的学生保持不变或有所增强，只有略超过半数的学生有所减弱，而跨文化互动也许是其中的一个原因。因此，跨文化交往是否有助于民族中心主义倾向的减弱，还有待更多实证研究的检验。

民族中心主义的对立面就是民族相对主义（ethnorelativism）。这一概念与文化相对主义（cultural relativism）大同小异，即信念、规范、价值体系和社会习俗均有其自身的文化逻辑，文化在本质上没有优劣之分。民族相对主义指的是从对方的文化视角来理解对方的交际实践，因为不同的文化对现实不同的建构都有其合理的地方，因此不存在绝对的标准用来评判和比较。我们总要抱着理解和尊重的态度，来看待其他文化。当然，相对主义也是相对的，需要为其设定边界。比如，在某些文化中，至今仍保留女性割礼这样的陋习。这种压迫和残害女性的做法是不能接受的，就像我们不能接受缠足文化一样。

第二节　感知与刻板印象

一、感知

（阳明）先生游南镇，一友指岩中花树问曰："天下无心外之物，如此花树，在深山中自开自落，于我心亦何相关？"先生曰："你未看此花时，此花与汝心同归于寂。你来看此花时，则此花颜色一时明白起来。便知此花不在你的心外。"阳明先生所说的"心外无物"，并非心外没有事物的意思，而是说，你周遭的客观世界，是你心中的世界，是你主观意识产生的世界，也就是你感知到的世界。客观现实（actuality）存在吗？存在。它与我们相干吗？不相干。我们所指的"客观现实"，其实并不那么客观，因为它只能是我们看到、听到、摸到、尝到、闻到的现实，是我们赋予了意义的现实，是经过我们大脑加工处理的现实，也就是建构的现实（constructed reality）。既然是建构的，那就必然带有主观的成分。山中你没有看到的花，也就是心外之花，虽有等于无。但你一旦看到此花，它便在你的心里了，也就是被你感知到了。有人见此花笑逐颜开，有人见此花黯然神伤，感知的主观性由此可见一斑。

所谓感知，是指通过选择、组织与解读感官信息来帮助我们认识世界的过程（Gamble & Gamble 1996）。我们通过视觉、听觉、触觉、味觉和嗅觉（有时还包括直觉）可以接收海量的信息，若不进行选择，我们的大脑必然难堪重负。具体来说，选择分三步走：选择性接收、选择性关注和选择性记忆。我们从环境中选择性地接收某些信息，然后关注与我们直接相关的一部分，最后记住可供今后回顾和参考的一部分。这与我们复习迎考的策略颇为相似。信息经过选择以后，还需要组织和归类，便于我们对周遭的环境快速做出反应。认知心理学家认为，人们在与复杂的环境互动时，会把人和事归入宽泛的、容易把控的类别中。例如，我们会按照肤色、种族、性别、着装、职业、兴趣爱好或使用的语言对人进行归类。熟知的类别能帮助我们对他人的行为做出判断和解释。一旦信息梳理完毕，重要的类别得以确认，人们便从自己的角度，对信息进行解读或评判。借助于个人的经验、学识、角色期待、价值取向、态度、信念等因素，人们对相关信息的含义做出判断，并结合语境因素，确认如何应对这些信息。例如，笔者曾在纽约地铁车厢里看到两个黑人青年上车后，冷不丁地在金属扶手杆上做起花哨的体操动作，其熟练程度着实令人惊叹。做完后，他们并没有向乘客要钱（这出乎我的预料），地铁一到站，他们就下了车。在此过程中，他们的行为吸引了车厢里几乎所有乘客的目光（选择），乘客们肯定都在琢磨，他俩究竟是什么人？（归类）他俩这样做的目的是什么？（解读）

感知对于交际的重要性是不言而喻的，因为几乎所有的交际行为都与我们如何看待对方和环境有关。我们通过感知（或社会认知social cognition）对交际的另一方做出判断，并决定如何与对方进行沟通。但问题是，按照心理学家的说法，我们都是"认知吝啬鬼"（cognitive misers），即我们给予对方的关注是有限的，观察是不完整的（记得盲人摸象的故事吗？），记忆是短暂的。我们会不由自主地对交际另一方进行笼统的概括，其原因在于我们需要尽快减轻认知的负荷，不想让大脑老是累着，因此，我们做出的判断或决定难说是最好的，但起码还是可以接受的。就交际本身而言，交际双方唯一能接触到的信息就是感知后的信息。也就是说，假如一方发送的信息是B，但另一方感知到的是A，那么另一方接触到的只能是A。一位参加完跨文化培训的学员对"现实"的理解令人印象深刻：

> 它不是你所言说的，
> 而是对方所听到的；
> 它不是你所呈现的，
> 而是对方所看到的；
> 它不是你所表达的，
> 而是对方所理解的。

由此可见，交际过程中接收的信息不一定就是发送的信息，这是造成人与人之间沟通困难的一大原因。一位婚姻家庭专家曾用传球动作来揭示夫妻之间的沟通之道。他指出，A方给B方发送信息，相当于A方给B方传球，B方接到球后，要再把球传回给A方，A方接住球后，其信息的传输才算完成。其中的含义是，A方给B方发送信息，B方接到信息后，要与A方确认其信息的含义，这样A方给B方传递信息的动作才算完成。然而，我们一般无暇去回传球，总是以为对方能明白自己的意思。这种想当然的态度当然在小事上并无大碍（也无暇来回传球），但在重大问题上就有可能带来损失。沟通不畅造成的后果往往令我们猝不及防。上面的例子还是针对文化内部的沟通而言的，一旦置身于跨文化语境，交际双方因文化参照系不同，解读信息时就更容易出现偏差。

那么，文化如何影响感知呢？我们可以从价值判断、归类和解读这三个方面来看（Liu et al. 2015）。文化价值观念指导人们如何感知世界，告诉人们如何分辨真假、对错与好坏。例如，在日本，客人餐桌上清盘意味着对主人厨艺的赞许，但在中国，清盘容易给人以吃不饱的感觉。委婉和间接的交流方式在高语境文化中通常是好的，因为它能促进关系的和谐，但在低语境文化中，清楚明了、直截了当的表达方式往往更好。

在社会生活中，我们对人和事的归类和解读有赖于我们头脑中储存的社会图式（social schemas）。所谓社会图式，是指用来解读社会经历的意义网络，是存留在长期记忆中的认知结构。社会图式包括自我图式（有关自我）、特定个体图式（如有关名人）、群体图式（有关群体）、角色图式（即某一角色的扮演者应该如何行事为人）和行为期待图式（即脚本，scripts，也就是与某一特定语境相关的行为期待，即在某一特定情境中人们应该采取的行动）。社会图式是后天习得的，因此受到整个文化和文化内部特定群体的影响。在跨文化语境中，人们对交际另一方的归类容易出错。比如，用过于笼统的方式来描述另一方所属群体，并将这些笼统的描述强加在另一方的头上，视其为该群体的典型代表，而无视其个体特征。电影《上海召唤》（也叫《纽约客在上海》，Shanghai Calling）中有这样一组镜头：纽约律师山姆在上海陆家嘴迷了路，只好叫出租车，司机告诉他目的地仅几步之遥，不用打车，但因语言不通，山姆又对上海出租车司机抱有成见，他误认为司机坐地起价，很是不爽，坚持要坐他的车，结果出租车刚起步就到了目的地，闹出了一个不大不小的笑话。文化也影响人们对人或事的解读，特别是归因。认知心理学家在跨文化研究中发现，内部归因和外部归因与文化有关。所谓内部归因（internal attribution），就是把事情的起因主要归结于个人特征，如打翻茶水是因为走路不小心；而外部归因（external attribution）就是把事情的起因主要归结于外部环境，如打翻茶水是因为地面滑。研究发现，欧美人与亚洲人在归因倾向方面存在差异，欧美人偏向内部归因，亚洲人偏向外部归因。

二、刻板印象

网上有一则关于资本主义跨文化差异的幽默段子：

传统的资本主义：你有两头母牛，你卖掉其中一头，再买进一头公牛。母牛生小牛，经济就增长了。你把牛卖掉，享受退休金待遇。

法国公司：你有两头母牛，你罢工，因为你要三头母牛。

日本公司：你有两头母牛。你重新对它们进行设计，使它们只有原来的十分之一大，却能产出20倍的奶。然后你创作充满灵气的母牛卡通形象，在全世界范围内推广。

德国公司：你有两头母牛。你把它们重新设计，使它们可以活100年，一个月吃一次，并且自己挤奶。

意大利公司：你有两头母牛，但你不知道它们在哪。于是，你就歇手吃午饭。

瑞士公司：你有5 000头母牛，但没有一头是你自己的。你收钱替人家看管牛。

印度公司：你有两头母牛。你对这两头牛顶礼膜拜。

此时，读者们是否正会心一笑？上面寥寥数语，便巧妙风趣地点出了这些文化的独特之处：法国的罢工，日本的精致，德国的严谨，意大利的散漫，瑞士的银行和印度的宗教。幽默的精妙之处在于它虽夸张，但又略带几分真实。为什么人们会对文化做如此简单的描述呢？这还要从信息的归类说起。

如前所述，归类是人们处理信息的一种普遍性策略，对人的归类我们称之为社会类化（social categorization），即从群体成员身份的角度来看待对方（比如他是男的，不是女的；他是个年轻人，不是老年人；他是老师，不是学生）。一旦类化了对方，我们就会更多地将其作为社会群体的一员来对待。这样做的好处，一是基于我们对该群体的认识，可以基本判定对方的某些特征（如教师一般话多，喜欢教导人），二是类化可以将我们周遭的社会世界化繁为简，帮助我们更快地处理社交信息，并及时地对他人的行为做出预测。我们在不知不觉中类化他人，同时也被他人类化。除了性别和年龄之外，类化还基于其他群体成员身份，如种族、国籍、社会阶层、职业，等等。语境不同，强调的群体成员身份也会不同。比如一名大学生去医院就医，其病人身份就比学生身份更为凸显。类化的坏处也是不言而喻的。把群体特征加在对方身上，而不是重点关注对方的个人特征，显然是不恰当的，也是有失公允的。比如，上面的段子提到意大利人散漫这个特征，假如你是意大利人，你会喜欢被人贴上这样的标签吗？

　　这里所谓的"群体特征"，其实就是我们常说的刻板印象（stereotypes），也叫类属性思维，即对某个群体过于简单、过于笼统的看法。一个更为具体的定义是，刻板印象是过于笼统的"舶来"看法，为我们提供了概念框架，使我们得以明白周遭所发生的事情，不管这些概念框架是否准确或者是否适合当下的情景。这一定义不仅告诉我们刻板印象是什么，还告诉我们刻板印象做什么，我们为什么需要刻板印象，以及刻板印象的缺陷在哪里。

　　在《消费者行为与文化》（*Consumer Behavior and Culture*）这本书里，作者 Marieke de Mooji（2004）指出："蜘蛛在西方许多国家被视为令人作呕的东西，而在中国，人们把蜘蛛当作美味佳肴"（Whereas spiders are a source of disgust in many Western countries, this is not the case in China, where they are eaten as a delicacy）。不知读者们看到此话，会作何感想？当然，咱们中国人也有可能觉得巴西人都非常热情，离不开嘉年华、美酒和阳光，德国男士都是金发碧眼的严谨帅哥，英国男士都跟抖森一样带着地道的绅士英式口音，听他们说话，耳朵会怀孕。

　　刻板印象既有正面的，也有负面的。"美国白人聪明""德国人勤奋""意大利人浪漫""亚洲学生数学好""中国人很勤劳""美国人很有钱"，这些都是正面的刻板印象；但"非裔美国人懒惰""美国人太随便""非洲人很穷""中国人什么都吃""东欧人不诚实""拉美人不讲礼貌""意大利是黑手党和飞车族横行的国家"，这些都是负面的刻板印象。一名摩洛哥学生告诉笔者，她来中国之前，一直认为中国的产品质量不好，只能用几天。但来到中国后她才发现，原来不是中国的产品质量不好，而是他们的商人不好。这些商人只在乎廉价，不在乎质量，把次品带回国去卖，结果给当地阿拉伯人造成不良的印象。一名巴西学生说，她去西班牙交流时，一位老太太得知她在中国留学，便自豪地说，你要好好珍惜在西班牙的生活，这里有地铁，有集市，有高楼，这些在中国可都是稀罕玩意儿。这名学生非常困惑，但还是耐心地给老太太解释，现在的中国早已不是以前的中国了。现在中国的铁路系统已然位于世界前列。但是她还是不太相信。数年前，笔者的一位好友曾调查了中国留学生与当地美国人的交友情况，结果发现，在当地人眼里，"90后"中国留学生都比较有钱，不怎么爱学习，英语不怎么好，是一群被宠坏了的"小皇帝"。显然，这些刻板印象都是比较负面的。

一般来说，有关内群体的刻板印象正面的居多，有关外群体的刻板印象则负面的居多，这与所谓的内群体偏好（ingroup favoritism）有关。社会认同理论认为，积极的社会认同可以为群体成员提供自尊和安全感。为了让内群体处于优越的地位，着眼外群体的负面特征也就顺理成章了。尤其当两个群体关系紧张的时候，这种"损人利己"的文化心态就会更加明显。

我们已经提到，用刻板印象看人时，我们往往夸大社会群体之间的差异，缩小群体内部成员之间的差异。后一种情况在看待外群体时更为常见，我们称之为"外群体同质效应"（outgroup homogeneity effect），即认为外群体成员之间的相似度高于内群体成员之间的相似度。这也不难理解，因为我们与外群体成员的接触机会少，而且接触也不一定深，因此对外群体成员之间的差异了解有限。一旦拔高了外群体成员之间的相似度，我们自然就会将熟知的群体特征加在具体成员身上，不会过多考虑这些特征是否真正适合眼下的个体。具体而言，刻板印象的运作通常遵循以下步骤：首先，对人进行分类（类化），将其归入某个群体，通常基于容易辨认的特征，如性别、年龄、种族；其次，将一系列属性归到那个群体的所有（或大多数）成员身上，认为这些成员彼此相似，但与其他群体的成员截然不同；最后，将这一系列属性归到任何来自该群体的个人身上（Hewstone & Brown 1986）。

刻板印象的内容也值得关注。Susan Fiske和Amy Cuddy等学者（2002）在研究中发现，刻板印象的两个维度具有普遍性：热情（warmth）和能力（competence）。热情是指友好、善良、温暖和真诚，能力是指本领、自信、才能和技能。两个维度组合在一起，就会有四种可能：有热情但缺乏能力（可怜），不够热情但有能力（嫉妒），既热情又能干（骄傲），既缺乏热情又缺乏能力（嫌弃）。比如，从国籍来看，欧洲人倾向于嫉妒德国人和英国人，可怜葡萄牙人、希腊人、意大利人、西班牙人、爱尔兰人和奥地利人。从群体分布来看，引以为傲的对象非内群体莫属，而嫌弃的对象只能归于没有任何好感的外群体。美国人倾向于嫌弃拿政府救济金的人、阿拉伯人、穷人、女权主义者、土耳其人和吸毒者，可怜老年人、残疾人、智障者、黑人专业人士、中产阶层、家庭主妇，为美国公民、基督徒、爱尔兰人、白人、英国人感到骄傲，嫉妒亚洲人、犹太人和富人。

　　刻板印象是后天习得的。除非你去世界各地不断地旅行，浸润于一个又一个文化，与来自不同文化的人们持续保持联系，或者花大量的时间来研究不同的文化，否则你只能从长辈、老师、朋友、书本、商品、电视、电影等渠道获得有关其他群体的知识，或者基于自己有限的经历得出结论。这些碎片化的知识很难准确而全面地描述某一个文化。随着互联网的普及和社交媒体的兴起，我们有了更多渠道和更便捷的方式获取真正反映其他群体现实的资讯。但遗憾的是，如笔者的一名学生所言，"我们所处的是一个浅阅读、少思考的快餐文化时代，是一个'娱乐至死'的时代：其可怕之处并不在于娱乐本身，而在于人们日渐失去对社会事务的严肃思考和理智判断，在于被轻佻的文化环境培养成了既无知且无畏的理性文盲而不自知。"反映在对待其他文化的认识和态度上，人们非但没有因知识的积累对自己所持的刻板印象进行反思，纠正原本没有反映现实的种种认识，反而借助互联网和社交媒体，成了更加被动的刻板印象的消费者。

　　刻板印象对交往互动造成的不良影响是显而易见的。当我们用刻板印象看人时，就很难看到目标群体中人与人之间的差别。哪怕是正面的刻板印象，也会带来消极的后果。比如，欧美人通常认为亚洲学生数学好。像笔者这种文科生在欧美国家留学的话，老师和同学说不定会对笔者的数学成绩抱有很高的期待。一旦考砸了，他们还以为笔者学习态度有问题呢。若对某个群体持有刻板印象，我们往往选择性地接受符合自己判断的信息。即使经常遇到不符合我们期待的个体，我们依然会忽略这些新的信息。从信息的记忆来看，研究发现，我们更容易记住与刻板印象相符的信息。比如，如果你对"女司机"有刻板印象，那么一旦看到某个女司机车开得不好，你就会牢牢记住；相反，你虽然也看到过车技高超的女司机，但你很快就会忘掉。而且，与外群体成员互动时，提问的数量往往受到限制，问题的性质却有利于刻板印象的固化。久而久之，刻板印象就成了自我实现的预言。在跨文化交际中，假如我们太依赖刻板印象，我们在发送和解读信息时，就不会顾及对方独特的个性；相反，我们对过于简单和笼统的认识情有独钟，这对交际的另一方是不公平的，因为我们只是将其视为一个"文化代表"，而不是独一无二的个体。刻板印象常常贬低目标群体及其成员的价值，助长不平等现象的产生，对跨文化关系造成伤害（Jackson 2014）。

既然刻板印象是人们感知社会世界的一部分，要承认它，改变它，并不是一件容易的事。倘若时间紧迫或社交情景复杂，我们更会依赖刻板印象与他人互动。事实上，刻板印象也不是一无是处，有时确实也有几分真实，有的目标群体成员也确实符合刻板印象所描述的某些特征。但这样的认识或经历势必会进一步固化刻板印象。

要减少刻板印象的影响需要付出很大的努力。在跨文化交际过程中，人们需要面对更高的不确定性，焦虑水平也会随之上升，其中包括害怕用刻板印象看人而产生的焦虑。为了应对焦虑，促进交流，人们要努力做一个留心（mindful）的交际者，借助于更丰富的资讯，做出更审慎和准确的判断，实施更切合实际的行为。不能对另一方的期待和有关交际的决定抱有想当然的态度。我们要经常反思自己习得的刻板印象，尤其是那些明显不符合实际的刻板印象。同时要留意自己的语言使用情况。比如，在朋友聚会中，你是否曾用大而无当的话来描述或取笑某个文化群体呢？我们不妨围绕着下面几个问题，先来自我反思一下：

1. 我对某个文化群体的看法是从哪里来的？我认识来自这个群体的个体吗？
2. 我是否尝试过绕开头脑中可能存在的刻板印象，专门来面对具体的人？
3. 我只跟和自己相像的人交流，还是会寻找机会与不同于自己的人交流？
4. 我在多大程度上愿意从多个角度去看问题？是否愿意从同学、朋友、家长、老师那里获得启发？
5. 我是否反省过自己曾用刻板印象看待人？我是否考虑过用怎样的方式来改变这个倾向？

在此，笔者跟读者们分享一下有关第三个问题的一段个人经历。有一天，笔者在国内某一机场的候机厅候机，看到不远处孤零零地坐着一位中年黑人男子。当时候机厅里旅客甚多，座位并不宽裕，但他前后左右居然有七八个空位子。我莫名地为他感到难过，心里想，他此刻在想什么呢，或许这些对他来说已经司空见惯了吧。于是，我站起身来，推着行李走到他的跟前，问他可不可以坐在他的旁边。他欣然同意了。离值机尚有时间，我们便聊了起来。他说他来自毛里塔尼亚，是个商人，现在去浙江义乌进货，准备把商品卖到安哥拉。我问他为什么是安哥拉，而不是毛里塔尼亚，他说安哥拉人口多，经济比毛里塔尼亚发达，生意容易做。他还告诉我，他的三个孩子都在法国读书，他做生意就是为了供孩子们上学。说到这里，脸上顿时露出欣慰的笑容。显然，这是一位了不起的父亲，他将家庭和事业完美地结合在了一起。事后，我很庆幸自己愿意走出舒适区，主动与他交流，这样既拉近了人与人之间的距离，又在交谈中获得不少启示。

第三节　偏见和歧视

如果说刻板印象主要反映在认知层面（cognition），那么，偏见和歧视则分别处在情感层面（affect）和行为层面（behavior）。一旦目标群体被贬损，负面的刻板印象就出现了（如懒惰，笨，有暴力倾向，等等）。当负面的刻板印象引发对目标群体的厌恶情绪时，偏见就产生了。而歧视则是行为结果，因为有偏见，所以排斥和打压来自目标群体的具体成员。

一、偏见

所谓偏见（prejudice），是指一种不公正的、无正当理由的看法或感受，这种看法或感受是在没有经过充分思考或在不知情的情况下形成的。从跨文化交际的角度来看，偏见是从负面的刻板印象发展而来，是对整个外族群体或来自该群体的具体成员的反感、厌恶甚至仇恨。比如，有的人对穆斯林不信任、有敌意甚至感到恐惧，视他们为恐怖分子；有的人认为黑人都有暴力倾向，对社会治安造成威胁；有的人认为亚洲人奸诈、狡猾和自私，因此敌视他们；有的人认为拉美人都是毒贩和非法移民；有的人认为西方人愚蠢、无知和自以为是，或者对西方文化和西方人充满敌意。这些偏见很容易激发矛盾，引发冲突。因此，我们需要努力去认识和消除自己可能存在的偏见，以建立一个更加公正、包容、和谐的社会。偏见既可以存在心里（因此别人不知），也可以通过语言和行为表达出来（如公开抹黑某个群体的形象）。

偏见往往藏得很深，不易察觉，但它带来的后果却显而易见。在一项有关偏见的经典实验中，老师告诉年幼的学生，棕色眼睛的孩子比蓝眼睛孩子聪明。结果不久，蓝眼睛孩子的成绩开始下滑，而棕色眼睛的孩子开始歧视蓝眼睛孩子。由此可见，对于孩子这一脆弱群体而言，老师一句带有偏见的话，其暗示作用足以摧毁孩子们的自信，也会破坏孩子之间的关系。在另一项实验中，研究者给两组白人受访者分别看同一个电影片段，只不过一组看的是白人演的，另一组看的是黑人演的。在这个片段中，两个角色正在激烈地讨论问题，因为意见不一，其中一人重重地推了另一人一把。研究结果显示，白人受访者认为黑人的推搡比白人的推搡更为暴力。在一项由白人参加的实验中，参与者在电脑屏幕上可以看到白人和黑人。在实验过程中，屏幕上的人手里要么拿枪，要么拿别的东西，如手机。研究人员要求参与者快速做出反应，看到屏幕上的人拿枪，马上按"射击"键，看到屏幕上的人没有拿枪，马上按"免射"键。总体上，白人参与者对黑人的"射击"频率高于对白人的"射击"频率，而且在没有看到枪支的情况下，也是如此。

对偏见的心理解释有几种。首先，偏见可能与遵循社会规范有关。社会规范是一个群体认为是合适和正常的行为。人们因为严格遵循本群体的社会规范而对其他群体不同的行为方式感到难以理解和接受，于是对这些群体产生偏见。其次，偏见可能与自我防卫有关。偏见作为态度，能保护一个脆弱的自我免遭严厉的自我批评。偏见能给予一个人凌驾于被歧视群体之上的优越感，这种优越感显然是站不住脚的。再次，偏见可以用社会认同理论来解释。前面我们已经提到，人们对积极的自我形象的追求是自然而然的事，而社会认同的增强是通过将人分为内群体和外群体这一过程来完成的，因为一旦把人分成两类，"厚此薄彼"便成了天经地义的事。因此，对社会认同的需要给偏见的形成创造了条件。最后，蛮横的性格也容易产生偏见。蛮横的人对下横眉竖眼，对上卑躬屈膝。有这种性格的人总是对模棱两可的、不确定的事感到厌恶，而且从不喜欢自我反思。

二、歧视

在《反就业歧视法专家建议稿及海外经验》这本书里，"编者说明"开头有这样几句话：

当你满肚子才气，胸怀大志，要走向社会干一番事业，追求幸福的生活时，当你在求职时，仅仅是因为你个子不高，或长得不太好看，或因为是女性，或因为外地户口，甚至因为你与老板的属相不对，却四处被拒。你工作一贯努力，能力强，成就也令同事称道，仅仅是因为过了干部提拔的那些"杠杠"，或因为是女性，或缺少某种文凭，你得不到提拔。你会觉得这个世界没有比这更不公平的了……

用个子、长相、性别、户口甚至属相取代品格和能力来衡量人，这看似荒诞，却又非常真实。这类情况不禁让人想起马丁·路德·金在 *I Have a Dream* 里所表达的梦想："我有一个梦想，就是我的四个孩子有一天能够生活在一个不以肤色而是以品德内涵来评判他们的国家"（I have a dream that my four little children will one day live in a nation where they will not be judged by the color of their skin but by the content of their character）。这是金在当时种族歧视泛滥的美国，发自肺腑的呐喊。

所谓歧视（discrimination），就是将某群体的成员置于不利的境地，或者仅仅因为他们有该群体成员的身份，就有差别地对待他们。除了上面提到的就业歧视和性别歧视外，较为普遍的还有年龄歧视、阶层歧视、残障歧视、职业歧视、地域歧视、民族歧视、种族歧视，等等。最近国内大学生就业难的问题引发热议，不少知名人士认为，国内职业歧视是阻碍就业的一大原因。一名电焊工待遇再好，也不大可能得到坐办公室的人所得的尊重。曾有一名在上海工作的外地水电工娶了一位博士太太，这则消息顿时成了人们茶余饭后的谈资。相反，笔者在国外访学时，那所大学的外事部门主任告诉笔者，她的丈夫是一名屠夫。她说话时那自然和自信的模样，笔者至今还印象深刻。

地域歧视在国内同样严重。很多国人对来自河南、安徽、苏北的同胞有很深的偏见，有的雇主干脆在招聘广告上注明"河南的不要"，其歧视的露骨程度令人咋舌。以前不少的上海市民排外倾向严重，管外地人叫"乡下人"，不管你来自哪里。哪怕在上海市区内，也有"上只角"（如徐汇区）和"下只角"（如闸北区，现已归入静安区）的说法，住闸北区的人往往被看不起。所以，找对象一不找苏北的，二不找闸北的。地域歧视（偏见）在国外也很普遍。比如，在意大利，南方人认为北方人不懂生活，北方人觉得南方人穷得够呛。美国的南北方相互挖苦（北方嫌南方穷，南方嫌北方傻），各州之间也彼此讽刺，如新英格兰人瞧不起纽约的暴发户，纽约人嫌新泽西人寒酸。在英国，尽管苏格兰人和威尔士人合不来，但在他们眼里，爱尔兰人都是吝啬鬼，乡下养猪专业户。在法国，巴黎人把非巴黎人统称为外省人。

种族歧视的危害尤其大。种族歧视者必然是种族主义者，他们深信自己的种族比别的种族优秀。例如，1948年至1994年，南非实行种族隔离政策，黑人没有选举权，且必须生活在隔离的社区。第二次世界大战期间，德国本土以及德国控制地区的犹太人必须佩戴黄色的星号标记作为区分。之后，他们被纳粹分子强行送入集中营，遭受蹂躏和屠杀。种族灭绝无疑是民族中心主义和种族歧视最为恶劣的行为后果。

在当今世界，既有像剥夺某个族群的选举权或禁止某族群移民入关这种赤裸裸的歧视，也有很多藏形匿影、不易觉察的歧视，如特定群体成员没有公平地获得应有的服务，不被尊重，不被信任，被冷落，被轻视，被嘲弄。这些现象对当事人的身心健康造成的伤害不容低估。有研究显示，经常遭受这类歧视的人，容易产生抑郁、愤怒、焦虑等情绪，生活满意度和幸福度低下。

歧视有时候可能"无意为之"。有研究显示，在NBA赛场上，白人裁判居多时，白人球员被吹犯规的次数就会变少，而黑人裁判居多时，黑人球员被吹犯规的次数就会变少。由此可见，最需要讲公平公正的职业人士也免不了有歧视行为。裁判们竟然在有意无意中因种族的不同而产生了歧视。在一项名为"名字里有什么？"的研究中，来自麻省理工学院和芝加哥大学的研究者提出的问题是："找工作时，名字听上去像黑人的人是否会获得公平的机会？"结果发现，美国白人申请者中有十分之一获得面试机会，而资质相当的非裔美国人中只有十五分之一获得面试机会。

最后我们谈一谈歧视与偏见的关系。由于偏见和歧视分别处在态度层面和行为层面，有偏见的人不一定采取歧视的行为方式（也许没有机会）。Gordon Allport（1954）认为，歧视他人的人必然是有偏见的，他们先用粗俗的语言和笑话贬低某一群体，然后回避来自这个群体的人们，最后就是剥夺这些人的某些权利。通过语言进行贬损的典型例子就是给某个群体贴上负面的标签，如把中国人称为"中国佬"（Chink）。还有用粗俗与刻薄的笑话取笑某些群体。例如，有一则挖苦波兰人的笑话是这样的：波兰人换灯泡至少需要两个人，上面一个握住灯泡，下面一个转动梯子，这样才能把灯泡拧紧。这个刻薄的笑话显然是在讽刺波兰人笨。回避就是避开来自某个群体的人们，可能是因为不喜欢他们的宗教信仰，或者讨厌他们的风俗习惯。最后，因性别、年龄、肤色、性取向、身心残障、社会阶层、宗教信仰、国籍、种族等原因，在政治、经济、教育、医疗、司法、社会保障等众多领域不公正地对待目标群体成员，这便是歧视。

三、 应对偏见与歧视

下面这个来自笔者学生的案例，虽然够不上偏见和歧视，但我们是否能感Angella所感？

工作第二年，我遇到了一名13岁的法国黑人学生，名叫Angella。第一次见面时，她很害羞，也不敢说话。当时我也是第一次教这个年纪的小孩，一时间也不知道怎么沟通，好在小女孩的中文水平非常好，虽然说自己是初级水平，但是因为6岁以前都在中国生活，所以对中文的感知能力很强，一学就会。但是总觉得小姑娘怯生生的没自信。

有一次，Angella突然说"如果我不是黑人，是不是大家就不会谈论我了。"我问她："你的同学是说你什么了吗？"Angella回答说："我的同学经常谈论我，如以后我是不是会长得特别高，我的头发会不会非常卷，因为他们说黑人都是这样的。我觉得我的同学都很讨厌，总是喜欢看着我，所以我不敢说话。"于是我半开玩笑地安慰她，你看我们都有鼻子，都有眼睛，都是一样的。Angella这才淡然一笑。

课后，我向她妈妈了解了一下情况。妈妈说Angella是学校里唯一的黑人，歧视的话谈不上，大家还是友好的，只是她的同学觉得她和别人不一样，所以喜欢谈论她。对此妈妈也没有别的办法，只能不停地安慰和鼓励她。我也明白，Angella的不自信可能源于不想成为班级里面的异类，所以她干脆就沉默了。

随后，我想着如何帮她建立自信。上课的时候我会多采用鼓励式的教学方式，而且每隔几节课，就用"沉浸式"教学法，跟她讲一些中国文化。例如，有一次我带了茶具套装，跟她一边喝茶、一边聊一聊有关茶的知识。还有一次，我放着音乐，跟她一起画手抄画，后来她拿到学校交给美术老师，美术老师还夸奖了她。同时，我还组织了一场文化沙龙，让她在大家面前做演讲。Angella喜欢跳舞，所以在年会的时候，我还帮她报名去参加学校的文化汇演，让她和其他中国学生一起登台表演。后来，在圣诞节的时候，我收到了她写的一封贺卡，上面写了一些感谢的话。作为一名老师，能够得到学生的认可，可谓是莫大的欢喜了。

Angella 作为班上唯一的黑人，虽然没有遭受歧视，但光是同学们出于好奇总是看着她，谈论她，已经给她造成很大的困扰。她缺乏自信是这样的遭遇所致。而这位年轻的老师努力帮助她建立自信的行动，让人倍感温馨。

试想一下，假如情况更糟呢？假如班上的同学真的对她有偏见、歧视她呢？她会受到怎样的伤害？我们真的不敢想象。也许伤害是致命的。没有人愿意成为偏见的牺牲品，也没有人乐于被歧视。但偏见恰恰是一种普遍性的存在，要彻底消除偏见是不可能的。那么，我们怎样才能让偏见的影响尽量降低呢？应对偏见通常有两种策略：一是来自两个群体的人在平等的基础上进行非竞争性接触，二是通过合作达成共同的目标。例如，一项有关黑人和白人住宿问题的研究发现，相比白人和黑人同住一个宿舍但有区域的分割，白人和黑人混住的时候偏见要少得多。另一项研究显示，与黑人做过邻居以后，美国白人对有黑人居住的小区持更加开明的态度。由丹泽尔·华盛顿主演的电影《光辉岁月》（*Remember the Titans*），讲述了20世纪70年代初在美国弗吉尼亚州亚历山大市发生的一件事。在这座因种族偏见而分裂的城市里，一名黑人教练和一名白人教练通力合作，带领当地的高中橄榄球队屡战屡胜，黑人和白人市民尽情享受球队胜利所带来的喜乐。对橄榄球的共同热爱成为他们之间的友谊桥梁，把他们重新团结在一起。有关跨群体的接触，我们在下一章里还要专门讨论。

在社会层面，倘若人们能得到社会规范的支持，那么，对外族狭隘的看法和做法才会在全社会范围内被抵制，被消除。构建通向公平公正的社会规范，需要良好的个人行为和对不良行为的积极抵制作为条件。一方面，我们要充分自省，不能让一个人的肤色、性别、年龄、宗教或种族背景等因素成为我们做决定的依据，也要努力走出自己的舒适区，与背景不同的人互动，甚至成为朋友。要做到这些，一个不可或缺的前提条件是培养自己的同理心。所谓同理心，就是感他人所感，看他人所看，将自己放在他人的位置上去感受和体会。这就意味着当你看到别人成为偏见的对象或遭受歧视时，你能立刻感同身受，体会别人的痛苦和挣扎。"己所不欲，勿施于人"，因此，我们要努力让自己远离偏见和歧视。另一方面，一旦发现有人公开表达偏见，或有歧视行为，甚至发生仇恨犯罪（hate crime），我们就要挺身而出，及时做出回应，决不能让这些现象继续下去。

当然，反对歧视、确保所有人得到平等对待，更需要法律的支持和保护。例如，《中华人民共和国劳动法》第十二条规定："劳动者就业，不因民族、种族、性别、宗教信仰不同而受歧视。"第十三条规定："妇女享有与男子平等的就业权利。在录用职工时，除国家规定的不适合妇女的工种或者岗位外，不得以性别为由拒绝录用妇女或者提高对妇女的录用标准。"所以，在求职过程中，公民若受到性别歧视，是可以到当地劳动仲裁部门投诉的。当然，虽有法律明文规定，但维权之路有时依然困难重重。此外，在美国历史上因歧视问题而最终促成的平权法案（Affirmative Action）颇为引人注目，该法案又称为优惠性差别待遇或积极平权，指的是为了防止与肤色、宗教、性别或民族等因素相关的少数族裔或弱势群体被歧视而采取的一种手段，即给予这些群体优惠政策（如鼓励聘用来自这些群体的成员）以消除歧视，从而达到平等的目的。然而，这项法案也遭到越来越多的质疑，因为优惠政策也是一种变相的种族歧视（反向歧视）。不久前，美国联邦最高法院裁定美国"大学招生平权法案"违宪，全美的公立大学和私立大学必须停止在招生时考虑种族因素。这就意味着亚裔学生将告别招生中的种族歧视。

本章讨论的是心理层面的障碍，体现在认知和态度方面，是对其他群体和其他文化负面的、不当的评价以及由此产生的后果。这与我们倡导的尊重文化多样性的理念显然是背道而驰的，也严重妨碍了跨文化交际的正常开展。至此，我们介绍完了跨文化交际中的三大障碍。接下来我们要讨论的是减少偏见的一个重要途径——群体间接触（即群际接触）。

第三部分

跨越障碍

第七章
群际接触与交际顺应

■ 说起非洲，身边的人无一例外地会提到"贫穷""疾病"等字眼。包括我在内，说起非洲，脑海里出现的第一个画面，就是那张得了普利策奖的照片：在黄沙满天的背景下，一个四肢纤细但是肚子鼓鼓的孩子蹲在地上，不远处一只秃鹫正虎视眈眈。然而真的到了非洲，才发现事实并不是这样。真实的非洲有着她的炎热、沙土、贫穷和疾病，但是真实的非洲也有着她特有的大雨、森林、希望和活力，通过互联网看到的绝对不是她最坏的样子，你亲眼所见而感叹的现实也绝对不是她最好的呈现。

■ 我见过几个来越南工作或旅行的中国人，他们说话的声音很大。在饭馆吃饭时，把饭菜乱扔在地上。我一直认为中国人都是这样的，是不懂礼貌的。但是到了中国后，我才发现原来我的看法并不准确。很多中国人是很讲规矩和礼貌的，他们待我很好，他们很温柔，也很热情。旅行的好处就是能更新和改变我的世界观、知识观和理念。

■ 提起拉美人，我的第一反应就是他们都是热情开朗的，于是在我的想象中，巴拿马的课堂上学生应该都会踊跃发言，积极参与，甚至我可能要担忧纪律问题。后来发现，这种课堂只存在于小学的低年级。而在中学乃至成人班里，更多时候，大家的反应让我想起自己上大学时外教说的那句"看来我得点名提问啊"。很多的巴拿马学生和我们印象里的中国学生一样，担心自己的表现不够好，担心说错了会出丑，在没把握的情况下不愿意主动发言。在教学交流会上，当地教师还特地告诉我们，点名回答问题的时候，他们还要纠结一番才决定点谁的名字，因为他们可能不想回答问题。如果直接点某个学生的名字，他又回答不好，他可能就会很不开心。原来他们的心思也是非常细腻敏感的啊。

■ 我曾听说过这样一句话："在中国，人们只能做被允许的事情，在美国，人们可以做任何不被禁止的事，在拉美，人们可以做任何事。"虽然是句玩笑话，但也体现出在大家的认知里，拉美人似乎是不守规矩、自由散漫的。其实则不尽然，比如在巴拿马的学校，老师们的穿着往往比较正式，我们几乎从未见到过穿T恤的老师，短裤和拖鞋更是绝对禁止。我们一位不清楚规则的志愿者就曾因穿短裤进入校园而被要求离开。而小孩子的课堂也有类似于中国的起立问好的流程，有时候我们甚至会收到当地老师诸如"你们上课要严厉一些"的意见。本来害怕严格要求会引起孩子们反感、不敢厉声说话的我们，没想到原来做反了。

■ 我有一个西班牙朋友，他叫荷西，因为我喜欢西班牙语，他喜欢汉语，所以我们成了朋友。在我的印象里，西班牙人热情奔放，比较个人主义，又有点懒散。因为我性格比较内向，一想到要和这类人打交道，心里有点打鼓。我们成为朋友的初衷是我帮助他学习汉语，他帮助我学习西语，所以他说汉语声调很难时，我说你可以发语音给我，我帮你纠正汉语声调，他却说他很害羞，不好意思说话。在之后的聊天过程中，他很喜欢给我发"谢谢"，比如"谢谢你跟我说话"。当我纠正他的汉语，或跟他分享现在中国年轻人喜欢用的词汇时，他也会说"谢谢你"。他还很喜欢说"对不起""不好意思"。在称呼上，他可能以为微信名是一种昵称，有一次他突然叫我的微信名，我跟他说，在中国大家都不叫对方的微信名，他立刻道歉并解释说，他以为在中国朋友间会这样称呼。在与他交流的过程中，他常常给我一种错觉，我总以为自己是在和日本人交流，因为他很会照顾对方的情绪，在交流过程中显得格外小心。

■ 去阿联酋之前，我知道阿拉伯半岛是热带沙漠气候，所以对于那里的天气早就做好了心理准备。在学习阿拉伯语的那几年里，我也对阿拉伯社会文化和习俗有所了解，知道阿拉伯女性要蒙面穿黑袍，甚至觉得那边的女性没什么地位，约束很多。我还认为阿联酋很富有，路上会经常遇到豪华跑车，会看到有钱人养狮子老虎当作宠物……在飞机降落迪拜机场后，40度以上的高温证实了我之前的猜测。夏天在阿联酋，是没有人会徒步外出的，大家都是用最快的速度跑进室内。阿联酋所有的房子都装有空调，并且一天24小时不停歇地运行。由于宗教原因，我们在阿联酋的学校里男女分开上课，整个学校的建筑对称分布，一半给女生，一半给男生。就连健身房游泳馆都是一边一个。而工程学院的男女生是一起上课的，为此我曾好奇地去打探了一番，发现他们的教室中间居然有一块隔板，男女生分坐两边，下课的时候男生先出教室。总觉得阿拉伯女性很保守，但其实她们是真正爱美的群体，那一层黑袍下面是美丽、大方、自信的样子。在女生聚会上，她们会褪去那层黑袍，取而代之的是华丽的服装和精致的妆容。她们多才多艺，能歌善舞。她们也很有主见和想法。在去迪拜的路上，我看到的尽是荒芜的沙漠，但一到迪拜，眼前出现的繁华世界实在太震撼了。当然，在繁华的迪拜街头不可能像我们想象的那样随意捡到黄金。街道非常干净，绿化也做得很好，但既没有出门遛狮子的富豪，也没有遍地可见的豪华跑车。只有在迪拜购物中心大门前，你会见到迪拜旅游警察局开来专门供游客合影的玛莎拉蒂和阿斯顿马丁。

　　这些来自笔者学生的叙述，无不透露出一条朴素的真理，就是"耳听为虚，眼见为实"。只有当你迈出一步，去接触目标文化，与那里的人交流，甚至与他们做朋友，你的刻板印象才有可能打破，你的偏见才有可能消除。在本章，我们围绕着群际接触和交际顺应展开讨论。所谓群际接触（intergroup contact），就是指来自不同社会群体的成员之间的交往互动，而交际顺应（communication accommodation）是指在群际接触过程中，双方调整语言的使用策略以扩大或缩小彼此间的关系距离。

第一节　群际接触

　　B校是北方一所民族高校，该校的足球队历来很强，球员由少数民族大学生和外国留学生组成，少数民族包括回族、藏族、蒙古族、维吾尔族、朝鲜族等，留学生主要来自哈萨克斯坦和马来西亚。除了日常训练外，队员们还经常代表学校参加比赛。当来自不同民族、不同国家的中外大学生加入同一个足球队，需要经常打交道时，群际接触就发生了。要了解这种接触行为的前提条件、过程和结果，我们可以从接触假设（Contact Hypothesis）切入。

一、接触假设

　　群际接触是心理学界提出的一个有效消解偏见的策略。如前一章所述，偏见和刻板印象是对某一社会群体及其成员不加区别的一种消极态度和看法，包括言语虐待（如"俄国佬""黑鬼""大龄剩女"等侮辱性语言）、回避或拒绝接触（如躲开艾滋病患者）、歧视行为（如"华人与狗不得入内"）、人身攻击甚至群体暴力。在历史上，由偏见导致的灾难屡屡发生，比如19世纪在西方盛行的"黄祸论"（Yellow Peril），宣扬黄种人是劣等的、丑陋的、贪婪的，矛头直指中国和日本等国。第二次世界大战时期，德国纳粹对犹太人的大肆迫害和屠杀，更是将种族矛盾推到了顶峰。二战结束后，民族、种族间的矛盾和冲突日益尖锐，以马丁·路德·金为代表的黑人平权运动此起彼伏。群际接触学说就是在此背景下应运而生的。然而，学者们对群际接触的后果和影响却众说纷纭，莫衷一是。有的学者认为，群际接触会加剧偏见和冲突，所以应当进行"隔离"；有的学者则认为，刻板印象和偏见的产生是源于"无知"（ignorance），也就是对另一个群体缺乏足够的认识，有关该群体的信息或是不充分的，或是错误的。比如，在一个真实的案例中，一名在西班牙留学的中国学生和他的委内瑞拉同学合租房子住，房东养了一条狗，这个房东很怕他的中国租客吃了他的狗，同时他觉得中国还是一个很落后的国家。由此可见，要想消除误解，减少偏见，缓解种族矛盾，就要积极推动群际接触。

　　美国心理学家Gordon Allport作为相关研究的集大成者，在其1954年出版的经典著作《偏见的本质》（*The Nature of Prejudice*）里提出了群际接触假设。他认为，如果能为不同群体的人提供互动的机会，就可以减少偏见，消解冲突，缓解焦虑，从而促进群际交往和提升群际关系。简单来说，就是"接触可以减少偏见"。这一观点不但在学界产生了深远影响，而且在实践中也被广泛应用。虽然群际关系指群体之间的关系，但它往往体现在具体的个体互动交往之中，不论是国家层面的人文交流，还是个体间的沟通合作，很多现实中的做法都是基于群际接触假设而制定的，如中法两国高级别人文交流机制框架下的中小学"百校交流计划"、中美两国的"千校携手"项目、上海市每年举办的"国际友好城市青少年夏令营"以及很多高校开展的交换生或访问学者项目等。回到本章开头的案例，刚进入 B 校足球队时，朝鲜族队员对藏族队员持有"野蛮""素质低""没纪律""狡诈"等偏见，但在经历了长时间的训练比赛和共同生活后，他们发现对方"聪明好学""乐于助人""真诚质朴"，双方逐渐成为好朋友。从充满偏见到逐步了解，从把对方看成是其文化代表过渡到把对方看作独一无二的个体，这中间经历了一系列消除刻板印象和偏见的过程，这就是有效群际接触带来的积极作用。

群际接触只能发生在国籍不同的人之间吗？答案是否定的。我们在第一章讲到，文化总是与社会群体联系在一起，因此，群际接触可以发生在不同国籍之间（international contact），如 B 校足球队中的中国大学生球员和哈萨克斯坦留学生球员、美籍外教和中国学生等，也可以发生在国家和地区内部不同亚文化群体之间（domestic contact），如医生和患者之间、流动人口和户籍人口之间、藏族学生和回族学生之间等。简单地说，只要交往双方认为彼此拥有不同的文化特征（国别、种族、地域、语言、性别、宗教……），且这种文化差异足以影响到交际的本质，那么，它就属于群际接触的范畴。两名聋哑人之间因为使用的手语不同，就有可能产生群际接触障碍。因此，文化差异是群际接触研究的一个核心问题。

二、群际接触的最优条件

在一次中美商务会谈中，一位美国男士和一位中国女士初次见面，美国男士想："这位女士说话吞吞吐吐，问她任何问题，她都要请示领导，看来中国人的工作能力不怎么样啊！"中国女士则想："这位男士看似一副跟所有人都很熟的样子，该有的礼貌客套都没有，美国人真是大大咧咧，傲慢无礼！"在这次短暂且不愉快的商务会面中，双方仅凭第一印象，就对另一方乃至另一方所代表的文化作出了武断的评论。由此可见，群际接触并不会必然改善群际关系，不仅如此，有时甚至可能会恶化群际关系。有学者在青海西宁市调查发现，民族之间发生摩擦次数多少与民族之间接触频率密切相关，族际个体矛盾有可能进一步激化，形成针对另一民族整体性的负面评价与刻板印象。针对类似情况，Allport（1954）提出，要想达到积极的群际接触效果，至少应满足四个最优条件（optimal conditions）。

首先是平等地位，即群体双方在平等的前提下进行接触才会更有成效。通常，交际双方在地位特征（教育背景、社会地位、经济状况、年龄辈分等）方面差异越小，就越容易沟通。譬如同为B校足球队球员，彼此之间年龄相仿，身份相似，交往起来自然会轻松随意，可以畅所欲言，不受拘束。而对于某些种族群体，身份地位的不平等很可能给沟通带来障碍。比如菲律宾女佣与其新加坡雇主接触时，就难说有平等的地位。

其次是共同目标，群体双方需态度明确，为一个共同目标积极努力。在由不同民族和种族的运动员组成的B校足球队中，队员们最大的共同目标无疑是赢得比赛。这个目标有助于强化队员们的集体身份和归属感，而这一目标的实现，很大程度上依赖于队员之间的团结协作，这就说到了第三个接触条件：群际合作。

群际合作意味着双方要共同努力，而非排斥或竞争。B校足球队员们只有紧密配合、友好协作、互相支持，才有可能赢得比赛的胜利。在另一个真实的案例中，一名巴勒斯坦年轻人致力于消解巴以冲突所带来的种族偏见和仇恨，他与一名志同道合的以色列人共同创办了一家旅行社，提供导游讲解服务。他们从完全不同的角度，向游客讲解巴以冲突的由来，呼吁人们化解仇恨，争取和平。就这样，来自两个敌对民族的多位游客一笑泯恩仇，为了共同的目标积极努力，寻求和平。可惜的是，笔者在润色此处文字时，就传来了加沙地带爆发大规模武装冲突的消息。合作之路依然任重道远。

最后一个条件是明确的规范、权威和体制支持。良好的群际沟通并不是凭空发生的，只有具备了社会政策、法律法规、风俗道德、社会传统等方面的支持和保障，群际接触才有可能产生良好的效果。B校足球队作为该校的传统体育强队，得到了该学校政策、资金、师资、环境、舆论等多方面的支持。类似的例子还包括跨国公司为了促进团队协作，出台针对少数族裔雇员的友好政策；高校为了增进中外师生相互交流，为留学生及国际学者提供政策引导和外文服务，为他们举办文化嘉年华活动。当然，历史上反面例子也不少，如美国19世纪签署的《排华法案》，澳大利亚20世纪初实施的"白澳政策"，都是历史上臭名昭著的种族歧视法案。在这些例子中，政府及司法系统的决策助长了当地社会的排华情绪，使华人的生存环境变得更加恶劣。

除了以上四个条件外，还有学者提出了其他接触条件，如双方的接触应该是频繁的、丰富的和深层次的。Allport（1954）曾经强调，"从理论上讲，每一次肤浅的接触只会强化我们已有的负面联想"。如果B校足球队每学期只训练一次，队员之间的接触如蜻蜓点水，那么，彼此的了解肯定不足以消除偏见，打破刻板印象。在一节大学公共课上，一名中国学生和一名美国留学生碰巧坐在一起，如果两人只是打个招呼，毫无实质性的交流，那么这种接触对于减少偏见和提升群际关系的作用可能为零，甚至有可能起到反面作用。比如，中国学生也许会暗暗诟病美国学生未经允许就发表意见，不遵守课堂纪律，对老师缺乏尊重，等等。相反，如果两人就老师提出的问题进行深入的讨论，交换各自的想法和意见，群际接触的层次就会加深，双方对彼此的文化，尤其是价值观、信念、世界观等文化内核的理解就会更加透彻。另有研究表明，与那些喜欢跟同胞"抱团取暖"的留学生相比，住在当地人家的留学生有更多机会与东道国文化深度融合，因而，往往对东道国的印象更加正面。

除此之外，学者们提出的接触条件还包括：不同群体的人应该数量均衡，如果一方"势单力薄"，就容易产生交往压力或被冷落之感；双方的接触应该是自愿的，而非强迫的；双方应尽量弱化彼此之间语言、肤色、信仰等差异，而更关注对方的个人特质。Thomas Pettigrew等学者（2011）认为，跨文化友谊（intercultural friendship）可以单独作为重要的接触条件，因为它足以覆盖Allport的四个最佳条件，即平等地位、共同目标、群际合作和政策支持。研究表明，刚入学的大学生如果有不同种族的室友，经过半年相处，培养起亲密的友谊后，其满意度相较入学时会大幅度提升。培养和发展跨文化友谊需要时间，因此，长期、频繁的密切接触往往比短暂、浅显的接触效果更为显著。

当然，在现实生活中要满足这么多条件是很难做到的。即使具备了上述所有条件，也不一定能保证会产生充分的接触。当然，谙熟这些条件有助于我们了解群际接触的机制，便于我们知道怎么样做可以保证更好的交际效果。

三、 群际接触的作用机制

社会心理学家Thomas Pettigrew（1998）在推动群际接触假设研究方面做了大量工作，并提出了"群际接触理论"（Intergroup Contact Theory），对接触假设中的影响因子、接触过程、接触效果进行了详细阐述。

群际接触到底是如何降低群际焦虑、减少群际偏见，从而改善群际关系的呢？有学者提出"群际隔离微生态"的观点，即通过测量公共空间中不同群体成员接触时的时间、空间关系，来了解自然状态下的接触状态和效果，以此给予群际接触一种深层次、细节化的考量。比如，记录某一时段学生在教室、餐厅、海滩、校车里的分布位置，以了解成员之间接触的概率和时长、聚集或隔离的程度等特点。此外，研究者发现，群际接触的过程并非依靠单一机制产生作用，而是随着接触的不断深入，多种机制联合作用，才能产生积极效果。Pettigrew在构建群际接触理论时，提出了四个变化过程，即增进了解、改变行为、反思文化以及产生情感纽带。

增进了解体现在认知层面，主要是指学习与外群体有关的知识，加强对外群体的了解和认识。我们先看一个案例：

有一天，我们突然接到孔子学院院长的电话，说帮办居留证的巴拿马律师很生气，问我们怎么回事。我们完全是一头雾水，那段时间什么事情也没发生啊，而上一次办完手续时大家都是很愉快的。最后才弄清楚，原来是距离上次办完手续过去了很多天，而我们却没有人问他事情进展如何，他认为我们不重视这件事，是很不礼貌的。我当时觉得实在冤枉，在我们的认知里，这件事已经麻烦了他很多，我们如果再去问他进度如何，感觉就是在催促他，我们虽然心急，但正是出于礼貌，才会耐心地等着。不过我并没有觉得委屈，当时的第一反应是，哦，原来他们是这么想的啊，这下对当地人的想法和文化又多了些了解。后来我们立刻联系了律师，先是道歉，然后解释了其中的误会，最后嘛，则是用一顿中餐彻底解决了这次小小的文化冲突。

显然，当事人想当然地把中国人的办事方式移植到了巴拿马，结果出现了这个小插曲。这是对文化差异的细微之处缺乏了解所致，情有可原。然而，很多时候，人们对异文化的理解是简单的、肤浅的、非黑即白的，甚至是充满刻板印象和偏见的。比如，有的人认为，意大利人懒散、贪图享乐、不可靠，这些负面评价往往源于自己的傲慢无知。要消除偏见，必须变无知为"有知"。假如要去意大利留学，你最好学习意大利人的沟通方式，包括语言（意大利语）和非语言行为（如手势、时间观念、身体距离、眼神接触等）。除此之外，你还要熟悉意大利的历史、政治、经济、艺术和社会，这是进一步理解意大利文化内核的基础。随着知识的不断积累，你的认知复杂度也会不断提升，原先的理解会在深度和广度上均有拓展，从而变得更复杂、更具体、更准确、更全面，这是减少群际偏见和刻板印象的必备条件。在此过程中，你也许会发现，"原来我的意大利朋友跟我之前想象的很不一样"。

改变行为显然体现在行为层面，是指在新的文化环境中不断调整自己的行为模式，以符合新环境的期待和要求。简单点说，就是"入乡随俗"。比如，在意大利留学期间，你租住在一户当地人家，房东太太每天都要做饭前祷告，尽管你并没有这样的信仰和习惯，但你也会默默等待祷告结束再一起用餐，这就是调整行为去适应新的环境。对旅居者来说，想要在异国他乡顺利地"驻扎"下来，首先要学习专业技能（如外语能力、工作能力），它决定了旅居者能否在当地顺利地工作和生活。有些跨国公司给外派员工提供语言或文化的行前培训，也是出于同样的考虑。其次，要学会协同，即能顺应社会环境的要求和变化，做到与周遭环境步调一致。很多在印度工作的中国人抱怨当地的生活节奏慢、办事效率低；同样，在上海工作的印度人认为当地的生活节奏太快，人情味淡薄，中国人只知道工作，不懂得享受生活。这两个例子都反映了与新环境的步调不一致。最后是拓展信息渠道的能力。在异国他乡工作期间，如果你交到了当地的朋友，甚至与当地人恋爱或结婚，那么，你就会拥有更丰富的社会资源和更多的信息渠道。

反思文化体现在态度层面，它反映了群际接触的另一个作用：它像一面镜子，让我们重新审视对方的文化和自身的文化，甚至自我本身。B校足球队的朝鲜族球员与藏族球员接触后，了解到藏民"万物有灵"的宗教信仰及对大自然的敬畏之心，于是对自己的朝鲜族文化进行反思。有时，这种反思还会导致个人思想或行为的改变。比如，一名中国青年结交了意大利朋友后，发现对方痴迷昆曲艺术，于是也试着去了解和欣赏昆曲；一名上海中学生参加了中德交流项目后，对德国学生的环保意识印象深刻，于是决定改变自己经常点外卖的习惯。有时候，我们习以为常的做法与新事物相遇后，常常会产生一种类似"原来那样做也可以，甚至更好"的想法。这就是所谓的"去地方化"（deprovincialization），即个体在跨文化交往后，意识到自身文化的局限性，于是逐渐调整对内群体过于强烈的认同，不断修正自己的价值取向。在此过程中，自身的"骄傲感"和"优越感"会渐渐淡化，取而代之的是更强的观点采择能力以及更加开放和平和的心态。

产生情感纽带显然体现在情感层面，它与态度层面息息相关。群际接触可以带来共情能力、跨文化敏感度等正向情感，也可能带来焦虑、恐惧、愤怒等负面情绪。有效的群际接触可以增加双方的正面情绪，减少双方的负面情绪。在现实生活中，人们往往需要付诸很多的努力，才能使接触成为"有效"的接触。我们看看这位学生所经历的：

我和国内的同学们驱车三四个小时一起来到了位于开罗的吉萨金字塔，下车以后我们依旧受到了埃及当地人热情的招待，他们用不太标准的普通话说，"我们都是朋友，埃及和中国是好朋友……"，我觉得很开心，也放松了戒备。后面他们提出帮我们和金字塔合照，还热情地帮我们找各种角度拍。然而，正被他们的热情打动的时候，我们突然傻眼了：他们一下子换了一副面孔，用恶狠狠的语气向我们狮子大开口，说要500埃及镑的酬劳。意识到被骗以后，我感到非常难过，因为按照之前的经历，我觉得埃及当地人一直都是那么热情，我想，如果是在中国有人主动要帮我拍照，我一定会留个心眼儿。但真的没想到在埃及会受骗。再到后面，我的难过转化成了愤怒，我用很凶狠的眼光盯着他们，和他们理论，但他们一直拦着不让我们走。最后，我扔下钱，骂了他们一句就气冲冲地走了。在接下来的行程中，我一直都提不起兴趣，感觉自己的一腔热情都被背叛了，面对如此宏大壮观的金字塔，内心也毫无波澜。我回想起以前和当地人打交道的种种经历，我甚至开始想，是不是他们的热情都是假的，他们所有的热情都是因为在我们身上有利可图而演出来的。在回亚历山大的路上，我看着破烂的街道和路牌，看着路面扬起的汽车尾气，一种恶心的感觉涌上心头。我开始讨厌起了这个地方，我也越来越怀念中国干净的街道和整洁、有序的环境，越来越想回到中国。

回到亚历山大，面对当地人热情的问好，以前的积极回应慢慢变成了现在的微笑，最后变成了假笑。我每天都不想出门，宁愿待在宿舍里面玩手机也不想和当地人打交道。可是有一天去学校的路上，我碰到了一个以前经常遇见的老奶奶，她和我打完招呼后，用关切的语气问我还好吗，是不是有什么不开心的事。我顿时感觉自己的心又重新被温暖沁润了。我和老奶奶说，就是有点想家了。老奶奶笑着对我说，没关系的，埃及也是你第二个故乡。于是一股复杂的情绪在我心里慢慢晕开，我觉得自己很幼稚，因为遇到了一些不好的人就否定了整个地方，因为一些坏人的存在就忽视了自己被很多好人围绕着的事实。后来也和埃及的老师分享了我们在金字塔受骗的经历，老师说的话让我至今记忆犹新。老师说，"每个国家、每个文化里都有一小部分坏人，埃及有、中国有，美国也有。这是非常正常的现象。但是，你们不应该把目光聚焦在他们身上，因为他们代表不了这个国家和文化。你们应该看到那些占人口绝大多数的善良的人，他们才是这个国家、这个文化最珍贵的部分。"

上述案例生动地刻画了情感纽带在消除偏见方面发挥的作用。确实，情感可以为我们的思考提供更深层次的洞察力，也可以确保我们的理智不至于失去温度。在群际接触过程中，重要的正面情感因素有以下几种：一是跨文化敏感性，即感知、承认和尊重文化差异的情感能力，它强调个人学习、欣赏、接受双方文化差异的意愿，以带来积极的互动结果。跨文化敏感度高的人有一个更发达的类别体系（a more developed set of categories），用来区分和适应不同的文化。比如，B校足球队的蒙古族球员在和回族、维吾尔族队友们一同吃饭时，会主动避开有猪肉的菜；某高校新来了一名印度尼西亚外教，他每日祷告时间临近时，中国同事会主动提前离开，为他留下私人空间。二是消除偏见。消除偏见的一大标志就是不轻易地评判他人（nonjudgmentalism），并且尝试在对方的语境中去理解对方的思想和行为。一位来华工作的白俄罗斯外教和她的学生吃饭时惊奇地发现，中国学生在吃面条时竟然发出"可怕"的吸溜声，还有学生将鱼刺和骨头直接吐在饭桌上。而她从小受到的教育是吃饭不能发出声音，食物残渣应该吐在餐巾纸里包好。后来她和学生交流此事，意识到这是双方饮食文化的差异，并无绝对的对错之分。三是共情能力。一个充满共情能力的人，会主动理解、体会或分享对方的感受，能站在对方的角度考虑问题（perspective-taking）。研究表明，积极的群际接触可以促进利他的集体行动。比如，人们通过接触弱势群体（如残疾人、老年人、农民工等），了解他们的处境，进而支持弱势群体，甚至参与集体行动，帮助他们争取权益，如慈善机构帮助罕见病患者募资、白人女性参与反对歧视有色人种女性的活动。

由此可见，群际接触有利于打破文化界限，在认知上表现为充分了解外群体文化，理性对待文化差异；在行为上表现为平等互惠的交往方式以及不断提高的文化适应能力；在情感态度上表现为文化自省，共享情绪和情感体验。

四、间接接触

虽然面对面的直接接触可以有效改善个体对外群体的态度，但在现实生活中，群体之间往往缺少直接接触的条件，或者缺乏直接接触的动机，比如偏远贫困地区的人们很少有机会接触外面的世界、生活在发达地区的人们不愿意走出舒适区去感受不一样的生活方式。此外，直接的群际互动还可能引发焦虑、恐惧、恐慌等负面情绪，使得群际关系难以得到进深。比如，在印度发生多起外国女性游客遭强奸的恶性犯罪事件后，很多人不敢去印度旅游了。因此，研究者提出了间接接触的主张，认为群际接触所带来的积极效果可以通过替代经验来获取。间接接触主要包括三种形式：扩展接触（extended contact）、替代接触（vicarious contact）以及想象接触（imagined contact）。

扩展接触指的是如果有人获知内群体成员与外群体成员之间具有亲密的关系，则可以减少他们对外群体的偏见，他们对外群体的态度会变得更加积极。B校蒙古族学生苏某在加入校足球队后，与哈萨克斯坦留学生队友成了好朋友。苏某向自己的同族好友洪某介绍了哈萨克斯坦文化以及哈萨克斯坦人爽朗、坦诚的民族性格，洪某逐渐对哈萨克斯坦人产生了好感。在这个例子中，苏某就是一名与外群体成员保持亲密关系的内群体成员，他的经历给群体内的其他成员（如洪某）造成了正面的影响。由此可见，扩展接触可以带来多重积极效果：一是使内群体成员认识到与外群体的互动是群体允许的（了解了内群体规则），如洪某意识到与哈萨克斯坦人交朋友是一件好事，也是一件易事；二是通过观察内群体成员的行为和态度，知道在群际互动中应该如何反应和行动（减少群际焦虑），如洪某通过苏某的讲述，对哈萨克斯坦文化以及哈萨克斯坦人的民族性格有了更多的了解，对如何与哈萨克斯坦人交往有了一些合理的预期和心理准备；三是通过与内群体成员的交流，增进对对外群体的了解，减少对他们的偏见。研究表明，对于那些不甚了解外族文化、或对外族人充满偏见甚至敌意的人来说，扩展接触有时候比直接接触更有效。例如，F在一所伊拉克大学任教，有一天他接到电话，问他是否愿意根据中伊两国教育部缔结的合作协议，赴中国大学任教3年。在此之前，F和亲友们都从未接触过中国人，对这个遥远的国度一无所知，而且当地有"中国人爱吃狗肉""中国人冷酷狡猾""中国环境污染严重"等诸多负面传闻，亲友们都不赞成他去。F一时无法做出决定，迫不得已向曾经在中国任教的伊拉克同事询问，出乎意料的是，同事给予的反馈十分积极，说中国人善良友好、热情真诚，并发给他一些与中国朋友一起用餐和旅游的照片及视频。经过此番了解，F的疑虑打消了，原先的担忧一扫而空，他愉快甚至迫不及待地接受了赴华工作的任务。在这个真实案例中，F得知跨文化友谊关系存在时，便产生了"我朋友的朋友也可以成为我的朋友"的想法，甚至将这样的积极态度泛化到整个外群体身上，拉近了与外群体的距离，弱化了对内外群体界限的感知，继而改善了对外群体的态度。这就是扩展接触的作用机制。

与扩展接触不同，替代接触依赖的不是人，而是媒体。书本、报纸、电视都是当代人拓展群际接触的方式，尤其在互联网和社交媒体高度发达的今天，虚拟社群中的接触已成为人们日常生活中不可或缺的部分，甚至有人提出"网络群际接触"（internet contact）的概念，强调这种新型的替代接触。荷兰人R在来中国工作前，观看了很多介绍中国的纪录片和短视频，通读了好几部中国小说，翻阅了大量的中国旅行指南，甚至还在慕课平台修读了关于中国经济的课程，由此增强他对中国的了解。由此可见，替代接触具有更便捷的优势。当然，我们也要认识到科技是一把双刃剑。比如，有的西方媒体肆意抹黑中国，如果不加以分辨，这样的替代接触势必会进一步加深人们对我国民众的偏见。相反，正因为替代接触可以走进千家万户，所以也成为了一项社会性的干预措施。借助媒体的多种渠道，既可以在全社会范围内打造正确的群际态度，也可以在群际关系紧张的时候做引导的工作，使大众的态度重回正轨。

想象接触运用了拟态环境理论，通过心理想象和互动模拟，达到群际接触的目的。它和替代接触类似，可以跨越时空的限制。学者们认为，想象接触与直接接触类似，也可以达到改善群际态度、增加群际信任和减少群际偏见的目的。研究表明，参与者在想象接触中的心理脚本（psychological scripts）越生动，氛围越接近现实，产生的效果也就越积极。比如，在一次志愿者培训活动中，培训师要求志愿者们闭上眼睛，想象与自己的服务对象——艾滋病患者——交流的不同场景，包括初次见面、肢体接触（如握手、端茶）、聊天、讨论，等等，以帮助志愿者更快、更自然地进入工作角色。在互联网时代，想象接触和替代接触甚至可以结合起来进行。比如，男性心理学家T为了给研究课题收集素材，以一名残疾女性的身份加入一个虚拟社群，通过参与社群讨论，T感受和了解到女性及残疾人所处的境遇。这种类似角色扮演和虚拟游戏的接触方式也曾引发伦理道德方面的讨论，但它的确可以通过技术手段，过滤掉交流双方的外在标签（如肤色、年龄、性别、种族），避免双方在交际前有先入为主的刻板印象和偏见。虽然间接接触带来的态度变化没有现实中的直接接触所带来的那样稳定，但很多研究发现，两者的接触效果并无本质上的差异。假如在展开直接接触前进行一些间接接触，势必有助于接触过程的顺利进行。

综上所述，群际接触有助于减少不同文化群体之间因缺少了解而产生的偏见和刻板印象，从而进一步促进群际交往，提升群际关系。而在直接的、面对面的群际接触无法实现时，通过了解熟人群际接触的状况、依靠媒体了解外群体以及想象与外群体接触的场景等，也可以达到相应的效果，并为今后的群际接触打下坚实的基础。

第二节　群际接触中的交际顺应

在上一节里我们提到，按照 Gordon Allport（1954）的理解，群际接触在某些特定的条件下有助于减少群体之间的偏见。这些所谓的"最佳条件"并不一定是接触环境所固有的，而往往是人们在成功的群际互动中感受到、体验到的。因此，了解接触的过程，特别是语言和非语言交流过程，对于了解人们如何感知和体验这些条件至关重要，也可以为揭示接触假设背后的逻辑提供实证依据。然而，在过去几十年里，研究者主要围绕着 Thomas Pettigrew（1998）的群际接触理论，着重解释接触的数量和质量与群际态度之间的关系。接触数量一般理解为个人与外群体成员接触的频率、次数或量。接触质量则被定义为满足接触最佳条件的程度。研究结果表明，接触的频率和质量总体上对改善群际关系有积极的促进作用，特别是当两个群体来自同一文化的时候（Harwood et al. 2005; Islam & Hewstone 1993），因为接触可以增加彼此的熟悉程度，减少焦虑，从而为打破刻板印象和减少偏见创造条件。但问题是，某些研究发现，接触频率在跨国群体之间的关系中反而起到相反的作用，也就是说，接触的增多非但没有减弱偏见，反而有加深偏见的趋势。因此，我们迫切需要了解交际过程如何影响群际接触的最终效果。

一、交际顺应理论

张雁冰等学者（2018）在文章开头有这样一段描述：

电影《尖峰时刻》是一部非常成功的中美喜剧动作片。剧中有一个场景生动地呈现了跨文化交往所引发的一段令人沮丧的对话。洛杉矶警察局的卡特侦探（由克里斯·塔克扮演）与香港警察署的李警官（由成龙扮演）在洛杉矶国际机场第一次碰面。一名香港外交官的女儿在洛杉矶遭到绑架。李警官从香港飞来协助调查，卡特和李警官被安排在一起执行任务。一架飞机徐徐降落在停机坪，停靠在等待中的卡特身旁，卡特身体倚靠着轿车，派头十足。飞机舱门打开，李警官走了出来。卡特走到李警官的跟前。

卡特（用清晰的声音和正常的音高）："请告诉我你会说英语。"

李警官对卡特什么也没说，只是微笑，并与飞机出口处的机组人员一一握手。

卡特（大声而自信地说，吐字比之前更清晰）："我是——卡特——侦探！你——会——说——英——语——吗？"

李警官一言不发，只向卡特微笑，一脸茫然。

卡特（用拉长的声调大声说，睁大眼睛，指着自己的嘴巴）："你——听——得——懂——我——嘴——巴——里——说——出——来——的——话——吗？"

李警官微笑着，一副茫然的表情，并再一次用汉语向机组人员致谢。

卡特（用沮丧的声音自言自语）："我简直不能相信这倒霉事！先是接了个狗屎任务，现在，莱斯——呃——罗尼先生……居然不会说美语。"

李警官谢完机组人员，看着卡特，一言不发。

卡特："来，伙计。我的车在这儿。"

李警官跟着卡特来到轿车跟前，一言不发。

卡特（打着手势，大声地、拉长着声音、吃力地说）："把——你——的——包——放——到——后——面——去。"

李警官朝着卡特示意的轿车后盖箱瞧去，但没有动手。

卡特（声音、手势和吐字都比以前更夸张）："把——你——的——包——放——到——后——面——去！"

李警官一言不发，只是试图把包递给卡特。

卡特："不，不，不，不，不……你——把——你——自己——的——狗屎——放到——后面——去。我不是搬运工。我是联邦调查局的，你懂吗？你以为这是什么，见鬼！"

李警官把行李放到后盖箱里，坐到车上，依然不说话。

场景在车开走时结束。

在《尖峰时刻》的这一片段中，卡特感到越来越沮丧，态度也越来越居高临下，就像日常生活中不舒服、不称心的跨文化体验带给人们的反应。卡特接到一个与别人合作的任务（他喜欢单干），去调查一起绑架案（他觉得这个案子不够刺激），已使他打不起精神，更何况看到李警官有一张亚洲脸孔，卡特自然想到李警官是外人，而讲不好英文的亚洲人是怎样一副模样，他早就心中有数。因此，卡特不但粗鲁地问李警官会不会说英语，而且过分地、不恰当地改变说话方式（如用简单的词汇）和非语言表达方式（如明显地放慢语速，提高嗓音，吐字过分清晰，夸张的手势和睁大的眼睛，等等）。此外，卡特的语气居高临下，说明卡特不欢迎李警官的到来，或者不把李警官看作自己人或队员。不管有多夸张，戏剧化色彩有多浓厚，在机场的这一幕很好地诠释了交际顺应的本质，以及在跨文化语境中因刻板印象造成顺应不当。回到积极方面，当对方调整语言和非语言表达方式，让我们感到舒适、愉悦、受欢迎时，或者当对方与我们的交流是以具体的人为中心而不是以刻板印象为前提时，我们对谈话另一方会表示由衷的欣赏。我们也常常被那种交际高手所折服，他们社会敏感度极高，社交能力出众，善于把控与别人的社会距离。

作为交际者，我们不可能局限于一种交际风格。我们经常改变对话中的语言和非语言表达方式，一方面来回应对方的交际行为，另一方面来适应交际情境的具体需要。Howard Giles 等学者（Gallois et al. 2005; Giles 1980; Giles et al. 1991）提出的交际顺应理论（Communication Accommodation Theory；简称 CAT）关注的就是人们在某种情境下如何调整交际方式，什么因素促成这样的调整，以及不同的调整方式带来何种不同的结果。

所谓顺应，是指交际者对自己的交际行为进行调整，以达到与对方拉近距离或拉开距离的目的。为了赢得对方的肯定，我们会采用趋同

（convergence）策略，如调整语速、口音、语言的难度和说话的内容，使自己的交际方式更贴近对方，从而拉近两者之间的距离。比如，他乡遇故知，用家乡话交流就是一种趋同策略。相反，为了拉开与对方的距离，我们会采用疏离（divergence）策略，如有意用对方不擅长的语言与之交流，或加快语速和提高语言的难度，让对方不知所云，以拉开彼此之间的距离。

　　交际顺应理论兼顾跨文化交际中的人际（interpersonal）和群际（intergroup）两个层面。前者将对方视为独一无二的个体（如张三、John），因此着眼点在对方的个人特征上；后者将对方视为其所在文化群体中的一员（如中国人、美国人），因此着眼点在群体的特征上。对群体特征的认识往往有赖于刻板印象，即对该群体过于简单和过度概括的描述，如英国人很保守，美国人很开放，拉美人很散漫，亚洲人很狡猾。跨文化交际的这两个层面，哪个占优，与交际双方背后的群体差异、交往历史以及相遇时双方感受到的不安全感高低有关。我们用"老外"称呼外国人，突出的是关系的群际层面，着眼点在"外"上，说明我们强调内外有别，突出文化差异，当然对文化差异造成的交际困难也有足够的思想准备。

　　跨文化交际挑战的大小，在很大程度上取决于群际层面的占比，占比越大，对群体刻板印象的依赖程度就越高，交际失当、造成误解、引起冲突的概率也就越大。假如跨文化交际侧重人际层面，我们关注更多的是人的共性，文化差异可以通过"留心"的交际趋同策略加以克服，良好的交际目的也就容易达到。假如群际层面占优，即使采取趋同的交际策略，也不一定能取得良好的交际效果。比如，美国当地人与中国留学生交流时，有关中国留学生的刻板印象就会被激活，如聪明，数学好，害羞，不善社交，英语不好，常常与本国学生抱团。基于这些预测和判断，美国当地人可能会主动调整自己的交际行为，如放慢语速，采用夸张的语调，简化词汇和句子结构，并显出特别的热情。这些就是所谓的过度顺应行为，其产生的原因是没有考虑到对方的实际语言能力、性格特征或社交倾向，因为并不是所有的中国留学生都不善社交、英语差或喜欢和本国学生抱团取暖。遭遇这种交际经历的中国留学生自尊心容易受到伤害，以至于今后不再情愿与当地人交流。这些不良的后果有可能影响到中国留学生的文化适应，因为交际对于文化适应是至关重要的（Ruble & Zhang 2012）。当然，电影片段中卡特警官的过度顺应行为则更多地来自他的骄傲和自大。

当然，跨文化交际更大的挑战来自交际者采用疏离策略，有意拉大群际之间的关系距离。假如交际者来自两个相处不好的群体，那么交际极有可能停留在群际层面，双方会竭力维持固有的交际方式以凸显语言和文化方面的差异，无视对方作为个体的具体特征。这种交际只会固化双方的刻板印象，无助于改进两个群体的关系。此外，对目标国主流文化缺乏认同的外族移民而言，选择用带有本族特色的语言与当地人交流是突出其本族文化认同的有效手段。对于这些人而言，维持本族的文化认同远比融入东道国文化来得重要。

作为一个兼顾人际和群际两个层面的理论，交际顺应论没有把文化局限于国家、种族和民族这些宏观概念，它同样关注性别、年龄、职业、残障等亚文化群体。比如，代际交流（年轻人与长辈之间的交流）中同样存在趋同和疏离的情况。代际关系之所以紧张，一个重要的原因是，年轻人大多认为长者耳聋眼花，反应迟钝，思想固化，因此往往对他们顺应过度，但他们屈尊俯就的谈话方式使得那些思维敏捷、耳聪目明的长者觉得脸上无光，自尊心受到伤害；而长者们大多认为年轻人缺少对自己的关心，办事不牢靠，太自我为中心，因此往往对年轻人顺应不足，总是对着年轻人喋喋不休地谈论自己的问题，或喜欢讲大道理。这些顺应不当的行为及其不良后果往往挫伤彼此交流的积极性，使代际关系蒙受损失。

总之，在群际语境中建立和发展有意义、有价值的人际关系并不容易，有效和得体的交际顺应往往面临很大的挑战，因为我们很容易用刻板印象来指导自己的交际行为，或者由于不确定性和焦虑的增强，对交际另一方的需要不够敏感。

二、交际顺应实践

在本小节开篇提到的电影片段里，卡特警官因过度依赖刻板印象而强化了交际的群际性质，顺应不当使他和李警官的交流遇到阻碍，也给双方的关系蒙上了阴影。这种状况无疑能帮助我们了解群际接触的全过程，弄清为什么有时候群际接触反而加深了刻板印象和偏见。

在群际交流中，如果交际双方意识到对方在语言、文化、社会地位和生理特征等方面的差异，就会调整自己的交际行为，以拉近或拉远与对方的距离。这便是交际的顺应。顺应过度时，我们很有可能陷入交际困境。如前所述，年轻人和老年人交流时，往往依赖刻板印象，认为对方听力不好，需要大声说话才行。于是，年轻人主动调整交际方式，提高音量。然而，并不是所有老年人耳背；假如老年人耳聪目明，那么依据刻板印象而向他们大声说话的行为，容易被他们理解为缺少尊重，于是便不愿意继续交流，或者保持沉默。老年人的这种反应又会进一步固化年轻人对老年人的刻板印象，认为该群体确实耳朵不好，下一次面对老年人时，还会刻意提高音量，由此形成恶性循环，陷入交际困境，这就是"交际困境模型"所描绘的状况。

该理论告诉我们，在群际接触中，虽然需要借助顺应策略，但过度的顺应会使对方误解我们的本意，觉得没有受到尊重，或不被认可，从而给双方的关系造成伤害。正如一位汉语国际教育专业的研究生所言：

记得我在西班牙语语言中心实习的时候，在小组任务中曾尝试与美国同学进行热情的交流，但美国同学对这种交际风格并不买账，反而觉得有些不太正常，因此，他们的态度保持在爱理不理的状态。我逐渐也不敢开口讲话了。后来通过反省，我意识到是自己顺应过度了，过度依赖于刻板印象，认为美国同学的性格就是热烈奔放的。实际上，小组讨论并不需要过于亢奋的对话，同时也要留意同一群体中不同个体的性格特征。

另一名学生也有类似的体会：

认为美国学生都比较活泼开朗，课堂频繁地向他们提问，或者说话方式过于直接，都会打击一些性格内向、腼腆的美国学生的自信心。我们既要采用恰当的顺应策略，也要避免过度顺应带来的不利影响。

按照下面这名学生的说法，面对外国学生时，汉语教师需要兼顾趋同和疏离策略。比如，对初级水平的外国留学生使用简单清晰的教学指令，以避免学生产生畏难情绪，这是出于对这一留学生群体整体特征的考虑。但有时候也需要借助疏离策略：

　　我在暑期实习时，老师要求我明确自己的教师身份，不能过于和学生打成一片，否则无法树立教师的威信，不利于课堂的组织和管理。

　　采用"趋同"策略类似于我们常说的"看人下菜"，关键在于看人要准，否则就起不到应有的作用。比如：

　　在这学期的语伴活动中，与我配对的是一名泰国女生。在我的印象中，泰国人虽然学习很努力，但说汉语时，总会带点泰国口音。得知她才大二后，我猜想她的口语水平应该不是很好，所以在第一次与她对话时，我就刻意控制自己的语速，也尽量用一些简单的词汇。然而，出乎意料的是，她的汉语说得很流利，而且几乎没有泰国口音。于是，我立马调整自己的说话方式，事后也反思了自己对于泰国人说中文带口音的这一刻板印象。

　　现在把我们的视线转移到留学生身上，看他们在与中国人接触时如何使用顺应策略。一名越南学生是这样叙述她的经历的：

　　我在交际互动中，经常会调整自己的交际风格。有一次调整给我留下了深刻的印象。对方是中国人，来越南做生意。他在越南已经五年多了。他会说越南语而且说得也很好。他跟我同龄，所以我一直把他当成好朋友。刚认识他的时候，我只知道他是来做生意的，不知道他在公司的职位和背景。我认为他的越南语很好，所以每一次跟他吃饭或出去玩，我的语速都比较快，就像跟越南人平时说话一样。但有几次他问我，我说的话是什么意思，我在使用越南语中的哪一条语法。这时，我才意识到我应该降低语速，不能把他当成一个越南人对待。自从他问我语法问题、我以比较专业的口气向他解释之后，我发现他不再像往常一样和我讨论问题了。后来，我又发现他原来是一个大老板，不是普通的职员。从这时候开始，我就调整了自己的说话风格。我不能爱说什么就说什么了，不能像以前一样胡说一气。我对他的态度也发生了很大的变化，现在对他特别地尊敬。

　　另一名越南学生曾经做过导游，我们来看看她是如何调整自己的交际风格与中国游客互动的：

　　我个人印象最深的一次调整出现在接待"中国艺术家赴越东写生团"的时候。团队成员都是中国著名的画家。刚开始我不知道他们是谁，只看到领队对这个团的服务态度特别好。团队成员的态度跟我以前接待过的中国团也很不一样，他们会很耐心地听我讲解、介绍和安排行程。每到一个景点，他们都有自由活动时间，于是就找不同的角落来画眼前的美景。团里有四位老人，他们自由活动时，专门由我来照顾，陪他们聊天，看他们画画，聆听他们讲述自己的故事。这样，其他画家就可以放心地去参观。对我来说，跟这些老人接触和交流，是难得的学习机会。比如，我说话用词不对，他们就会帮我纠正，他们也教我怎么感受生活。他们不像我想象中的名人高高在上，他们带给我的都是亲切的感觉。因此，我也真诚地跟他们交流。这种交际风格让我感到最舒服、最自然。接团任务结束后，我得到了很好的反馈，他们评价我是一名热情、善良、用心的导游，我还得到一幅自己的肖像画，是团中一位画家画了送给我的。

　　从这名越南学生的分享中可以看出，遵行礼貌原则的顺应可以带来良好的交际效果。读者们也不妨回忆一下，在跨文化交际中，哪一次顺应策略的调整给你的印象最深？是什么原因促使你做出趋同或疏离的选择？你是通过何种途径或策略来趋同或疏离的？若是趋同，那么趋同的效果如何？对方是否感觉到？对方的反馈是积极的还是消极的？还是对方没有注意到？为什么？

　　综上所述，交际顺应是了解群际接触过程的一个重要突破口。如果我们将跨文化交际视为"涉及善意冲突"的交际（Ting-Toomey 1999），那么冲突的原因之一便是始于趋同，终于顺应不当。过度的顺应与疏离策略一样，都会拉大关系的距离。比如，在美国，有些大学工作人员遇到亚洲留学生时，认为有必要采用顺应中的趋同策略，便用跟小孩子说话的方式来应对留学生"糟糕的英语"和"对大学管理制度的陌生"，这在语言能力强、文化适应好的留学生看来，是一种缺乏尊重的做法。这种顺应方式对另一方的需要缺乏敏感度，因此难令对方满意，也容易限制两者今后的交往机会。这种"善意的冲突"处理不当，同样会给更广泛的群际关系带来危害。

出现上述情况的原因在于，当人们将交际对方归入"外国人"这一社会类属（social category）时，对方的国籍就会和两个文化之间的交往历史联系在一起。一旦对方的社会类属被强化，与对方互动的群际取向就会凸显，于是，有关对方所属群体的刻板印象便取代了对方的个体特征，从而出现顺应过度的情况。相反，假如社会类属没有被强化，那么，与对方的互动主要着眼于个体特征的异同而非刻板印象，人际取向较为明显，于是出现顺应过度的可能性也随之降低。

趋同行为也受到社会规范和文化价值观的影响。比如，来自集体主义文化的人们针对"外人"的规范要比针对自己人的规范来得僵硬，所谓"内外有别"。同样，社会规范和文化价值观决定了谁能疏离谈话对方，因为这些规范和价值观对交际者之间的权力运作具有指导作用（Giles & Gasiorek 2013）。比如，有人去一个外国公司面试，这个人可能觉得疏离面试官是不妥的，但面试官可以自由地选择疏离，因为面试官受规范和规则束缚的程度要比应聘者小得多。

群际接触理论认为，减少偏见的有效途径之一是建立和发展良好的人际关系。然而，在跨文化语境中要做到这一点并不容易，因为我们习惯于用刻板印象来指导我们的交际行为。尽管如此，交际顺应所能起到的作用毋庸置疑，它一方面可以反映出与谈话另一方关系的远近，另一方面可以与谈话另一方共同努力，使双方的关系变得更加紧密。也就是说，恰到好处的趋同是构建良好的跨文化关系的重要交际途径。而跨文化关系以及与之相关的跨文化冲突会在第九章里专门讨论。我们先把目光转向文化休克与跨文化适应。

第八章
文化休克与跨文化适应

　　我自认为从小就比较独立，大学期间也做过很多兼职，抗压能力比同龄人要好一些。可是，在意大利经过半个月的新鲜期后，我和室友还是进入了自我封闭阶段。除了必须出门采购食品，我和室友非必要不出门，一周总共也就四节课，却还逃课，每天在拖延悔恨中煎熬度日，却不做出改变，反而通过看剧、刷视频，日夜颠倒，自我麻痹，把自己搞得疲惫不堪。度过了大半个月的颓废生活之后，我告诉自己必须改变，我得找个能逼自己走出去的方法。借助当地华人论坛，我在一家酒吧找了一份兼职，周末工作。我无比庆幸当时凭直觉找到的解决方法，这份工作逼着我和意大利人交流，融入他们的生活，而不是继续沉浸在自我小世界中，逃避现实。通过这份工作，我再次变得积极乐观，生活也规律起来，工作日从山底爬到山顶乖乖上课，周末感受意式生活，下班后和三两好友小酌一杯谈天说地。为了假期旅游，毕业论文也提前完成初稿……从逃避现实到克服学习中的种种困难，调整心态重新掌握生活节奏，心理上真的成长很多。

　　从这位同学的描述中可以看出，当她和室友被"移植"到一个全新的文化环境时，她们遇到的挑战改变了自己的想法、看法和心态，影响到她们的日常生活。好在这位同学迎难而上，及时做出调整，从而让自己的生活重回正轨。在她看来，这是一个学习和成长的过程。在本章，我们着眼新文化带给人们的冲击，并寻求适应新文化的有效途径。我们先来讨论文化休克这一问题。

第一节　文化休克与反向文化休克

一、文化休克

事实上，高中毕业生刚迈入大学校园的时候，学习方式、考试方式、生活方式、社交圈等方面的突然变化，往往使他们感到不适，这便是过渡性休克(transition shock)。学习阶段的转换尚且如此，更何况背井离乡，来到陌生的国度学习和生活？也许你有过游学海外的经历，就如上面案例中的女主人公；如果没有，现在不妨想象一下，在出国之前，你最想知道的是什么？或者说，你能想象的潜在问题有哪些？是气候不同，还是远离家人？是吃不惯食物，还是难以适应当地的风俗习惯？是生活条件的不同，还是教学方法的差异？是做事方式有别，还是与他人交流困难？你也可以对这些潜在的问题做一评估。比如，对你来说，上面哪些问题特别难，哪些问题有点难，哪些问题一点都不难？

笔者也想问问有过海外经历的读者，在这段经历中，你是否有过五味杂陈的感觉，如笨头笨脑、失去方向感、情绪激动、哭笑不得、充满活力、缺乏安全感、受到挑战、精力充沛、筋疲力尽、出乎预料、焦虑紧张或者收获满满？是正面感觉多呢，还是负面感觉多？无论如何，这些感受都与文化环境的变化有一定关系。变化有时让人兴奋，让人着迷，但更多的时候是让人困惑，因为你对生活本来的理解和看法，如什么是重要的、什么是恰当的、什么是真实的、什么是管用的，在新文化里不一定适用。于是，紧张不安、无所适从的感觉莫名而生。这也是一种过渡性休克，就像在人生阶段经历重大的转折一样。

20世纪60年代，人类学家Kalvero Oberg提出了"文化休克"(culture shock)的概念，专门用来描述因在新的文化环境中缺失熟知的日常行为指南而引发的紧张情绪和挫败之感。当一个人来到另一个国家或与自己原籍地不同的地方居住时，往往会遭受身体和情绪上的不适。文化休克这一术语表达了迷失方向、不知道在新环境中该做什么或如何做事情，以及不知道什么是合适或不合适的感觉。情绪方面的反应包括心理压力、失落感、被剥夺感、被拒绝感、困惑、焦虑、无力感，等等。身体上的反应包括失眠、嗜睡、贪食、消化不良、身体抵抗力差，等等。两者结合在一起，用心力交瘁来形容，应该不为过。文化休克较为常见的症状有10种：易怒、想家、放弃社交、贪食或食欲不振、无聊、贪睡、学习或工作效率低下、社会关系紧张、大部分时间身体不适（头痛，胃里难受）。人们经常用出水的鱼儿来形容经历文化休克时的身心状态。无力感和挫败感往往使人产生早日回家的愿望，或者干脆摆烂，不是拒绝学习当地的语言，就是拒绝与当地人接触，正如开篇案例所描绘的。文化休克持续的时间长短不一，短则几周，长则一年甚至数年。

Oberg（1960）认为，文化休克一般经历蜜月期、危机期、恢复期和适应期四个阶段，这四个阶段可以用U型曲线来描述。在蜜月期，旅居者对新文化充满好奇，对文化差异充满探索的热情，沉浸于各种精彩的个人体验中。一位同学是这样描述他的蜜月期的：

那一天，我和几位同学怀着激动、兴奋又有点儿不安的心情，搭上了从广州开往埃及的航班。一下飞机，一个完全陌生的地方呈现在我的眼前。但奇怪的是，我居然没有感到恐惧或者难受。相反，新奇和激动的感觉充斥着我的内心，我对这里的一切都感到无比的好奇，无论是行人、街道、路牌、建筑，还是路旁从未见过的花草树木。我仿佛来到了一个美丽的奇异世界。当我们来到住宿地时，路过的行人都用友善的目光和微笑向我们打招呼，还有人热情地用不太熟练的中文向我们问好，我感觉一切都是那么美好。这样的美好持续了很久很久。透过宿舍窗户就能看到的蔚蓝的地中海和亚历山大灿烂的阳光，大海和阳光每天都让我沉醉。路上友好又热情的行人让我感到自己仿佛置身天堂。

在危机期，也就是严格意义上的文化休克期，旅居者经历到价值取向和行为方式的不同，心中充满困惑和焦虑，认知负荷带来的疲惫和交际上遇到的困难，给旅居者深深的挫败感。各种负面的情绪和态度随之出现，如烦躁、易怒、无助感，甚至对新文化的排斥：

但是，随着时间的推移，我也渐渐从美好的"幻境"中看到一些"裂痕"。我慢慢地注意到这里有很多的问题，如街道破败得就像20世纪中国的小县城，路边街角有很多乞讨的人。不仅如此，我还感觉当地人做事非常急躁、不负责任：马路上飞驰的汽车从来不会礼让行人，每次过马路都是在和死神赛跑；小巴司机和我们聊到动情之处，双手离开方向盘，转过头来和我们聊。我也为他们慢吞吞的行事风格感到恼火，比如每次早上买早餐，他们都会把我准备一口吃掉的早餐精心地包了一层又一层，磨叽得让我差点迟到。

在恢复期，旅居者重拾信心，开始寻求解决问题的方法。通过学习新的社会规范和文化规条，效率感和舒适感随之增加，对两种文化中不同的处世方式能进行客观公正的评价，对新文化的尊重和欣赏也与日俱增：

在埃及最后两个月里面，我觉得自己对埃及的认识变得理性了。我会热情地和当地人交谈，也常常会和朋友们去海边散步，去很远的城市看看沙漠绿洲的日落和篝火，享受最后惬意的时光。我不再像刚开始一样认为她是一个完美无瑕的天堂，但我也会因为她的美而沉醉；我也不会像后来那样对她深恶痛疾，但我依然会看到在她的社会里存在一些不合理的地方。

在最后阶段，即适应期，也叫二元文化主义阶段，旅居者从文化休克中彻底恢复，对文化差异有了更为深刻的认识，并逐步形成二元文化认同，心理上更独立，幸福感和满足感进一步得到提升。这名学生承认，他的内心发生了某种变化：

美丽的地中海永远安静地躺在那里，破败陈旧的街道也一直都没有改变，路上经过的行人也是一样热情、开朗，乐观。原来在变的一直是我自己的内心。当我离开埃及的那一天，我还是很依依不舍，我心里暗暗地想：再见了！我的第二故乡！我想我以后一定会再来看你的！

这种内心的变化显示，如果处理得当，文化休克可以成为一种正向的学习经历，带来自我意识的增长和个人的成长。

U型曲线模型与 Robert G. Hanvey（1976）提出的跨文化意识四层次（阶段）形成一定的呼应。按照上面这名学生的说法，第一阶段往往出现在初来乍到之时，感觉周围的建筑、行人、商店的招牌、树木、街道等所有的事物都是那么新奇，这个时候旅居者只了解到异国文化的一些表面可见的特征，陶醉在异国风情之中；第二阶段是在异国文化待上一段时间后，旅居者深切地体会到了两个文化之间重要而又微妙的差异（如行为方式迥异），一时很难适应，因而感到沮丧，情绪反复无常；第三阶段是在深入和当地人接触以后，通过自己理性的分析，了解现象背后的文化逻辑，逐渐在认知层面上能够接受；到了第四阶段，旅居者通过长期生活的体验，学会了从当地人的眼光看待问题，以前觉得匪夷所思的事情也就能够坦然接受了。不可否认，U型曲线模型在某种程度上简化了文化休克的全过程，但它偏向感性的描述有助于人们抓住文化休克与文化适应的本质，也为跨文化培训提供了重要的启示。

那么，是什么原因导致文化休克的呢？文化休克的原因可以归结为人们在跨越文化环境时所遭遇到的认知和行为上的错位。一是对社交互动的规则感到陌生，社交技能不足。学生如何与老师交流，同事之间如何沟通，决定如何做出，如何打发闲暇时间，如何化解冲突，如何表达情感和情绪，如何通过手势、脸部表情和肢体动作表达意义，这些都有可能成为问题。二是不熟悉或不适应环境和气候以及与之相关的各种事物，如人口密度（人太多或太少），气候条件，衣着，饮食，等等。有人说"文化休克始于胃"，说明饮食差异影响之大。笔者的一位同事在海外留学期间，曾经因为太想念红烧猪蹄而落泪；一位留学海外的高中女生曾列出70多道回国后想吃的菜。三是态度和期待不同，如赴约是否需要准时还是时间比较灵活；人们的态度通常是和蔼可亲的，还是冷冰冰的；商店、银行、餐馆等场所的开放时间是否符合我们的作息习惯；当地人们是否乐于帮助外国人，还是对他们抱有怀疑的态度，等等。归根到底，是当事人在陌生的文化环境中失去了控制感，很多事情搞不定，自信心受挫。加上有学习或工作任务在身，一旦没有急需的社会支持，无法从家人朋友那里得到及时的帮助，那么，各种事物的不确定性所带来的焦虑和压力就会越积越多，让人不堪重负。

曾有学者对文化休克的原因进行了专门的探究。比如在一项有关留美国际学生的研究里，研究者把导致文化休克的原因归为10类（Miller & El-Aidi 2008）：语言、人际交流（肢体语言、脸部表情）、政治、心态、宗教、当地人对国际学生的态度、基础设施、服务质量、教育体制、食物、环境问题、社会责任以及出入境政策。研究发现，不同的学生有不同的原因，地区差异也较为显著。对于东亚、东南亚和东欧学生而言，语言障碍是一个重要原因。东亚、东南亚和非洲学生在人际交往方面遇到的困难较多。来自东欧、西欧以及非洲的学生把政治和心态作为文化休克的主要原因。只有来自东亚和东南亚的学生认为，美国人对国际学生的态度也是重要原因。不同年龄的学生经历文化休克的原因也不同。与年长的学生相比，年轻的学生认为人际交往是文化休克的主要原因。在来美之前去过其他国家的学生在人际交流方面困难较少，因此他们往往会将其视为文化休克的次要原因。然而，没有去过其他国家的学生则认为人际交流是文化休克的主要原因。上述比较没有发现显著的性别差异。

为了有效应对文化休克，在出发前放低对新文化的期待，是一个不错的选择。假如来到新的文化环境后，发现事情并没有想象中的那么糟糕，那就是一份意外之喜。换言之，有吃苦的思想准备是很重要的，因为当你发现不需要吃那么多苦的时候，你的感觉就会好得多。此外，要做足行前准备，尽可能地多了解你要去的地方，不论在宏观层面，如政治、历史、经济，还是在微观层面，如人们日常的行为模式。对接下来可能遇到的困难要有充分的心理准备，并有尽力克服困难的决心。同时保持乐观的心态，多着眼于美好而积极的东西。

当文化休克真正来临的时候，先要控制好情绪，不能让它像脱缰的野马纵横驰骋。要理性地分析所遇到的困难，并及时向家人和新老朋友寻求帮助。在文化休克期间，每当你感到孤单或情绪低落时，需要找人倾诉，和你交谈，向你保证他们会支持你，关心你。交上当地的朋友是至关重要的，因为他们可以帮助你了解事情的原委，使你所处的情况变得清晰易懂；帮助你了解当地的文化和交际问题，熟悉周围的环境；帮助你解读不明白的事情，告诉你可供的选择，教你如何做一些你不知道怎么做的事情。每当你不想出门的时候，他们可以陪伴左右，与你安静地共度时光。总要保持积极的心态，愿意主动了解东道国的文化，熟悉当地的环境，努力培养当地的语言和非语言技能。不要失去幽默感，因为自嘲也是排解压力的有效途径。当然，也不要一味地逞强，暂时的退缩或让情绪有个出口都不是什么大问题。

也许最重要的是承认文化休克本身就是一种学习和成长的经历，正如尼采所言，"杀不死我的终将使我更强大。"一名国内高中女生的留学经历带给我们不少启示：

17岁那年，我和父母经过再三考虑，决定独自去美国接受最后两年的高中教育。动身那天，我的心里很是忐忑。飞机上没有无线网络，我便一遍又一遍地读着与朋友的微信聊天记录。我突然意识到，在接下来的一年里，可能连一张熟悉的面孔都见不到了。一份孤独感霎时袭来。

来到学校，我发现自己置身于一个完全不同的环境。作为校园里仅有的两名国际生之一，我感到孤独和恐惧。语言和文化方面的挑战纷至沓来。尽管我的数学不差，但一开始连"括号"和"多项式"这些简单的术语都不懂。类似What are you up to?这样的美式表达对我来说也是完全陌生的。而从陌生人那里得到称赞着实让我感到惊讶，因为这在国内是不常见的。例如，当陌生人对我说"我喜欢你的衣服"时，我不知道该如何回答。在国内，如果陌生人对我这样说，我会觉得很奇怪。这里几乎没有公共交通，人们都自驾出行，这对于习惯了乘坐地铁和公交的我来说，实在太不方便。我不得不向寄宿家庭寻求帮助，因为我没有驾照。

上学第一周，我看到许多学生成对成群地聊着天，孤零零的自己顿时觉得很尴尬。寄宿家庭的妹妹是我唯一认识的人，但我不可能一直和她说话，她也有自己的朋友圈子。因此，克服内向的性格，走出舒适区，已成为我个人的一个重要目标。我开始主动与一些看起来没有朋友的低年级学生接触，希望与他们建立联系。通过这些努力，我不仅扩大了朋友圈，还培养了自己的适应能力。

大约一个月后，另一名中国学生来到学校。我主动与她接触，提供帮助。我带她在校园里转悠，帮助她完成作业，尤其是鼓励她与不同的人接触，结交新的朋友。随着时间的推移，越来越多的国际学生来到校园。我总是鼓励他们走出舒适区，积极与他人交流。我甚至整出这样一句口号："坚持社交两礼拜，朋友多多两整年。"

二、反向文化休克

文化休克出现在旅居海外之时，而反向文化休克（reverse culture shock, return culture shock 或者 re-entry shock）则出现在旅居者回国之后。所谓反向文化休克，是指拥有一段重要的海外经历后，在回国早期适应阶段时常出现的一系列负面的情绪和身体反应，如失望、沮丧、孤独、困惑、焦虑、反感和身体不适等。这些感受通常出现在回国后的几周或几个月之内。导致反向文化休克的原因通常有以下几个（LaBrack 2015:724）：

1. 对要回的"家"的状况有一种理想化的、不切实际的期待；

2. 回来后很少有人愿意倾听自己的海外经历，即使愿意倾听，要说清楚也不容易，由此产生挫败感；

3. 回国后，工作状况和家庭生活方式可能有较大的变化；

4. 有种想回去的感觉，对离开国外好友和熟知的地方感到失落；

5. 回国后，原先的关系网络变化之大令人沮丧，要重新建立关系困难重重；

6. 觉得自己的国家和文化在很多方面不如国外，而这种观点没有引起太多的共鸣。

　　总体上，对于长时间在海外生活、工作或学习后的归国者而言，文化认同变化和本国在社会文化方面的变迁是造成反向文化休克的主因（Chi & Martin 2020）。反向文化休克的严重性往往不易察觉，因为人们总是想当然地认为，旅居者回到熟悉的环境，适应只是时间问题，因此他们既要面对种种不适，还要对付不被理解所产生的孤独感。殊不知，反向文化休克并不比文化休克来得简单，有时甚至更难应对。

　　Gullahorn和Gullahorn早在1963年就开始关注反向文化休克的问题，并在他们构建的U型模型上增添了两个阶段：反向文化休克和再社会化（resocialization），从而由U型变成W型。在反向文化休克阶段，归国者可能会感到困惑，会想念国外更加独立的生活和结交的当地朋友，感觉重新回到原来的生活节奏非常不易。有的人甚至会有身份认同上的困惑，感觉自己仿佛悬置于两个文化之间。所谓再社会化，就是归国者重新调整自己的态度和行为，以适应本国的生活和工作的需要。在这一阶段，归国者开始感到自如，与他人交流变得更为有效和顺畅，在"新老"两种文化中逐渐找到平衡，而原先不适和困惑之感也随之烟消云散。归国者对于自己的双重或杂糅的文化认同引以为傲，并乐于成为两种文化之间沟通的桥梁。当然，W型曲线模型也有它的局限性。从阶段的设置来看，反向文化休克始于旅居者踏上归土，但从交际的角度来看，随着社交媒体的兴起，交际不再局限于面对面，在旅居期间与家人的沟通互动仍然频繁，因此不能把反向文化休克静态地看作某一时间点上发生的事情（Chi & Martin 2020）。尽管W型曲线模型存在缺陷，但它因浅显易懂依然广受人们的关注。

三、 文化休克理论模型

有关文化休克的讨论，在很长一段时间里都停留在经验层面，少有理论方面的探索，更没有得到实证研究的支撑。对文化休克进行科学的探究，还是近些年的事，其中 Colleen Ward、Stephen Bochner 和 Adrian Furnham（2001）的研究成果尤其引人瞩目。他们对跨越文化的经历进行了系统的阐述，提出了文化休克过程模型，即 ABC 模型：A（affect），代表情感，B（behavior），代表行为，C（cognition），代表认知。

情感部分大体上对应文化休克带来的困惑混沌的感觉，这是 Oberg 眼里文化休克的核心部分。但相比较而言，这里所指的情感部分涵盖面更广，还涉及心理压力（psychological stress）和如何应对这种压力。从本质上讲，来到新的文化可以看作人生阶段的重要转变，由此产生的心理压力需要及时的应对。因此，文化休克并不是一种身心方面的疾病，而是对转变和挑战的正常反应。有效的应对和积极的结果可以通过个人特征（如情绪稳定的性格）和社会关系（社会网络的支持）而获得。

针对文化休克的情感部分，上述三位学者提出压力及其应对法（stress and coping approach），这种方法将文化休克视为一系列生活变故的结果，这些变故需要借助各种资源和策略来面对。该方法得益于有关压力本身、压力的评估、压力的应对等方面的研究，特别关注（1）有关压力及压力应对的各种因素，如生活上的变故，对变故的评估，应对策略，个人性格和社会支持，以及（2）与当地文化相关的因素，如对移民或旅居者融入当地文化的期待。压力及其应对法充分认识到跨文化接触带来的挑战，认为给人造成压力是其固有的特征，因此需要采取相应的措施来化解压力，便于当事人在全新的文化环境中正常地工作、学习和生活。适应性强的性格和良好的社会支持有助于新环境的适应和幸福感、满足感的提高。而回避型应对风格则会妨碍对新文化的适应。

制约人际互动的规则、规范、习惯和预设的文化差异是导致文化休克行为部分的主要原因。初来乍到的旅居者或移民所面临的一项重要的任务，就是学习目标文化里的各种技能（即 Oberg 所谓的"诀窍"），这样才能在新的文化环境中左右逢源。一旦学习者掌握了这些技能，困惑、迷茫、焦虑的感觉便会逐渐消失。

　　应对文化休克行为部分的是文化学习法（culture learning approach），其假设是，许多跨文化问题的根源在于旅居者或移民初来乍到之时在日常社交方面遇到了困难。因此，他们需要借助文化专项技能的学习，来满足新文化环境的需要。文化学习法着眼当地的语言和非语言交际风格、规范规条与风俗习惯，以及这些因素对跨文化交际结果产生的影响。在操作层面，文化学习法重在找出容易造成误解的文化差异，并提出跨越文化差异的办法，以减少令人困惑或失望的交往体验。跨文化培训是促进文化学习的一个有效手段。

　　文化休克的认知部分主要关注人们在新文化环境中如何看待自己和他人。这一部分与我们在第六章里谈到的社会认同有关，即如何看待自己的文化群体，如何看待其他文化群体，以及这种看法的过程与后果在文化环境转换时如何发生变化。Oberg在文化休克现象中观察到的负面刻板印象和对文化的误读，多半与社会认同理论和归因理论有关。

　　针对文化休克的认知部分，Ward、Bochner和Furnham提出了社会认同法（social identity approach），其包含的内容有：社会认同的测量、发展和维护，认同与融入新文化的策略之间的关系，以及群际感知（群体相互之间的看法；intergroup perception）和群际关系背后的认知过程。社会认同法得益于社会心理学理论，如Henri Tajfel的社会认同理论（见第六章），它将民族中心主义视为一种增强自尊的策略，有助于我们了解认同、自尊和群际感知三者之间的关系；还有Walter Stephan和Cookie Stephan（2000）提出的"综合威胁理论"（Integrated Threat Theory），它强调外来者带来的真实威胁和象征性威胁、负面刻板印象以及群际焦虑在偏见形成过程中发挥的重要作用，因而对解读、解释和预测群际态度十分有效。自尊、刻板印象、态度、接触、偏见、歧视以及当事人有关文化融入的态度等话题，都是社会认同法所关注的。该方法为个人认同在新文化中的发展和变化提供了洞见，也为多元文化社会中的群际互动提供了理论指导。

　　总之，ABC模型很好地揭示了文化休克的内涵，并指明了应对文化休克的三个关键能力：应对压力的能力，有效沟通的能力，以及建立人际关系的能力。

第二节　涵化与适应

一、涵化的含义

所谓涵化（acculturation），是指在文化接触过程中，来自某个文化的个体或群体在不同程度上接受另一文化的价值观和习俗，同时不放弃原有的文化传统，但这一传统又受到新文化的影响而有所改变。最容易想到的例子恐怕就是移民群体。通常，他们在东道国里学习新语言、努力融入新文化的同时，原本的价值观、语言、习俗等也会逐渐渗入当地社会，形成一个双向互动的过程。其结果是，不同文化群体经过长时间的接触，各自的价值取向和生活方式均会发生一定程度的变化。东道国文化也会吸纳移民群体带来某些文化元素，这些元素包括语言、音乐、食物、服装、娱乐活动，等等。例如，当中国人和墨西哥人移民到美国时，他们带来了中餐和塔可饮食。这些食品现已成为美国主流文化中不可或缺的一部分。加拿大是一个多元文化国家，有许多不同的移民群体。在文化融合过程中，加拿大形成了其特有的多民族音乐风格，包括民歌、各种风格的音乐和歌剧等。法国是一个大量移民聚集的国家，特别是北非移民。这些移民群体带来了阿拉伯音乐并渗透到法国的音乐生活中。作为一个多元文化的国家，澳大利亚引入了来自亚洲的美食节目，如《好厨师》和《美味于人间》。这些节目展示了澳大利亚对亚洲美食的兴趣和欣赏。

在John Berry（1997）看来，涵化是指文化群体及其个体相互接触后，在文化和心理两个方面发生变化的过程。这个过程体现在两个层面。一是群体层面，也就是我们常说的文化流动，即来自某个文化的语言、价值观、信念、习俗、生活方式、科学技术等元素被另一个文化吸收，成为自己的新鲜血液。比如，就移民群体而言，学习东道国语言，使其成为家庭常用语是普遍的做法，尽管也有与东道国语言保持距离的时候。与此同时，来自移民本国语言的词汇和表达方式也有可能进入东道国语言体系中，如 long time no see（好久不见）、Kung Fu（功夫）、kowtow（磕头）等中式英语表达被英语母语者广泛接受。有时候，涵化还得到官方政策的支持。比如，有的"一带一路"国家为了加强与中国的合作，把中文列入中小学的课程体系，从小培养国民的中文语言能力。

二是个人层面。在这个层面，涵化所涉内容与群体层面基本相同，但呈现的方式不太一样。人们通常以移民或旅居者的身份来到另一个文化，在有意无意中，习得当地的语言、文化知识和交际技能，以有效应对学习、工作和日常生活中出现的问题，从而完成既定的目标。Young Yun Kim（2001）认为，人们在习得东道国文化的过程中，也会经历一个去文化（deculturation）的过程，即在特定的情况下，移民或旅居者选择放弃来自本文化的某些行为方式，并用东道国民众的行为方式来填补留下的空白。

二、二维涵化模型

■ 我不想说越南语，也不想跟这里的越南人说话。我只想说中文，像中国人一样。我努力了解这个新文化，建立友谊。我真的不在乎保留自己的文化、和老朋友保持联系。

■ 我通常与来自家乡的朋友在一起，因为他们更懂我。我平时吃越南菜。需要跟中国人沟通的时候，就用翻译软件，这样也挺好。

显然，这两名在华留学的越南学生采取了不同的方式来应对他们日常的"跨文化"问题。从专业的角度讲，就是他们采用了不同的涵化策略（acculturation strategy）。涵化策略是指群体或个体采用的涵化方式。学界最具影响力的涵化策略理论当数跨文化心理学家John Berry（2001）构建的二维模型（见图4）。Berry认为，在涵化过程中，人们不论来自何方，都会直面两个问题：1）本文化认同和风俗习惯要不要保留？2）在东道国要不要与不同的文化群体建立和发展良好的关系？对这两个问题的不同回答，引出一系列的涵化策略（见图4左侧的圆）。

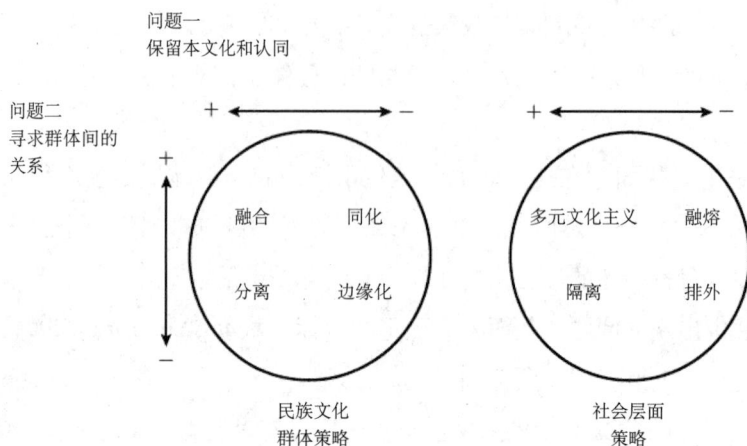

图4 涵化策略和涵化期待

移民或旅居者不希望保持原本的文化认同和与本文化的联系，而是每日寻求与东道国文化的互动，学习该文化的价值观、社会规范和传统习惯，这就是同化策略（assimilation）。采用这一策略的人们往往热衷于学习当地的语言，很少使用母语，哪怕孩子出生后，家里也一直使用当地语言，以至于孩子长大以后对父母的母语和家乡文化知之甚少。人们往往因为对本文化的评价不高或认同感不强而采取同化策略，但这样做并不能保证他们在新文化中游刃有余，而且他们的社交圈子仅限于新文化环境中。

相反，假如对本文化的传承非常重视，不想在东道国参与社交活动，与该文化保持距离，生怕受到其价值观和传统习惯的影响，对学习当地的语言也不热衷，总是与来自国内的同胞长时间相处，用母语交流，那么这些人采用的是分离策略（separation）。采用该策略的人们可能在新文化中有过负面的经历，如融入新文化的努力没有得到相应的回报。在该策略下，人们的焦虑感较低，但他们不一定在新文化中感到自在和自如。一名在华留学生这样写道：

我在浙江义乌认识一对非洲夫妇，他们在华相识结婚，并生下了女儿。女儿现在已经20岁出头了，但不会说中文，也不太了解中国文化，只知道自己的文化，每年只过自己国家的节日。在中国生活了20多年，但对这里的了解少得可怜，这真有点不可思议。

　　移民或旅居者若对本文化的维护和与东道国文化的交往互动并重，这就是融合策略（integration）。他们的目标就是融入当地社会。他们学习新的价值观和行为方式，同时保留本文化的精髓。他们可能会继续在家里或与老乡打交道时使用母语，但他们都熟练掌握当地语言，积极与当地人和来自其他文化的人沟通。因此，在本文化得到一定程度的维护的同时，作为少数族群的一员，移民或旅居者均努力跻身一个更大的社会网络之中。与本文化保持联系，获得家乡人的支持，同时在新的文化中培养新的能力，建立新的关系。当然，这种策略实施的难度很大，也不总是能获得想要的结果。而且，东道国文化有时也会反对他们这么做。

　　最后，假如对本文化的维护和与其他文化的互动都缺乏兴趣，这就是边缘化策略（marginalization）。他们对维持本文化认同和发展主流文化认同都没有热情，孤独和困惑的感觉常与采取这种策略的人相伴。对两者失去兴趣常与外部因素有关，如本文化被打压或者移民被排挤。被边缘化的人们缺少归属感，因此他们可能把放弃本族文化认同作为获得自尊的一种方法。采用这一策略的人幸福感最低，因为失去了来自本文化的社会支持，同时又没有能力与当地人们互动，建立关系。

　　大量的研究表明，采取融合策略的移民在心理方面和社会文化方面的适应上表现最佳，这与我们传统文化倡导的"中庸之道"不谋而合；而采取边缘化策略的移民在上述两方面的适应上表现最差。采取同化策略或分离策略的人们适应状况居中。融合策略同样可以使短期旅居者受益。为了更好地适应东道国文化，旅居者需要学习如何与当地人交流，同时需要学习如何与本族群体保持密切的联系。无论是初来乍到还是定居妥当，融合策略对于旅居者适应新文化都有促进作用。

　　此前我们提到，涵化是一个双向过程，移民和旅居者的文化同样对东道国文化产生影响。对这些影响的不同反应，导致当地民众对外来者的涵化期待也有所不同，即他们希望外来者采取什么样的涵化策略。假如主流群体主张同化，那么对应的是熔炉策略；假如主流群体主张分离，那么对应的是隔离策略；假如主流群体主张对少数族群边缘化，那么对应的就是排外策略；最后，假如主流群体主张融合，即提倡文化多样性和文化之间的平等，那么他们采取的是多元文化主义策略（见图4右侧的圆）。

Berry的二维模型（人们戏称为Berry Box）具有浅显易懂的优势，但也有可能把事物简单化了。比如，有的学者认为，融合策略还不足以涵盖另一种兼顾两种文化的策略，即转化（transmutation）策略。采用这一策略的人们同时强调保留本文化和学习新文化，但并不是将两者融入日常生活之中（像色拉），而是将两者转化为第三文化（像炖菜），它不再是来自两种文化的元素的叠加（物理性），而是一种从两种文化演变而来的全新文化（化学性）。

三、相对涵化拓展模型（RAEM）

Marisol Navas等学者（2005）认为，"一刀切"的涵化策略在现实生活中并不多见，移民或旅居者对策略的选择，往往视交际互动的具体范围而定，如宗教信仰，思维方式（原则和价值观），社会关系，家庭关系，经济（在经济/商业领域的互动），工作，政治与政府，等等。这些领域在本文化中所处的地位各不相同，或核心，或边缘，或居中。核心领域，如社会关系和家庭关系，往往涉及私人空间，来自本文化的价值取向非常明显，因此，即使在东道国文化中浸润多年，人们依然深受这些价值取向的影响。相反，其他领域，如消费领域，与根深蒂固的传统观念联系相对较少，处在本文化的边缘部位。因此，人们按照生活领域的不同性质，采用不同的涵化策略。比如，论到衣着和节日，移民或旅居者可能采取同化策略；论到食物，他们可能采取融合策略；论到择偶或宗教信仰，他们可能采取隔离策略。

为此，Navas等学者构建了相对涵化拓展模型（Relative Acculturation Extended Model；简称RAEM，见图5）。在该模型中，涵化过程被视为一种选择性的适应，即人们根据自己的具体情况决定接受或拒绝两种文化的某些元素，并把接受部分整合起来。来自物质性、工具性领域（如工作、经济）的东道国文化元素容易被吸收，而具有象征意义或涉及意识形态的本文化元素（如宗教信仰、思维方式、价值观念）则容易被保留。于是，移民或旅居者带来的这些文化元素给当地社会造成冲击，当地社会对这些外来者涵化策略的反应也因交往领域的不同而不同。这个模型还在理想策略和实际策略之间做出区分，前者是在某个特定领域希望采用的策略，后者是在该领域实际采用的策略。Navas等学者认为，理想策略和实际策略差别越大，给当事人带来的挫败感和内心冲突也就越大。同时，对外来群体的态度也会影响到东道国社会如何看待这两种策略之间的差距。东道国对外来群体的接纳程度越高，就越能接受理想和现实之间的差距。

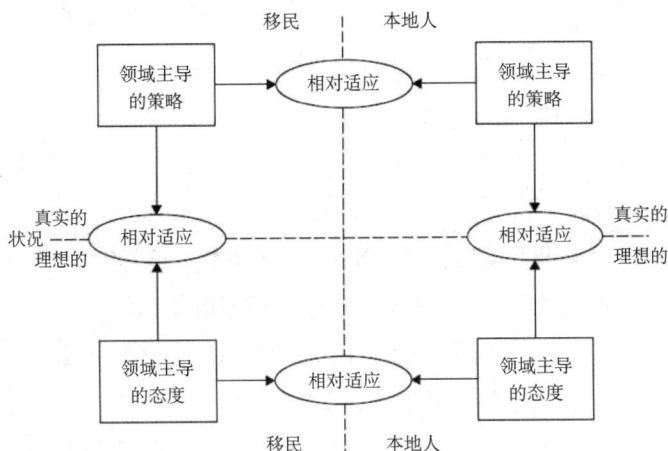

图5　相对涵化拓展模型

如图5所示，涵化过程是一个既具选择性又复杂多变的过程（同一时间可以有不同的选择）。在与其他文化的互动过程中，社会文化空间被划分成不同的领域，有不同的涵化态度与涵化策略可供选择。尽管这一观点并非首创，但拓展模型将这一观点放在最显著的位置，成为了解移民和旅居者如何适应新环境以及当地社会如何看待这种适应的关键所在。

四、跨文化适应

■ 作为留学生，奥马尔一直难以适应大学的生活，直到他与穆斯林学生协会取得了联系。在与来自不同文化的同学交往的同时，他也找到了与朋友一起对本文化保持忠诚的办法。"有时候我说，'我要去祷告了，'他们就很欣赏我坚守自己的宗教信仰，"奥马尔说，"只要看到有人支持我，有人对我好，就会帮助我适应这里的大学生活。"

■ 研究生亚历克斯从俄罗斯的鄂木斯克来到加拿大求学，起初的生活很艰难。

"刚开始的时候，我感到孤独，"亚历克斯说，"对我来说，留学生入学周是一件令人兴奋的事。但入学周结束的时候，我有点难过，因为我想继续与别的留学生保持联系。"

■ 对于来自上海的大三学生马玥而言，英国的大学生活不是问题，因为她已经完全适应了。

上面三位国际学生具有不同的文化背景，在适应新文化的过程中处在不同的阶段，因此有不同的感受。诚然，置身一个全新的文化环境，对于移民或旅居者而言，都有一个适应与融入的过程。跨文化适应（cross-cultural adaptation）无疑是跨文化交际的一个核心问题。这里所谓的适应（adaptation），不是指克服某次跨国旅行中所经历的焦虑和困惑，而是指长期生活在新文化时，应对持续的挑战与压力。移民来到新的文化，希望在那里安居乐业；旅居者要在新文化中生活、学习或工作相当长的一段时间，但大部分都有回国的计划和打算，如留学生或外派人员。对于这些人而言，适应是为应对新环境而调整自身行为、思维和情感的过程，这一过程是在涵化阶段必然会经历到的。如果说涵化更强调文化间的交流和融合以及给文化群体和个体带来的心理上的变化，那么，适应则更广泛地关注个体或群体在新文化中的各种调节能力和行为上的变化。在Young Yun Kim（2001）看来，跨文化适应是指人们发生内在的变化、便于在新文化中正常工作、学习和生活的整个过程。个体或群体来到不同的文化环境时，开始关注新文化的重要组成部分，包括新的价值观、信念体系、社会规范、语言，等等。通过学习和观察，逐渐形成对新文化的初步认知。然而，新的价值观、社会规范和行为方式可能与个体原有的甚为不同，由此产生困惑、不适感、无助感和焦虑。为了适应新的文化环境，人们开始主动学习，包括学习新的语言、掌握新的社交技能、了解新的行为准则和学习如何化解跨文化冲突。通过寻求帮助、接受培训或参与社交活动，来提升自身的跨文化适应能力。随着时间的推移和经验的累积，人们通过流利地说当地语言，调整自己的价值观、思维方式和行为模式，与当地人建立起更紧密的关系，逐渐适应和融入新的文化环境。

尽管文化差异在短时期内往往给旅居者造成负面影响，但经过一段时间的努力，他们通常都会对新环境有积极和持久的适应。当然，这种情况是否出现，与采用什么样的涵化策略很有关系。如果采用的是同化或融合策略，并且东道国主流社会对旅居者持欢迎的态度，那么，旅居者在新文化中就会感到越来越自如。假如旅居者采用的是分离、隔离或边缘化策略，就很难保证有满意的适应结果出现。

适应一般分为两种：心理适应（psychological adaptation）和社会文化适应（sociocultural adaptation）。前者是指在新的文化环境中产生的一系列心理后果，与清晰的个人认同和文化认同、主观幸福感以及情绪方面的满足感有关；后者是在新的文化环境中处理日常生活问题和开展社交互动的能力（Ward & Kennedy 1994）。因此，心理适应可以理解为情感方面的适应，而社会文化适应可以理解为行为方面的适应。心理适应和社会文化适应之间相互关联，相互影响。良好的心理适应有助于人们更好地在社会和文化环境中适应，而积极的社会文化适应也有助于人们的心理适应和幸福感的提升。也有学者将职业方面的适应情况独立出来，称之为"经济适应"（economic adaptation, Aycan & Berry 1996），即在新文化中找到工作的机会大小，工作满意度的高低，以及工作有效性的强弱。

五、 压力—适应—成长动态过程模型

压力—适应—成长动态过程模型（Stress-Adaptation-Growth Dynamic）是跨文化交际学者Young Yun Kim于2001年提出的（见图6）。Kim将跨文化适应视为一个动态交互的过程：当人们来到一个全新的环境时，需要建立和维系一种与环境相对稳定、有效互惠的关系。她认为，涵化相当于重新开始一个濡化（enculturation）过程，即学习和内化文化规范、价值观和行为方式的过程，只不过在此过程中所面对的情况与自己熟知的情况很不一样。涵化不是在早期濡化（即受本文化熏陶）基础上的简单叠加，而是一个拆毁和重建的过程，即原来内化的文化逐渐被新的文化替代，其结果是，在应对问题时，人们会采用来自新文化的方式方法。这种变化过程是渐进式的，从表层开始（如跟人打招呼的方式的转变），随后逐渐进深到核心层面（如价值观的更新）。

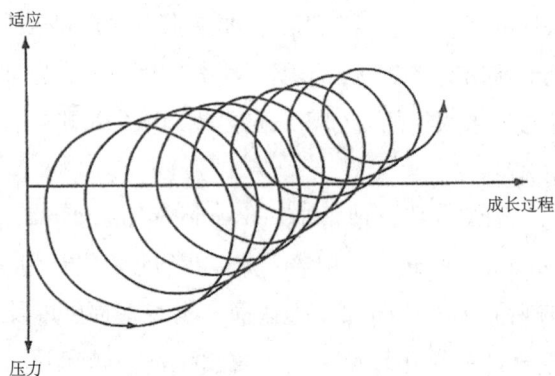

图6　压力—适应—成长动态过程

涵化和去文化（deculturation）同时进行，必然会给人们带来心理压力。一方面，人们在内心深处对改变会有天生的抵触，通常不愿放弃习以为常的行事方式和稳定清晰的身份认同；另一方面，为了适应新的环境，与新的环境保持和谐，就需要做出上述改变。两方面相互拉扯，相互博弈，难免使人陷入焦虑和困惑的情绪之中。这与我们在第一节所讨论的"文化休克"不无关系。然而，人的天性就是要让事情重归平静与安稳，不想继续折腾。为此，有的人选择逃避现实，放弃努力，有的人则选择勇往直前，坦然面对现实。对于第二类人而言，压力可以转化为动力，压力也带来适应方面的机遇，能迫使他们积极学习新的文化，努力融入新的环境。在克服困难、积极适应的过程中，内在的变化便会悄然而至。通过长时间的探索和实践，在不知不觉中，心理得到成长，这种成长主要体现在人们的交际方式和交际策略变得更加多元。当人们学会用新的方法处理问题后，压力便随之消散，内心重新归于平静。

Kim把这个从压力、适应到成长的经历称为"动态过程"，其运动轨迹呈现向上和向前的趋势，越往前往上，在新的环境中适应的成功率就越高。在成长过程中，人们原先的文化认同开始消解，而一个更具包容性和灵活性的自我概念随之形成。如图所示，这个动态发展过程并不是直线上升的，而是迂回曲折、逐渐爬升的。适应的经历虽然压力重重，充满紧张情绪，但同时也能激发人们的潜能，通过力量的重新整合，在适应方面不断取得进步。只要跨文化互动带来新的挑战，这个过程就会循环往复，不断将人们推向一个文化更加适应、心理更加成熟的高度。而且，在适应初期，人们遭遇的困难和变化往往更大，给人带来的冲击也更为明显。通过相当长时间的尝试与调整，压力与适应带来的冲击逐渐减弱，平稳的心境慢慢回归。

涵化、去文化和压力—适应—成长的动态过程将会产生一种新的人格——跨文化人格（intercultural personhood, Gudykunst & Kim 2003:389）：

跨文化人格提供了一种减少文化僵化、提高开放性、减弱民族中心主义以及增进对人类共性的理解的人类发展模式……这种根本性的个人蜕变对于我们在日益跨文化的世界中能正常运作、更能接受和欣赏文化差异，以及从较之任何特定文化视角更广阔的视角化解与整合冲突观点是非常必要的。

Intercultural personhood presents a model of human development toward less cultural rigidity and more openness, less ethnocentrism and more understanding of the fundamental oneness of all human beings ... this kind of fundamental personal change is necessary for us to be functional in our increasingly intercultural world, that is, to be better able to accept and appreciate cultural variations, to resolve and integrate conflicting views from the basis of a perspective broader than any one particular cultural perspective.

这种人格较之单文化人格内容更为丰富，结构也更为复杂。在与不同的文化广泛接触和交融过程中，人们经历了许多阶段的成长和发展。在每个阶段，以前不为所知的概念、态度、行为逐渐融入自己的心理结构，对人类状况的了解也变得更加全面和深入。这种感知上的提升也有助于人们更好地了解来自不同文化的人们的心理，并根据具体情况调整自己的交际方式，使自己的行为更为得体、有效，更富有创造性。

不少研究为该理论模型提供了实证支持。比如，一项对留日美国学生的研究发现，美国学生的旅居经历导致"自谦"程度的上升，而自谦程度与学生眼里旅居的成功呈正相关。另一项对留法美国交换生为期15个月的民族志研究发现，学生的旅居经历了压力—适应—成长的动态过程，这个过程对个人的成长具有很强的促进作用。

吉川宗男在日本和美国两地均有长期生活的经历，他的这番话有助于我们了解跨文化人格的具体含义（Kim 2012:239）：

如今，我对两个文化既能主观地看待，又能客观地看待；我能在两个文化之间来回穿梭，没有明显的冲突……我认为超越两者相加的文化认同正在发生，变成类似于"融合"所表达的概念——一加一得三，或者更多。这额外的东西不是某个文化特有的，而具有自身的独特性，或许是一种新的属性或新的自我意识，产生于对价值观相对性和人性共相的意识……我实在不在乎别人把我当作日本人还是美国人；我能接受我自己的样子。我感到比过去任何时候都要自由，不仅在认知方面（如感知、思维），而且在情感（如感觉、态度）和行为方面。

I am now able to look at both cultures with objectivity as well as subjectivity; I am able to move in both cultures, back and forth without any apparent conflict. ... I think that something beyond the sum of each [cultural] identification took place, and that it became something akin to the concept of 'synergy' — when one adds 1 and 1, one gets three, or a little more. This something extra is not culture-specific but something unique of its own, probably the emergence of a new attribute or a new self-awareness, born out of an awareness of the relative nature of values and of the universal aspect of human nature. ... I really am not concerned whether others take me as a Japanese or an American; I can accept myself as I am. I feel I am much freer than ever. ...

这与 Peter Adler（1977:26）提到的"多元文化人"的形象颇为类似：

"多元文化人"的身份认同基于一种能与不断产生的现实新形式进行协商的自我意识风格，而不是基于意为拥有文化或被文化拥有的"归属感"。从这个意义上说，"多元文化人"既不完全属于自己的文化，也不完全独立于自己的文化之外；相反，他们生活在边界之上。

The identity of [the] multicultural [person] is based, not on "belongingness" which implies either owning or being owned by culture, but on a style of self-consciousness that is capable of negotiating ever new formations of reality. In this sense [the] multicultural [person] is ... neither totally a part of nor totally apart from his [or her] culture; he [or she] lives, instead, on the boundary.

六、焦虑和不确定性管理理论

焦虑和不确定性管理理论（Anxiety and Uncertainty Management Theory，简称AUM）是由William Gudykunst于1985年提出的，该理论试图解释人们如何通过平衡社交场合中感受到的焦虑与不确定性，来达到有效沟通的目的。焦虑和不确定性管理理论借鉴了George Simmel的"陌生人"（stranger）概念，将其重新定义为"来自不同群体、不为我们所知的人"。Gudykunst认为，所有的沟通在某种程度上都属于跨文化沟通。不论人们是与来自不同国家的人沟通，还是与同胞沟通，沟通的本质并没有改变，只是"陌生程度"有所不同。他同时认为，与陌生人沟通时，最重要的是如何对焦虑和不确定性进行管理。

焦虑不确定性管理理论认为，焦虑和不确定性存在最大值和最小值，而有效的沟通要求人们把焦虑和不确定性控制在适当的范围内。当焦虑和不确定性超出这一范围时，人们会过分关注焦虑和不确定性本身，无法专注于沟通过程，不能准确地预测陌生人的行为，从而无法进行有效沟通；当焦虑和不确定性低于这一范围时，人们容易忽略沟通过程中的各种细节，或者对于陌生人行为的预测过于自信，从而导致沟通的失败。

一般来说，焦虑是指人们在面对危险和威胁时，感到紧张、不安和害怕的心理体验。在跨文化交际中，焦虑有时体现在文化认同方面，这种焦虑首先来自自我与文化环境之间关系的失衡。比如，独在异乡为异客，人们的"归属需要"是通过文化认同的确认来获得心理安全感的。这种需要在日常交流中没有得到满足时，就会产生焦虑的情绪。跨文化交际中的焦虑还体现在人们处理群际关系时对自己可能存在偏见的担忧。Gudykunst认为，在交际过程中，当焦虑超过最大值时，人们就会退缩，交际的愿望由此降低；而当焦虑低于最小值时，人们可能会对交际失去兴趣。

在不确定性方面，焦虑和不确定性管理理论借鉴了Charles Berger和Richard Calabrese的不确定减少理论（Uncertainty Reduction Theory），将不确定性理解为预测或理解他人行为与态度的能力受限。这种不确定性表现为对另一方的态度、感受、价值观和行为无法做出准确的解读、预测与判断。不确定性过高会使人们产生消极情绪，进而影响沟通的效果；不确定性过低则表明人们对另一方十分了解，这反而会降低他们对沟通的专注力。因此，Gudykunst

用"管理"代替"减少"，说明不确定性需要控制在一定范围之内，才能有效地促进沟通。在与陌生人的交往过程中，不确定性并不像我们想象中的随着时间的增长而不断降低，而是逐步稳定在一定的范围内。

Gudykunst还引入了Ellen Langer的"留心"（mindfulness）概念。Langer认为，人们初次接触新环境时，会十分专注于寻求合适的行为方式，但随着时间的推移，人们会逐渐放松警惕，不再像起初一样留意自己的行为。留心包含三大要素：(1)创建新的类属（creating new categories），(2)愿意接收新的信息（being open to new information），以及（3）有多角度意识（awareness of more than one perspective）。假如交流时不留心，就很有可能只从自己的视角去看待问题，用固有的宽泛类属和刻板印象去预测对方的行为，其结果是，在陌生的环境中人们容易忽略自己不熟悉的信息。相反，当留心的程度增加时，人们就更愿意从不同的视角看待问题，更注重沟通的细节，对交际另一方的行为预判也就更为准确。

Gudykunst认为，有效沟通的实现受到焦虑和不确定性两个基本因素的影响。其他变量（如自我概念，交往动机，与陌生人互动等）则被认为是"表层因素"，这些因素对有效沟通的影响是通过焦虑和不确定性的调节来完成的，而留心能帮助人们对不确定性和焦虑进行管理，从而达到有效交际的目的。也就是说，当人们把焦虑和不确定性调整到最大值和最小值之间时，有效的交际就能得到保障。焦虑和不确定性管理理论是个较为复杂的理论，在2005年的更新版本中，共有公理47个，涵盖九个方面：自我和自我概念，与陌生人交往的动机，与陌生人的互动，对陌生人的社会归类，情境过程，与当地人的联系，伦理问题，"焦虑、不确定性、留心和有效交际"，以及焦虑和不确定性管理过程中涉及的跨文化变量。焦虑和不确定性管理理论是跨文化交际领域的一个核心理论，具有较高的社会价值，在跨文化教育和培训领域尤其受到欢迎。

在实践过程中，旅居者减少不确定性的唯一途径就是获取相关信息，变陌生为熟悉。但问题是，获取信息的努力本身也有可能带来焦虑。比如，留学生对课程作业的要求不是十分清楚，眼看提交作业的期限临近，焦虑感与日俱增，但要搞清楚作业的要求还得请教老师或同学，这对社恐的他们并非易事，因此焦虑上面又添焦虑。现实中的挑战往往要比这个更大。当获取信息的努力反而带来新的焦虑、也就是"吃力不讨好"时，为了长远的好处知难而上呢，还是选择半途而废，或者进入"分离"模式？不同的选择决定了一个人能否管理好焦虑和不确定性，能否有效地进行跨文化沟通，最终能否达到适应新文化的目的。

至此，我们用两小节的篇幅，对文化休克与跨文化适应作了介绍。至于这两者之间的关系，我们可以这样来理解：置身于新文化必然会经历不同程度、不同时长的文化休克，而有效应对文化休克便是在跨文化适应的核心任务。从理论的角度来看，上一节提到的文化休克过程ABC模型（Ward et al. 2001）和本小节讨论的两个理论均有异曲同工之妙。ABC模型涵盖了涵化与适应之心理学研究的三大领域：情感、行为和认知。压力及应对法（A）侧重个人心理，专门对跨文化适应及压力进行研究；文化学习法（B）强调跨文化互动的社会心理以及在新的环境中赖以生存和发展的文化专项技能的习得过程；社会认同法（C）关注社会认同和认知，着眼人们如何看待自己和别人，如何处理有关内群体和外群体的信息。相比之下，Kim的压力—适应—成长过程模型看似更侧重A和C，但其实也离不开B；而Gudykunst的焦虑和不确定性管理理论看似侧重A和B，但其实与C也很有关系。

虽然有理论抓住了根本，但我们还需要实践让涵化与适应的树木枝繁叶茂。在实践过程中，我们首先要避免把跨文化经历想当然，将不同的经历归入过于宽泛的类别，如留学生，游客，商人，职员，等等。事实上，我们应该视跨文化经历为一个连续体，在这个连续体的一端是所谓的"高端"游客的体验：住五星级酒店，只享用自己吃得惯的食物，与旅行团一起出行，通常只去有名的景点。而连续体的另一端是所谓的"被同化者"的故事：与当地人结婚，熟练运用当地的语言（听、说、读、写样样精通），在当地就业，只吃当地的食物，只交当地的朋友，与自己的文化很少有交集。不难想象，同样是跨文化经历，但对适应的要求和适应的难度都是不可同日而语的。

我们不妨借助互联网资源，围绕着跨文化经历这一连续体进行头脑风暴，尽可能多地列出跨文化旅行者、旅居者（如留学生、访问学者、技术工人、商界人士）和移民的不同种类。假如你把观光客想象为住五星级酒店的那一类，那么，是否还包括其他类别？他们的跨文化经历有何不同？当你想到这些类别的时候，请将每一个类别放在连续体的某处，并简要地解释一下你为什么将其放在某处。请尽量多地列出新的类别或次级类别，并简要地回答如下问题：

1. 运用前几章里的知识（选择一个概念或理论），解释一下与你提供的类别相关的跨文化经历。

2. 每一类需要适应多少？

3. 你觉得每一群体大体上对东道国文化抱有怎样的态度？

4. 你觉得每一群体在多大程度上可以与东道国人们进行有意义的互动？

5. 每一种情形会带来怎样的好处和坏处？

6. 哪些因素最影响我们学习另一种文化？

假如放眼留学生的跨文化经历，我们就会发现，去哪个国家留学，与适应的强度和难度是有很大关系的。你觉得去日本容易适应呢，还是去英国容易适应？的确，跨文化适应成功与否，与众多因素相关。Shuang Liu 等学者（2019:270–273）罗列出以下七大因素：

1. 本文化与东道国文化的相似性（通常相似性越高，越容易适应）

2. 本族群的社会支持（如海外华人协会；为旅居者应对文化差异和逐渐与主流文化建立联系提供机会和空间）

3. 个人特征和背景（如年龄、性格、受教育程度、海外经历等）

4. 主流媒体的影响（主流媒体对少数族群的刻画是刻板印象的重要来源）

5. 少数族群媒体的影响（这类媒体有助于族群凝聚力的增长，并通过提供有用的信息帮助旅居者适应当地文化）

6. 群际接触（旅居者和当地人之间的良好互动有助于跨文化适应）

7. 社会政治环境（旅居者在东道国受保障的程度影响他们的跨文化适应）

说到适应的秘诀，笔者一位跨文化经历丰富的朋友给出了以下几条：

1. 纸上得来终觉浅，绝知此事要躬行（不能光纸上谈兵，要身体力行）；

2. 始终保持学习的态度，也不要少了幽默感（勤于学习，勇于自嘲）；

3. 不要逞能，暂时的退缩或让情绪左右都不是问题；

4. 积极寻求帮助，这不是懦弱的表现，而是坚强的象征（因为不想放弃）；

5. 保持积极务实的态度，对各种挑战要有思想准备。

此外，不管怎样，做一名留心的交际者是适应新文化的必备条件。曾有学者开发了"留心量表"，下面是一个简版，可以用来自测：

9–Item Mindfulness Scale (Haigh et al. 2011)

Instructions: Below are a number of statements that refer to your personal outlook. Please rate the extent to which you agree with each of these statements. If you are confused by the wording of an item, have no opinion, or neither agree nor disagree, use the "4" or "NEUTRAL" rating.

1=Strongly Disagree

2=Disagree

3=Slightly Disagree

4=Neutral

5=Slightly Agree

6=Agree

7=Strongly Agree

1. I like to investigate things.

2. I am always open to new ways of doing things.

3. I "get involved" in almost everything I do.

4. I am very creative.

5. I attend to the "big picture."

6. I am very curious.

7. I try to think of new ways to do things.

8. I like to be challenged intellectually.

9. I like to figure out how things work.

九条目留心量表 (Haigh et al. 2011)

使用说明：下面是一些涉及您个人观点的表述。请评估您在多大程度上赞同这些表述。如果您对某项表述的措辞感到困惑，对某项表述没有具体的看法或是不置可否，请选择"4"或者"中立"。

1=非常不同意

2=不同意

3=有点不同意

4＝中立

5＝有点同意

6＝同意

7＝非常同意

1. 我喜欢调查事物。

2. 我总是乐于尝试新的做事方法。

3. 我几乎对所做的每一件事都很"投入"。

4. 我很有创意。

5. 我很有"大局观"。

6. 我好奇心很强。

7. 我试图想出新的做事方法。

8. 我喜欢接受智力方面的挑战。

9. 我喜欢弄清楚事物是如何运作的。

说明：以总分36分为基准分，满分63分。超过基准分越多，表示越"留心"。

本章关于文化休克与跨文化适应的讨论到此告一段落。在接下来的一章里，我们将探讨跨文化关系与跨文化冲突。

第九章
跨文化关系与跨文化冲突

■ 有一天，一位中国朋友和我约好一起去吃饭，结果在我不知情的情况下，他带上了他的好朋友。在我看来，只要对我说一句"今天我叫朋友了"就没事了，但他没有这样做。这件事如果放在日本，就会失去对方的信任。我想，也许中日交友方式有差异吧。日本人在与对方建立关系时，要在一起花费不少时间，所以不太习惯有陌生人突然出现在眼前。那时，我和中国朋友的关系刚刚开始，所以他带朋友来，让我很是困惑。

■ 我的中国女友朋友很少，只有几个关系很好的。其他人对于她而言都是"外群体"，是"陌生人"，她对这些人不闻不问，还略带怀疑。对她而言，友谊的含义符合内外群体两分法：朋友属于内群体，是一种互利的伙伴关系，其中的义务和责任都非常重要。相反，我有很多朋友，也有几个关系相当好的，但我喜欢保持一定的自主性和独立性。不过，我的大多数朋友都是"低维护"型的，也就是说，如果有一段时间没有见到他们或与他们联系，我们总能在彼此有空的时候叙叙旧。这让我的女友感到困惑，她很难理解我会把看起来不太熟的人当成朋友。反过来，我也觉得很奇怪，她怎么就不能接受我把这些人当作朋友呢？这件事让我反思了很久，也让我忍耐了很久，但我现在终于明白，中国人的友谊和美国人的友谊有很大的不同。许多我认为是朋友的人，虽然关系不是很亲密，但在中国人的标准下绝对属于外群体。

我来自埃及，我的国家并不发达，所以有些中国人对我说，你不要嫁给埃及人或者阿拉伯人，因为他们不会有房有车。你应该嫁给中国人，中国男生娶你的话，他会给你很多钱。难道结婚就是为了金钱？有些中国人把物质放在第一位，而我们埃及人和阿拉伯人往往把感情看得很重。我来自不发达的国家，就非得让找中国男朋友，这是什么道理？

　　上面三段叙述出自三名留学生之手，他们分别来自日本、美国和埃及。虽然都是个人体验，但体验背后似乎都有"文化差异"的影子。前两段叙述显示，"朋友"的概念带有文化的烙印，当它出现在跨文化语境中时，难免被赋予不同的意义。而在第三段叙述中，劝埃及女生的国人当然不具代表性，但他们的观点或多或少也折射出爱情观上的文化差异。本章我们聚焦跨文化关系和跨文化冲突，考察来自不同文化的人们在建立关系或发生冲突时，将会呈现怎样的面貌。

第一节　跨文化关系

在第一章里，我们曾把交际的跨文化性视为一个连续体。人际关系的跨文化性同样可以这样来理解。在我国，南方人和北方人之间的友谊或婚恋关系是否具有跨文化性？回答是"有"，但跨文化性较弱，在连续体的低端，毕竟双方都使用汉语，而且均受到中华文化的熏陶。再比如，在我国，藏族人和汉族人通婚时，婚姻关系的跨文化性就要强得多，因为不仅母语不同，而且藏汉文化的价值取向也很不一样。事实上，任何关系都有一定的跨文化性，但俗话说得好，If the whole world is blue, blue ceases to exist。我们这里要讨论的跨文化关系，是指文化差异大到影响关系之建立、维护和发展的朋友关系和婚恋关系。

文化差异的角色可以这样来理解：来自不同文化的关系双方走到一起，共同构建属于他俩的价值取向、角色期待和规范规条，也就是"文化"。这一文化是两者独有的，是小写的"文化"，或微观文化，而不是大写的、国家层面的文化，或宏观文化。那么哪些微观文化要素会影响跨文化关系呢？主要就是关系双方从各自家庭带来的观念，如家训家规。这些微观因素同时受到宏观文化的影响，或者本身就是宏观文化的产物。

我们首先从个体主义和集体主义的角度，简单地梳理一下人们对关系的看法。总体上，在个体主义者眼里，朋友关系完全出于自愿，关系的时间跨度可长可短，承担的义务较少，重在一起花时间。比如，美国人的朋友关系通常是区隔化的（如工作圈子的朋友，娱乐圈子的朋友，不同圈子的朋友互不相识），关系较为肤浅，朋友数量众多（甚至有好多"最好的朋友"），正如开篇第二个案例所提到的。交友主要基于共同的经历。然而，在集体主义者看来，友谊既有出于自愿的，也有在不自愿的情况下发生的（如出于长辈的意愿或交往经历），友谊贵在持久，且承担较多的义务。对朋友的帮助往往是实质性的（如借钱给对方），否则可能"不够朋友"。在我国的传统文化里，"为朋友两肋插刀"是这种实质性帮助的真实写照。个体主义者在浪漫关系中看重性格、个人的独立性、在一起相处和个人的自由。浪漫的爱和亲密的关系对于个体主义者很重要。集体主义者则需要考虑双方的家庭背景（所谓门当户对）、职业、义务等因素。

阻碍跨文化关系发展的障碍往往与跨文化交际中的挑战有关。首先是差异（也就是缺少共性）。除了生理方面的差异（如肤色）之外，我们前面提到的语言和非语言差异以及社会文化差异都包含在内。尽管差异对某些人而言意味着新奇，但对大多数人来说意味着不确定性高，容易引发焦虑和恐惧。哪怕在以文化多样性为傲的西方校园里，学生大多还是喜欢跟来自同一群体的人接触，很难在社交中打破群体的壁垒。其次是负面的刻板印象，这与前面所讨论的心理层面的障碍有关，涉及对差异的感知和反应。受负面刻板印象主导的交流必然忽视个体的特征，就无法做到心灵相通，也就无法建立良好的人际关系。与文化背景不同的人打交道还有不确定性带来的焦虑感，给人们的交流带来额外的负担。另外，在交际过程中，双方往往需要更多的解释才能让对方明白自己的意思，这种费劲的交流方式也往往让人望而却步。

然而，建立和发展跨文化关系的好处也是显而易见的。首先，它能帮助我们拓展认知范围，获得有关世界更多的知识。无论是学习一门语言，还是习得一种文化，它们都能让我们变得更有智慧（维特根斯坦说过，我的语言局限，就是我的世界局限。言下之意，拓展语言，就能拓展个人的世界）。其次，它能帮助我们打破刻板印象。刻板印象阻碍人们的沟通，而打破它的有效途径还是沟通本身。只有当我们与具体的人深入交流的时候，我们才会发现，用大而无当的概念来描述某个群体是多么的荒唐。最后，在经营跨文化关系的过程中，我们会获得各种能力，其中包括跨文化能力，即在跨文化语境中有效和得体地进行沟通的能力（详见下一章）。

交流是维系关系的关键所在。无论在内文化关系中，还是在跨文化关系中，交流的策略都可以用三对矛盾来理解：独立与互依、新奇与老套以及开放与保守（Baxter 1988）。所谓独立与互依，即在与对方保持密切关系的同时，确保自己独立个性的完整。尽管追求密切和永久的人际关系是人的天性，但如果双方没有独处的时间，没有独立的空间，关系反而不能长久。太频繁的接触和过分的依恋只会导致个性的丧失。新奇与老套是指一方面追求新奇和冒险，另一方面寻求熟知和自在，也就是在不确定性和确定性之间找到平衡。关系需要有一定的可预测性，有可控的范围，即双方对关系要有一种有把握的感觉，但如果关系缺少了新奇感、神秘感和偶然性作为调味料，它就会变得枯燥乏味。开放与保守指的是通过透明与敞开增加亲密度，同时保守秘密和隐私以求自我保护。这对矛盾表明，亲密的关系来自双方一定程度的自我表露（self-disclosure）所带来的信任感，但过多的敞开自己会让一个人不仅失去魅力，而且失去真正的安全感（既然我把自己交付给了你，你一定要对我好）。关系双方都要意识到，这三对矛盾在交流中是始终存在的。也就是说，双方需要坦然接受这几对矛盾，但并不因此而产生悲观的情绪。相反，要积极主动地看待这些矛盾以及它们可能带来的机遇，并通过合理处理这些矛盾，使关系得到坚固和进深。

但问题是，人际交流方式和策略本身受到文化的影响。有的文化侧重于独立、追求新奇和开放，而有的文化则强调互依，高不确定性回避，而且相对保守。因此，在跨文化关系中要处理好这三对矛盾就会更加困难。比如，西方夫妻之间常常说，你是我最好的朋友，由此表明关系的亲密和坦诚。但国内的夫妻大体不会这样看待或评价对方，倒是有人会说，夫妻之间的感情先是爱情，然后多了一份亲情，最后还要加上恩情。既然彼此有恩，相濡以沫，这样的夫妻关系怎能用"朋友"一词来轻描淡写呢？在这里，关系的互依性是不言而喻的。

或许，我们可以把跨文化关系看作一个系统，由输入、转化和输出三部分组成。所谓输入，是指关系双方带入个人动机、文化价值取向、有关对方所在群体的刻板印象、对关系内涵的理解、权力差序，等等。转化就是双方在建立、维护和发展关系的过程中，对这些事物的处理，如减少不确定性、发现共性、应对差异、自我表露、协商权力（包括话语权）、化解冲突，等等。转化过程中的沟通部分可以对应上面提到的三对矛盾。而输出是指双方经由转化过程获得的结果，如关系满意度、关系稳定性、彼此适应的程度、第三文化的构建（对两种文化的协商、融合与创新），等等。

这一系统面临的问题有两类，一是内部问题，即关系本身的问题，不一定与文化有关，如性格、金钱、育儿、家务等；二是外部问题，即关系之外的问题，如文化的影响、语言差异、社会压力，等等。曾有一项研究对内文化婚姻和跨文化婚姻所遇到的主要问题进行对比，结果发现，内文化婚姻的主要问题集中在个人生活习惯、育儿、朋友时间和经济状况上，而跨文化婚姻的主要问题是父母的干涉、文化习俗的不同和语言方面的困难（Graham, Moeai & Shizuru 1985）。由此可见，跨文化婚姻的挑战主要来自外部，而文化差异无疑给这类关系增添了额外的负担。当然，关系双方也有可能将个人问题统统归咎于外部原因，从而使外部问题更为凸显。

不管怎样，处理文化差异需要付诸努力，也离不开良好的沟通。加深对文化差异的认识，有助于避免归因的错位，即将文化差异造成的后果归结为个人行为使然。比如，在长期取向的文化里，人们提倡勤俭节约，先苦后甜。如果不了解这一点，对方可能认为你吝啬或不懂得享受生活。因此，关系双方都要灵活机动地看待问题，并乐意与对方合作，以克服不时出现的跨文化障碍。

一、 跨文化友谊

尽管人们对友谊的看法受年龄、性别、性格、家庭背景、文化背景等多种因素的影响，但友谊也不乏共性。比如，不论在哪个文化，朋友之间会经常互动，或面对面，或通过各种媒体渠道。朋友之间往往知根知底，对方的心思很容易揣摩，可谓心有灵犀。心灵契合度加深到一定程度时，朋友就成了知己。彼此间的关爱、承诺和信任也非一般关系能比（Lustig & Koester 2010）。真正的朋友相处时，不用伪装，也不用怕丢面子。更难能可贵的是，朋友往往能发现对方的潜力，看到对方自己看不到的优势。尤其是当对方自我怀疑时，朋友的适时鼓励可以让对方重新振作起来。

友谊既有文化共性，又有文化差异。如前所述，个体主义文化和集体主义文化对友谊的理解不太一样。加上权力距离和高低语境等因素的作用，友谊的特征、功能和形式都会有所不同。比如，在美国，朋友之间讲信任、诚实、忠诚、平等、慷慨、热情、相互支持和接纳，在中国，朋友之间可能更讲责任、义气、面子和礼尚往来。比如，电影《刮痧》体现了中美对友情观念的不同认识，中国的友情往往是"为朋友两肋插刀""患难见真情"，而在美国的友情里，感情与事实可以理性地分开。在电影里，约翰指证许大同打过儿子，许大同认为约翰作为朋友背叛了他；而约翰认为事实就是事实，不能因为是朋友就去作伪证。此外，朋友如何选择，友谊持续时间的长短，朋友数量的多少，点头之交如何成为朋友，什么时候算是成为朋友，这些方面的理解也存在文化差异。例如，在流动性高的文化里，人们习惯于从一个城市搬到另一个城市生活，朋友更新频繁、数量众多也就不足为奇了。而我们常说朋友在精不在多，同样，在墨西哥，朋友（amigos）一般数量很少，关系亲密而长久，双方经常互送礼物，在生活中也有大量的交集。

在跨文化语境中交友，需要注意几点。首先，按照社会穿透理论（Social Penetration Theory, Altman & Taylor 1973）的说法，关系的进深有赖于双方的自我披露，即向对方透露自己的个人信息。这种基于信任的做法，可以消除彼此的防备心理，使关系的发展更为顺畅。然而，什么样的表露是合宜的，敞开程度需要多高，还要视具体的文化语境而定。例如，在某些宗教国家，人们比较忌讳异教，假如你很快表明自己不同的信仰立场，或许对方就会心存芥蒂，说不定友谊还没怎么发展就夭折了。所以，还不如不透露这方面的信息，或者尽量淡化差异。其次，通过观察、体验、询问，尽量多地了解友谊在对方文化中意味着什么，并努力调整自己的认知习惯、情感态度和行为方式，以适应新文化中建立友谊的需要。另外，要积极主动地走出去，向志趣相投的人表达关爱和善意，赠送小礼物，邀请他们来家里玩，时常保持联系，这些都是建立友谊的重要途径。还有很重要的一点就是，对另一方的文化始终抱有浓厚的兴趣，努力学习对方的语言。谈话可以从对方的家庭背景和求学经历切入，因为两者就承载着丰富的文化内涵。

跨文化友谊的大部分挑战依然来自跨文化交际本身。不同的文化群体有着不同的意义系统和参照框架，信息的传输因意义系统和参照框架的不同容易造成阻隔，误解和冲突随之产生。同时，还有感知方面的挑战，即我们在第六章里讨论的心理层面的障碍，如刻板印象和偏见。当然，跨文化友谊还有友谊固有的挑战，如价值取向不一，性格差异，时空变化，等等。那么，为什么有那么多人热衷于建立和发展跨文化友谊呢？除了志趣相投，心灵契合，对异国文化的好奇与热爱也是重要的原因。文化差异有时让人害怕（带来不确定性和焦虑），有时让人着迷（激发好奇心）。文化差异可以点亮跨文化的友谊之火，并为友谊的成长和发展提供持续的动力。当然，有差异就会有矛盾，跨文化友谊的发展与双方愿意共同努力、化解矛盾是分不开的。

　　跨文化友谊的形成和发展受多种因素的影响。研究表明，群际接触有助于跨文化友谊的建立。我们在第七章里已经提到，群际接触有助于减少偏见，而减少偏见是建立友谊的必备条件。学生的跨种族接触有助于跨种族友谊的建立和发展。从纵向来看，年幼时的跨种族接触有助于将来结交跨种族朋友。就留学生而言，群际接触中近距离（如同住一个公寓）和相似性（如读同一个专业）可以促进跨文化友谊的建立，这是研究中得出的结论。

　　文化背景、文化适应阶段、交际能力和外表吸引力也是重要的影响因素（Matsumoto & Jung 2013）。文化背景，如价值取向、性别角色和社会地位，对跨文化友谊的影响是不言而喻的。文化认同直接影响涵化策略的选择。不与东道国民交往的一个重要原因是怕失去自己文化的根，因为他们对本文化有着强烈的依恋情结。一项有关留美中国学生交友情况的研究显示，在中国学生看来，美国人友好且外向，但看问题视角较为单一。跨国友谊的发展受语言和文化差异的限制，而这些差异往往导致中国学生在文化适应中采用隔离策略，平时只跟"老乡"互动。而且他们对美国文化的认知多半停留在媒体层面，好莱坞效应在他们身上时有体现。这些因素在很大程度上阻碍了他们交上当地美国朋友（Wakefield 2014）。跨文化友谊的发展也跟文化适应所处的阶段有关。Milton Bennett等学者（Bennett 1986；Hammer 2012）认为，跨文化适应经历否定、极化、弱化、接受与适应五个阶段，其中前三个阶段受制于单一文化思维模式（monocultural mindset），而后两个阶段则进入了跨文化思维模式（intercultural mindset）。显然，单一文化思维模式无法正确看待和对待文化差异，因此不利于跨文化友谊的形成和发展。交际能力的高低影响东道国文化相关信息的收集和文化知识的习得，但不少留学生因怕语言不过关，不敢主动与当地人交流，从而失去了交友的机会。最后，研究表明，外表吸引力给跨国友谊的建立也会带来帮助，尽管判定它的标准也存在文化差异。

二、跨文化婚姻

1. 婚姻的共性

　　Robert Sternberg（1986）的爱情三角理论（见图7）有助于我们了解婚姻关系的跨文化共性：婚姻关系包含亲密（intimacy）、激情（passion）和承

诺（commitment）三个要素（如图所示），分别对应我们多次提到的ABC，即
affect（情感），behavior（行为）和cognition（认知）三个方面。"亲密"是指
心心相印、相互理解、相互热爱、相互支持、彼此融合的情感状态，关系双方
是灵魂伴侣（soulmate），是知己。"激情"是指那种意乱情迷、如胶似漆的状
态，源自外在的身体吸引和内在的性驱动，渴望与对方身体的联合。而"承
诺"是指对亲密关系担责，愿意与对方相守。爱对方成了一种决定，婚礼上的
宣誓便是如此。

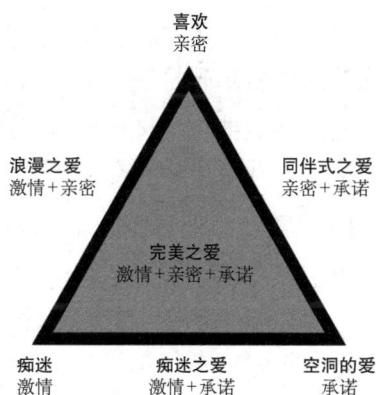

图7 爱情三角理论

按照Sternberg的说法，建立在两个或两个以上要素之上的关系比建立在
单一要素之上的关系长久。光有亲密是喜欢（liking），光有激情是痴迷和肉欲
（infatuation），光有承诺是空洞的爱（empty love；如死水一潭的婚姻：双方既
不出轨，也没有感情方面的共鸣和肉体方面的激情）。

如果亲密和激情兼而有之，但缺少承诺，那是浪漫之爱（romantic love），
彼此心灵相契，缠绵悱恻，唯独不给对方承诺，不想余生独爱君一人。典型的
风流才子的做派。这类爱情常常被拔高，成为许多电影、小说和流行音乐追求
的主题。如果有激情和承诺，但没有亲密，那是痴迷之爱（fatuous love），这
种基于肉欲的稳定关系缺乏情感上的默契，少了心灵的沟通，内涵贫乏而空
洞。在现实生活中，因被对方外貌吸引而结合的关系往往属于这一类。如果有
亲密，也有承诺，唯独缺少激情，那是同伴式之爱（companionate love），一
个较为极端的例子就是柏拉图式爱情。在笔者看来，同伴式之爱常见于中国的
婚姻家庭。夫妻相敬如宾，相濡以沫，形影相守，心心相印，而不是干柴烈
火，激情澎湃。

正如三角形不能少了一条边，亲密、激情和承诺对于健康的两性关系而言缺一不可。完美的婚姻源自三者的平衡，呈现最美的等角三角形状态。这自然是十分难得的，或许只能在童话故事里看到。在现实生活中，如果发现自己的婚姻生活还缺少其中一块，或者三者很不平衡，那么就要设法来弥补，否则关系的质量会大打折扣，或者关系无法长久。

这一理论看似简单，其实不然。假如我们将它放置在跨文化语境中，情况就会变得错综复杂。比如，承诺是基于个人认知和判断做出的决定，还是牵涉两个大家庭做出的集体决定？一项调查结果显示，在参与调查的中国青年中，有50%的人认为，优越的物质基础是幸福婚姻的必要条件。我们可以推定，这些人在做出承诺之前，必然要与父母严肃思考这一问题。同期在美国的一项调查发现，在参与调查的成年人中，66%选择"能在余生享受持久幸福的婚姻或亲密关系"，11%选择"事业有成"，8%选择"房子"，3%选择"车子"，2%选择"出名"。并且大多数人认为，"信任""尊重"和"友谊"是两人共度一生的三个关键因素。对比这两项调查，我们不能简单地认为，中国青年比美国青年在亲密关系中更讲求物质，或者美国人更看重两性之间的彼此吸引。事实上，这里不仅体现出对婚姻的看法受文化影响，而且在亲密、激情和承诺三者先后顺序上或许也存在文化差异。如果说美国人在婚姻的选择上大多听从内心，为"爱"而结婚，那么在我国社会，父母的态度将起到至关重要的作用，因为结婚不光是两个年轻人的结合，更是两个大家庭的联姻。于是，家庭背景、经济条件、职业走向等问题就变得非常现实。至于爱情三要素产生的顺序，好莱坞常常渲染激情先行，亲密次之，承诺在后，这多少反映出北美文化自由奔放的特点。当然，现实生活中的爱情故事恐怕多半还是亲密先行，即从朋友关系逐渐发展成情侣关系，但很少有承诺在先的情况发生。在中国传统社会，父母之命，媒妁之言，承诺主导是一种常态。现代社会提倡自由恋爱，同时也不排除相亲这种较为机械呆板的形式。然而，关系的发展总体上呈循序渐进的态势，而相对保守的文化传统依然强大，激情也不见得一定早于承诺。

除了爱情三角理论，有没有其他的办法来预测婚姻关系的质量呢？心理学家认为，"找一个好人"至关重要。何谓好人？就是性格好的人，也就是在著名的"大五人格"（Big Five Personality Traits）[4] 中亲和（agreeableness）指标得分高的人。这类人心态积极、乐观开朗、热情周到、友好大方、善解人意、乐于助人。他们喜欢用积极的眼光看待他人，对他人的需要十分敏感。性格好的男人更顾家，更愿意自我牺牲，为妻子的好处着想。他们踏实稳重、温柔敦厚、体贴入微的行事风格总是备受欢迎。而性格好的女人多半是贤妻良母，娶到这样的女人，是男人莫大的福分。相反，"神经质"性格是婚姻关系的一大杀手，因为这类人的情绪稳定性差，缺乏安全感，对负面消息异常敏感，生性多疑，遇事往往犹豫不决（彭凯平 2016）。

2. 跨文化婚姻的挑战与关系模式

（1）跨文化婚姻中的挑战

爱情三角理论和大五人格论均显示，要建立和发展良好的婚姻关系并非易事，不管在哪个文化。跨文化婚姻的挑战无疑更大，因为除了固有的个体差异（如家庭背景、性格特征、兴趣爱好、生活习惯、人生阅历）之外，双方还背负着各自的"文化包袱"。他们每时每刻都在进行跨文化交际，自始至终需要面对一个问题，就是如何跨越前面讨论过的三大障碍。

David Matsumoto 和 Linda Juang（2013）认为，爱和亲密关系的表达、承诺的含义、对婚姻的理解和态度、孩子的养育、男女角色分配、财务管理、与大家庭关系的处理等方面是跨文化婚姻发生矛盾和冲突的焦点。不同的文化在表达爱意、亲密、幸福等基本情绪的方式上存在一定的差异。作为"爱的五种语言"之一，肯定的话语在西方文化中使用较多，"我爱你""你真好"总是挂在嘴边。而另一种爱的语言——服务的行动——似乎在我们的文化里更为常见。很多夫妻之间没有什么肉麻的话，但总是默默地为对方付出，由此表达爱意。承诺的含义和对婚姻内涵的理解有关。在非一夫一妻制下，忠诚不在承诺的范围之内。在有的文化里，约会就是一种承诺。在智利，你最好不要与当地的异性单独约会，因为对方可能认为你俩的婚事近了。这样的约会在其他很多文化里根本算不得承诺，约会无非是想认识一下对方，或者一起找点乐子。

爱和亲密关系对于婚姻的重要性也因文化的不同而不同。这些差异同样

---

4 "大五人格"是指用来概括人类所有个体差异的五种性格特质：外倾（extraversion）、神经质（neuroticism）、开放（openness）、亲和（agreeableness）和尽责（conscientiousness）。

源于对婚姻的理解和看法。"你们美国人与所爱之人结婚，我们爱与我们结婚之人（You Americans marry the person you love; we love the person we marry）"，一位在美国任教的尼泊尔教授曾这样说道。爱情观和婚姻观的文化差异由此可见一斑。欧美人通常"为爱而结婚"，将婚姻视为两个相爱之人厮守一生（尽管离婚率很高），而在有的传统社会里，结婚更多的是出于传宗接代或者两个大家庭之间联姻的需要。养育孩子可谓是婚姻的试金石。有的跨文化婚姻一直顺风顺水，直到孩子出生时才出现夫妻不合拍的情况。如何养育孩子是文化差异的一大焦点，孩子的社会化实践往往最能反映一个文化的特征。例如，在我国很多大城市里，开学第一天，经常看到家长牵着孩子的小手千叮咛万嘱咐。早期有一部美国电视连续剧叫《成长的烦恼》，剧中有个小男孩名叫杰克。上学第一天，父母远远地站着，目送杰克背着书包，独自穿过马路去乘校车，结果他偷偷地躲了起来，开学第一天就逃学成功。再比如，婴儿出生后，在很长一段时间里都要睡在母亲身边，这在我们的文化里是天经地义的，因为孩子需要照顾，但在西方，很多孩子从小就睡自己的房间，一是为了避免发生意外（母亲怕熟睡时不小心压坏孩子），二是为了培养孩子的独立性和自理能力。此外，父母会不由自主地给孩子灌输来自本文化的价值观，于是，一方可能希望孩子循规蹈矩，另一方可能要求孩子彰显个性。

在跨文化婚姻里，男女角色分配也需要协商。"男主外，女主内"的说法是阳刚文化的特征，在阴柔文化里不一定行得通。在瑞典，你经常能看到穿着讲究、身材魁梧的帅哥，一手推着婴儿车，一手举着咖啡杯，慢悠悠地走在街头。这就是瑞典奶爸的真实写照。按照瑞典政府的政策，父母需要共同承担照看婴孩的责任，父亲至少要休假90天，如果和母亲平分假期，还能获得政府额外的补贴。财务管理方面，双方的工资由谁来打理，金钱如何使用，开销应该有多大，都是需要考虑的问题。我们通常主张勤俭节约，喜欢把钱放在银行，生活从长计议，先苦后甜。而在有的文化里，人们似乎过得更为潇洒，"吃光用光，身体健康"，主张及时行乐，没有后顾之忧。数年前，网上曾经报道南美球迷为了去欧洲看世界杯，到银行贷款，这种做法在我们的文化里是很难想象的。

如何处理与大家庭的关系也许最能体现个体主义和集体主义两种价值取向的不同。个体主义文化一般重小家，轻大家；集体主义文化传统上重大家，轻小家，现今随着文化的变迁，大小家并重较为普遍。事实上，跨文化关系在刚开始时可能会遭到大家庭的反对，这在集体主义文化中似乎更为常见。父母的反应与对方的个体特征以及所在国家的发达程度很有关系。父母很难同意孩子与来自欠发达国家、个人"条件"又很一般的异性交往。成家以后，来自大家庭的影响至少体现在文化规范的传承上，如按照文化传统给孙辈立这样那样的规矩。为了减少大家庭的影响，曾有学者建议，夫妻双方在地域上要尽量远离大家庭，因为研究发现，跨文化婚姻的成功率与双方父母住得远近成正比，父母住得越远，婚姻的成功率就越高。对于集体主义者来说，这样做并不容易。李安执导的剧情片《推手》就很好地揭示了中美跨文化夫妇在对待大家庭问题上的挣扎。在家独居的77岁太极高手朱老被儿子接到美国生活，由于语言不通、生活习惯不同，结果朱老与儿媳不和，由此引发了一系列的家庭矛盾。

跨文化婚姻要取得成功，需要双方开放心态，主动做出让步，并对婚姻关系信守承诺，保持忠诚。尽管跨文化婚姻的挑战很大，但离婚率并不见得比一般的婚姻高。关键在于婚姻双方能否在尊重彼此的文化传统的基础上，心平气和地协商差异，求同存异，共同努力，创造未来。

（2）跨文化婚姻的关系模式

通常，跨文化婚姻双方采用四种方式来处理文化差异：顺从（submission）、妥协（compromise）、隔断（obliteration）和共识（consensus）（Romano 1997）。为了说明这四种方式如何不同，我们借用电影《我的盛大希腊婚礼》作为例子。这部电影讲述了一位名叫图拉的希腊裔女孩的故事，她摒弃严苛的家庭传统，毅然嫁给了非希腊裔高中教师、素食主义者伊恩，结果引发了一系列的家庭矛盾和冲突。

所谓顺从，即完全地接受对方的文化，放弃和否定自己的文化。采用这一方式的通常是女方，但在这部电影里恰恰是男方。伊恩决定最大限度地成为希腊人，接受图拉的希腊文化模式和价值取向，过希腊的节日，说希腊话，彻底放弃美国的个体主义行事风格以及一切与此有关的东西。妥协的意思是部分接受对方的文化，双方均放弃部分本文化的习俗和价值取向。比如，伊恩和图拉都决定放弃一些东西，以更好地处理差异（伊恩不再是素食主义者，并皈依希腊东正教，而图拉不再在家吃希腊晚餐）。所谓隔断，是指双方为了相互适应，均牺牲自己的文化传统。比如，伊恩和图拉都放弃各自的文化，移居法国，开始全新的生活，因为在他们看来，两种文化实在太不合拍。共识是指协商文化差异，学习对方的文化传统、习俗和信念。共识不同于妥协，因为它强调相互学习，共同应对问题。比如，伊恩和图拉都努力了解对方的背景、信念、价值观和行事方式，以求彼此适应。共识是四种方式里最难的，但结果又是最好的。

当然，四种方式一旦进入现实生活中，不见得就这样泾渭分明。在不同的生活领域，人们或许会采用不同的方式。但不管怎样，准备迈入婚姻殿堂的跨文化情侣还是有必要弄清楚以下几个问题：

1）双方的婚姻动机是什么？
2）双方如何感受一些潜在的问题（如养育孩子、夫妻角色、大家庭的参与，等等）？
3）谁需要适应谁的文化？（如前所述，在大多数情况下，女方需要适应男方的文化。这样做公平吗？双方都能接受吗？）

Romano（1997）曾给希望加深关系的跨文化情侣提供了一份清单，其中包含跨文化关系取得成功的必要条件：

• 良好的婚姻动机
• 喜欢对方的文化
• 灵活性（开放的心态）
• 稳定、正向的自我形象
• 冒险精神
• 交际能力
• 对关系的承诺
• 幽默感

实际上，上述条件同样适用于文化背景相似的情侣。其中第二条看似无关，实则有关，因为文化不光停留在国家层面。比如，中国的南北方文化差异使得南方人与北方人组成的家庭在生活习惯方面需要更多的协调与适应。

　　最后，让我们来了解一下两项有关两性吸引力的跨文化对比研究，以管窥不同文化在择偶标准上的异同。第一项来自Buss等学者（1990），他们围绕着择偶标准，比较了33个国家、37个文化，共有一万余人参与调查。结果发现，在37个文化中，有36个文化的女性比男性更看重经济条件；在这36个文化中，有29个文化的女性比男性更看重进取心和勤奋。在所有37个文化里，男性希望找比自己年轻的女伴，而女性希望找比自己年长的男伴；其中在34个文化里，男性比女性更看重外表；在23个文化里，男性比女性更看重贞洁。另一项研究来自Hatfield和Sprecher（1995），他们对来自美国、俄罗斯和日本的大学生的择偶标准进行了比较。考虑的主要因素包括外表、智商、体育运动能力、进取心、谈吐、社交、财富、恋爱技巧、善良、获得成功的潜力、表达能力、开放的心态、幽默感等。研究发现，男性打分唯一高于女性的是外表。除了谈吐之外（该项男女打分相同），其他各项的打分都是女性高于男性。与俄罗斯人相比，美国人更注重表达能力、开放的心态和幽默感。而俄罗斯人对这几项的重视程度高于日本人。就恋爱技巧而言，俄罗斯人最看重，美国人次之，而日本人最不看重。与其他两个群体相比，日本人没有那么注重善良与善解人意、谈吐、外表和社会地位。

　　本小节我们探讨了跨文化关系的一些基本特征，并着重剖析了跨文化友谊和跨文化婚姻如何受文化的影响。总之，顺畅的交流互动有助于跨文化关系的建立和发展；相反，不顺畅的交流互动容易产生误解，甚至引发冲突，从而对跨文化关系造成伤害。

第二节 跨文化冲突

冲突通常是指相互依赖的双方或多方之间因矛盾和分歧而产生的争执。冲突发生在多个层面，如个体之间的冲突（人际冲突），组织（如企事业单位）之间的冲突，以及群体（如民族、宗教团体）之间的冲突。群际冲突范围可以大到国家层面（如俄乌冲突），甚至文明层面（如亨廷顿提出的世界八大文明之间的冲突）。

不论在哪个层面，冲突必然涉及三方面的问题：(1) 具体问题（如孩子之间糖果分配不均，不论是事实，还是想象）；(2) 关系问题（冲突必然对双方的关系产生影响）；(3) 面子问题（个人认同和社会认同）。这三个问题分别指向具体目标（要在多大程度上解决引发冲突的具体问题）、关系目标（要在多大程度上顾及与对方的关系）和认同目标（要在多大程度上给对方留面子）。目标导向不同，管理冲突的方式方法就会不同。比如，孩子的具体目标非常明确，就是要拿回本该属于自己的那些糖果，因此非要在冲突中占据上风不可。至于关系目标和认同目标，则落在次要位置。其结果是，孩子也许达到了具体目标，但可能得罪了兄弟姐妹，因为没有顾及他们的需要和感受，也没有给予他们足够的尊重。另一种情况是，考虑到和兄弟姐妹的关系，也为了他们的好处着想，这名孩子索性放弃原来的想法，于是冲突自然而然就结束了。

冲突的许多环节受到文化的影响，因此冲突有内文化与跨文化之别。来自同一文化的人们之间发生的冲突，我们称之为内文化冲突（intracultural conflict）。来自不同文化的人们之间发生的冲突，我们称之为跨文化冲突（intercultural conflict）。跨文化冲突可以理解为在交际互动过程中，来自两个不同文化群体的双方或多方，因为在价值取向、风俗习惯、面子观念、有限资源的分配、交往目标、交往过程、交往结果等问题上看法或做法不一，而在情绪上受挫（Ting-Toomey & Oetzel 2001）。

一、跨文化冲突的特征

不同于内文化冲突，跨文化冲突涉及两个文化参照系，因此有其独特的问题，如语言和非语言障碍，冲突过程中不确定性的增加，冲突双方对冲突本身的理解不一，等等。语言和非语言信息既是产生冲突的原因，也是冲突的呈现方式。信息传递不畅而导致误解，是产生跨文化冲突的一个重要原因。语言表达方式的不同（如间接还是直接、高语境还是低语境）、非语言规则的跨文化差异（如身体距离的大小、眼神接触的多少）都会对互动结果产生影响。假如涉及到二语的使用，交际者一方面对如何恰当地表达思想和感受缺少把握，有时还无意中得罪对方而不自知，从而导致冲突的发生；另一方面可能不明白对方所说的话而误解了对方。一位泰国留学生提供了以下案例：

2014年12月的某一天，一位泰国老和尚在火车上掌掴了一名外国乘客。事情是这样的：那位老和尚在火车上睡觉，一名外国乘客上车寻找座位，看到老和尚对面有个空位，便坐了下来。后来，老和尚醒了，外国乘客出于礼貌，便用英语问老和尚，他能不能在那儿坐。老和尚不懂英语，不管那外国人怎么解释，他始终听不明白，而且愈听愈不耐烦。外国乘客这才明白老和尚听不懂他要表达的意思，于是就说"Fine"。不料，老和尚听到后勃然大怒，以为那名外国人在辱骂他，便给了外国人一巴掌。老和尚之所以大发雷霆，是因为英语里的"fine"与泰语中的"水牛"是谐音，而水牛等于"蠢笨"或者"笨蛋"的意思。在泰语中，这是脏话，是不能随便出口的。

有时候一个简单的手势也有可能引发冲突。比如，我们掌心向内招呼服务员的手势，在菲律宾是用来招呼动物的。我们惯用的OK手势，在摩洛哥文化里是不雅的。美国人在中东和阿拉伯人谈话时，时不时地要身体后撤，因为觉得对方离得太近了。而阿拉伯人总是抱怨美国人太高冷，太不在乎自己的感受。殊不知，这是身体距离上存在文化差异，中东是"高接触"文化，那里的身体距离要比在美国小得多。假如不了解这些情况，误解和冲突很容易产生。

语言和非语言障碍还体现在冲突的呈现上。冲突过程必然牵涉到语言和非语言的使用，故冲突本身就是一个较为特殊的跨文化交际过程，在此过程中，语言和非语言的使用都有其固有的问题，使跨文化冲突的呈现过程变得更加扑朔迷离。哪怕如何表达愤怒的情绪，可能也有文化差异，其结果是，你也许已经非常愤怒了，但你的肢体语言在对方眼里可能还算不上很愤怒。

与内文化冲突相比，跨文化冲突过程的不确定性要高出不少。冲突双方如何理解和看待冲突是一个问题，如何回应出乎预料的冲突方式或处理冲突的办法是另一个问题。如何理解和回应这些问题，既与个性有关，也与文化价值和社会规范有关，而跨文化冲突至少涉及两套价值规范体系，因此不确定性随之增加。同时，上面提到的二语使用也给意义的传递带来了更多不确定性。不确定性导致焦虑，而焦虑情绪是不利于解决冲突的。按照 William Gudykunst 的说法，跨文化交际是减少和回避不确定性的过程（见第八章）。对交际另一方的了解越多，焦虑也就越少。随着焦虑的减少和不确定性的降低，处理跨文化冲突的效率也就随之提高。

跨文化冲突还有一个特征，就是双方对冲突的感知和对冲突本身的理解和看法均受文化的影响。对跨文化冲突的感知通常有三个特点。首先，它牵涉到跨文化感知，因此很难避免民族中心主义、刻板印象甚至偏见的影响。比如，对方本着就事论事的态度对你的工作提出批评，但在你的文化里，人事很难分开，所以你的解读是对方在贬低你的人格，于是自尊心受到挫伤，你的反应异常激烈，完全出乎对方的预料。假如你对另一方所属群体抱有偏见，你打心里就不喜欢对方，于是对方有任何冒犯你的言行，在你的理解中都会被无限放大。其次，正因为对冲突的感知以我为主，很少在意对方文化的逻辑，所以归因过程势必会偏离方向。比如，广岛与长崎的原子弹惨剧据说与美方的归因偏差也有关系（因日方回应美方最后通牒时所用的"默杀"一词有歧义，这个词既有"不予评论"的意思，也有"无视"和"蔑视"的意思，而美方的理解属于后者）。最后，归因过程因冲突方式的不同而变得愈加复杂。这一话题我们稍后还要专门讨论。

对冲突本身的看法也有文化差异。在有的文化里，人们较为理性地看待冲突，认为冲突是正常的，甚至是有积极意义的；在有的文化里，人们较为消极地看待冲突，因此，冲突应该尽量避免。冲突之所以被积极地看待，一方面它可以帮助人们避免安于现状，激发人们的兴趣和好奇心。通过冲突可以表达对问题的看法，提出解决问题的方案，因此冲突为个人发展和社会变迁提供了契机。另一方面，冲突为建立和发展关系提供了机遇。妥善解决冲突可以提高人们对自我和冲突对方的认识，也有助于建立更加紧密的联系，正可谓"不打不相识。"这些情况容易在个体主义文化里出现。相反，冲突之所以被消极地看待，是因为它对关系具有很强的破坏力，这在集体主义文化里尤为明显。其中一个原因是，如前所述，集体主义者在归因问题上很难人事分开，这与所处的社会环境注重关系是分不开的。人际冲突大多始于事，终于人（认同）。一件鸡毛蒜皮的小事引发冲突，最后演变为撕破脸皮的人身攻击。所以，我们相信"和为贵"，即使维持表面的和谐（superficial harmony），也强于发生正面冲突。当然，跨文化学者通常认为，跨文化冲突既是挑战，同时也是我们了解不同文化、理解和应对不同冲突方式的好机会。

二、 跨文化冲突管理策略

所谓冲突管理（conflict management），是指适时采取措施、运用策略来应对冲突，以免事态进一步扩大。冲突管理方式的选择有赖于冲突的种类、冲突发生的场合，以及冲突双方之间的关系。熟人之间发生冲突时，因考虑到双方关系的维持，所以不便发作，管理方式侧重澄清事实、协商解决问题。陌生人之间的冲突则不需要考虑关系问题，因此冲突双方往往会摆出咄咄逼人的架势，非要争出个高下不可。冲突发生的地点和场合都会影响到人们如何应对冲突。在公共场合还是私人空间，有熟人在场还是不在场，甚至身心状况的好坏，都会影响到当事人如何应对冲突。

冲突的种类可以从过程和结果做出区分。就过程而言，冲突有竞争性和合作性之分。竞争性冲突会让事态进一步升级，冲突双方你不让我，我不让你，负面情绪不断高涨，对另一方不满的地方也越来越多。在冲突过程中，双方或胁迫，或欺骗，或怀疑，正常的交流无法进行。冲突双方还常常断章取义，并责备对方是无法解决冲突的原因。合作性冲突求同存异，通过开诚布公的交流，力求重新建立信任。假如双方共同致力于冲突的化解，那么最终双方都会有一种成就感。除非冲突开始的时候，就寻求建立合作的关系，使之成为合作性冲突，一旦冲突升级，就很难再有合作解决问题的可能。

从结果来看，冲突可分为破坏性冲突和建设性冲突。破坏性冲突致使双方对问题上纲上线，使问题进一步升级。冲突开始偏离原本的问题，对双方的关系产生严重的怀疑。冲突双方通过威胁、胁迫、欺骗等方法，力求在权力博弈中压倒对手。建设性冲突表现出当事人有效、得体地管理冲突的技能。冲突双方将冲突回归到原本的问题，使其更容易被理解。双方都相信令人满意的结果可以获得，并将所有努力引向合作解决问题之上。当然，我们做上面的区分也是便于读者理解，在现实生活中，冲突有可能是几种类别的杂合。

尽管冲突管理方式受多种因素的制约，但我们仍然可以通过抽丝剥茧，梳理出几种模式或策略。人际冲突一旦发生，有两件事必须权衡：一是个人目标的达成，二是与对方保持良好的关系。一方面，当事人之所以与别人发生冲突，是因为两个人的目标不一致；另一方面，当事人如何处理冲突与这个人是否看重与对方的关系有关。基于上述考虑，我们可以通过两个维度来看冲突管理的策略（见图8）：为自己着想（我赢）和为对方着想（你赢）（Rahim 1992）。融合策略（integrating）源于对自身和对方需求的同等关切；迁就策略（accommodating）多考虑对方的需求，少考虑自身的需求；主导策略（dominating）重自身的需求，轻对方的需求；回避策略（avoiding）源于对双方需求的忽视；而折中策略（compromising）则对自身和对方需求的关注打了折扣。

具体而言，融合策略追求双赢，需要双方共同努力解决争端。这种策略正视冲突存在的合理性，不回避，不争论，采用和平对话的方式，共同寻求建设性的解决方案，以达到互利和双赢的目的。当然，要达到这样的目的并非易事，需要花费大量的时间和精力。迁就策略，顾名思义，需要牺牲自己的利益，以解决冲突，维护和谐的人际关系。为了达到这一目的，当事人往往需要取悦对方，放弃原则，甘心吃亏。这种策略往往在当事人意识到错在自己时最为管用。如果当事人觉得冲突的焦点对他而言并不重要，但对冲突的另一方来说却十分重要，他也会采用这一策略。迁就策略往往从长远考虑，所谓"忍一时风平浪静，退一步海阔天空，"对和谐关系的维持与和平合作的继续是十分有效的。

主导策略的背后逻辑在于冲突必然要分出胜负，一方赢就意味着另一方输。采取这种策略的人往往据理力争，气势逼人，直到打败对方为止。其结果是，人际关系容易遭到破坏，冲突另一方往往感到愤愤不平，或者有被羞辱的感觉，因此很难通过合作寻求解决方案。当然，这种策略的好处在于它从不拖泥带水，假如需要快速解决问题，或者担心其他策略（如迁就）不利于事情发展时甚为有效。采取回避策略多半是出于"大事化小，小事化了"的考虑，不想通过正面冲突解决问题，能避让就避让。这一策略在短时间里可能管用，但从长远来说，不一定有利于关系的维系与发展。当然，这种策略也有其合理性，尤其是当冲突不那么厉害，或者你觉得有必要先等一等，再看看有什么更好的应对方法的时候。折中策略介于主导和回避及迁就之间。通常冲突双方共同寻求解决方案，但在目标上双方都需要做出一定的让步和牺牲，所以有点"双输"的意味。折中或者说妥协往往出于自身的目的，因为冲突方总是需要先考虑自己的利益。这种策略通常适用于冲突双方的目标相互独立，或者暂时解决争端比永久解决问题来得重要的时候。

那么，这些策略的运用是否受文化的影响呢？ Stella Ting-Toomey（1994）认为，个体主义和集体主义是了解冲突管理跨文化差异的重要变量。个体主义文化一方面重独立、自由、平等、隐私、自尊（自我面子），另一方面重结果、以目标为导向、强调做事、常与低语境交际联系在一起，因此，冲突管理策略的目标性和有效性明显，采取主导策略较为频繁。相反，集体主义文化重过程、以关系为导向、强调做人、顾及他人面子、常与高语境交际联系在一起，因此，冲突管理策略的关系性和得体性明显，人们在冲突中往往愿意牺牲某些个人利益来维持与他人的关系，采取迁就或回避的策略较为频繁。同时，解决冲突的方法也受个体主义和集体主义这一变量的影响。例如，在个体主义文化中，冲突可以通过面对面的协商直接解决。但这个方式在集体主义文化中不一定管用。很多时候，我们需要第三方的参与，扮演"老娘舅"的角色。第三方在冲突双方之间来回说理，以寻求解决问题的最佳方案。事实上，第三方的角色在个体主义文化中也有，但其扮演的角色有所不同。在个体主义文化中，第三方需要保持中立，主要起到引导的作用，使冲突得到合理的解决。但在集体主义文化中，第三方不仅为冲突双方所熟知，而且要有一定的威望，可能是长辈，也可能是领导，在调解过程中需要拿出自己的观点，尽量使冲突双方朝着既定的目标共同努力。当然，冲突中还涉及到一个至关重要的概念，那就是面子。面子的概念并非我们一家独有，但对面子的理解存在文化差异。那么面子在冲突管理中扮演着什么样的角色呢？

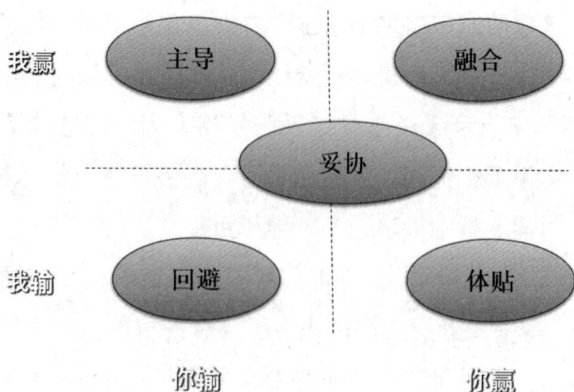

图8 冲突管理策略：五种常见模式

"面子"涉及交际中身份认同的协商，与交际者如何看待自己和对方如何看待自己有关。它可以理解为一个人的自我形象或者这个人在与他人互动时期望获得的尊重和照顾。被对方接纳、认可、尊重和照顾，是大多数交际者所期待的，也就是对方给"面子"。公众面前的个人形象不仅需要自身构建、维护和争取（挣"面子"），也需要交际另一方的配合与保护（给"面子"），其出发点是尽量避免给对方带来不便，更不能让对方感到尴尬，这是礼貌原则的一部分。然而，冲突发生时，冲突一方或双方的个人形象受到威胁，"面子"问题顿时变得十分凸显，面子工作（facework），即通过语言和非语言交际行为来维护自我面子、他人面子和相互面子，便成了化解冲突的一个关键。

将面子工作上升到理论高度，要归功于美国跨文化学者 Stella Ting-Toomey。她早在1988年就提出了冲突面子协商理论（Conflict Facework Negotiation Theory），后来又对该理论进行多次修订和扩充（Ting-Toomey 2015）。冲突面子协商理论围绕着自我面子、他人面子和相互面子三个概念展开。自我面子是指在冲突过程中对自我形象的关注；他人面子是指在冲突过程中对冲突另一方形象的关注；而相互面子是指对彼此形象和关系的关注。维护自我面子还是相互面子，要看交际者受到的文化熏陶、个人的性格特征以及内在的情境因素。该理论有如下七大核心假设（Ting-Toomey 2015:325–326）：

1. 来自每个文化的人们在每个交际情景中都试图维护和协商面子。

2. 在情绪激愤、认同脆弱的情景中，交际双方此时的认同受到质疑，此时的面子观念所遇到的问题尤其显多。

3. 个体主义—集体主义和大小权力距离这两个文化价值取向影响面子维护工作的内容和形式。

4. 个体主义—集体主义价值取向影响到交际者选择关注自我面子、他人面子还是相互面子。

5. 大小权力距离价值观取向影响到交际者选择横向面子维护工作，还是垂直面子维护工作。（前者是指与他人进行比较和竞争，以展示自己的能力、成就和社会地位，从而争得或维护个人面子；后者是指通过建立和维持稳定的社会等级和社会角色以争得或维护个人面子。）

6. 价值观维度与个人因素、关系因素、情境因素相互作用，影响到特定文化场景中具体的面子维护工作。

7. 跨文化面子维护工作能力指的是能够将知识储备、审慎的态度和交际能力融为一体，得体、有效、灵活地应对认同脆弱的冲突情景。

针对跨文化冲突中面子受威胁的过程，Ting-Toomey（2009:372）还提出了以下五种状况：

1. 符合文化要求的面子维护工作规则违反得越多，看到的威胁就越大。

2. 冲突双方的文化距离越大，在冲突过程中产生的不信任和误解就越多。

3. 从不同的文化角度出发，认为引起冲突的话题越重要，或者强制的冲突需求越多，那么面子受威胁的程度就越高。（强制的冲突需求是指认同、关系、面子观念等方面的基本需求；compulsory needs related to identity, relationship, and face concerns）

4. 引发冲突的一方权力越大，另一方眼里威胁就越大。

5. 在面子受威胁的过程中，产生的危害或伤害越大，就越需要时间和精力来修补面子。

上述五种状况中只要有几种出现在面子遭受威胁的过程之中，那么人们对自我面子的担忧就会逐渐增加。他们借助于文化价值取向、个人性格特征和情景压力做出判断，断定互动过程何种情况下可以被视为一个严重的跨文化面子威胁（face threat）事件。当面子威胁达到一定程度时，他们就会采取行动，来维护自我面子或内群体面子。

　　为了有效协商面子的维护工作，交际者需要更多地了解双方处理面子的方式方法是如何受文化和个人因素影响的。面子维护工作能力强调知识、态度和沟通技巧的有机融合。在知识方面，交际者对文化差异要有足够的认识和敏感，以避免用固有的民族中心主义视角来审视跨文化冲突中的各种行为，并尝试用冲突另一方的文化参照系来解读冲突事件。在态度方面，交际者需要审慎留心，学习从不同的层面、不同的角度来审视不为自己熟知的行为。培养这一态度的最好方法就是带着十二分的专注，留心倾听别人的声音。在交际能力方面，交际者有必要进行一些专门的训练，如换位思考、肯定对方、表达同理心、创造性地看问题、建设性地平衡权力、灵活地转换语码、平等对话，等等。训练的目的是为了使交际既得体又有效。得体指的是交际行为符合文化的期待，是被视为恰当的；有效是指交际双方在共享意义上达成一致，共同目标得以实现。

三、　有效地进行跨文化冲突管理

　　要有效地管理跨文化冲突，关键在于培养跨文化冲突管理能力，即有效管理和应对冲突以及冲突引起的情绪受挫的能力。冲突产生和情绪受挫的主要原因是冲突双方文化、语言和族群三方面背景的不同。Stella Ting-Toomey 和 Leeva C. Chung（2012）认为，跨文化冲突管理能力的核心部分包括跨文化知识（对文化差异有足够的了解）、留心（对自己的思维模式、情感反应和行为习惯的高度认识，并将这种认识扩展到对他人不同的文化参照系的理解上）、建设性的冲突交际技巧（如跨文化冲突管理技巧和外语能力）以及交际方面的适应性。跨文化知识可以帮助交际者突破民族中心主义的思维定式，用更多元的视角去审视跨文化行为背后的内在逻辑，关注其他文化中常见的冲突方式和化解冲突的途径，以避免给对方的行为方式妄下结论；同时也能超越刻板印象，在关注文化普遍性的同时（如个体主义—集体主义分野），关注个人特征的差异（同一文化中人们应对冲突的方式也会有所不同），仔细分析跨文化冲突发生和发展的内在动因，在特定的历史、社会和文化语境中来解读和评价具体的冲突。

留心意味着我们不能够想当然，凭感觉，而是要认识到双方管理和应对冲突的方式方法是有文化差异的，并及时调整自己的方式方法，努力与对方保持同步。冲突发生时，交际者需要时刻关注自身对冲突的理解及应对冲突时做出的选择，因为这种理解和选择对冲突本身带来的影响是十分深远的。同时，要乐意向他人学习不同的冲突管理方式，学习站在对方的角度看问题，充分考虑对方的情感反应和认知状态，反复思考"他/她为什么会有这样的反应"，并适当调整方式方法，以维护双方的面子。

冲突交际技巧是指通过语言和非语言行为得体有效地管理冲突的技巧，包括虚心倾听、换位思考、谨慎措辞、理解确认、肯定对方、求同存异，等等。为此，Stella Ting-Toomey（2012:288–289）提出了立足文化、化解冲突的七个步骤，旨在引导冲突双方了解问题的背景，分析对方背后的文化预设和价值取向，以寻求建立和谐关系和发现共同目标的途径：

1. 从文化和个人的角度，我对问题的评估得出什么结论？
2. 我为什么会得出这样一个评估结论？评估的依据是什么？
3. 我的评估是由哪些预设或价值观驱动的？
4. 我如何知道这些预设或价值观在这次冲突中是相关的或有效的？
5. 我有哪些潜在原因想维持或改变自己对冲突的理解和认识？
6. 我应该如何让自己从文化或个人角度对冲突的认识朝着加深跨文化理解的方向改变？
7. 我应该如何在语言和非语言冲突方式上做出调整，以展现对面子工作敏感的行为，从而获得双赢的结果？

跨文化知识、留心和建设性的冲突交际技巧分别对应跨文化冲突管理能力的三个组成部分：认知（知识）、情感（态度）和行为（技巧）。这种能力还有一个组成部分，即交际方面的适应性，它是指交际者愿意修正自己的行为和目标，以适应具体交际情况的需要。也就是说，认知、情感和行为三方面的适当调整有利于跨文化冲突的管理和化解。一个典型的例子是，交际者甘愿放弃自己习以为常的冲突应对方式，采用对方的交流方式，用对方的语言进行交流。这一行为出于尊重对方和保持良好关系的考虑，因为交际者希望通过和平的方式解决争端，化解冲突。在此问题上，陈国明（2009）主张使用"融合策略"，即冲突双方基于同理心和敏感性，通过调整自己的观点和学习对方的观点，把双方的行为有机地融合起来。这一过程涉及对其他文化的核心价值观的关注。

William Gudykunst 和 Young Yun Kim（2003）建议来自个体主义文化的人们在集体主义文化里应对冲突时注意以下几点：

1. 维护彼此的面子；
2. 耐心观察，少问为什么；
3. 关注对方的认同期待和关系期待。

他们建议来自集体主义文化的人们在个体主义文化里处理冲突时注意以下几点：

1. 冲突中立场鲜明，观点明确，说理到位；
2. 多用主语"我"，多提问题，澄清冲突内容；
3. 运用积极的倾听技巧，不要只依赖非语言信息。

Stella Ting-Toomey（1999:229）为集体主义者在个体主义文化里管理跨文化冲突提供了更为详细的建议：

1. 将人际关系从冲突中抽离出来，是建设性地协商和处理冲突的关键。也就是说，要把冲突中发生的事情本身和冲突双方的关系和情感因素区分开来。
2. 集中解决冲突涉及的具体问题，学会在冲突过程中公开发表意见。不要把冲突联系到个人，应该学习在人和事之间保持距离。也不要用拐弯抹角的方式来应对冲突。
3. 说话要自信，强调双方都有发言的权利，尊重彼此辩护的权利。集体主义者需要学习在对话中开门见山，直击要害，并用证据、例子或数据作为支撑。也要勇于接受批评和建议，修正自己的观点。
4. 个人要对冲突中的决策过程负责，即用"我"来表达自己的意见，描述自己的感受，分享自己的思想过程。集体主义者应该确保听者明白你的意思，建设性地进行冲突管理。也应该多问"为什么"，寻求清楚的解释。

5. 积极提供口头反馈，发挥积极倾听的能力。集体主义者必须积极地进行语言的意义转换（即用不同的词语表达同一个意思），并经常询问对方是否听懂，以确保意义的准确传递。集体主义者必须学习在冲突过程中适当表露自己的情感、态度和经历，而不能光靠非语言信息来传递或者干脆让对方来猜测你的感受。

6. 在冲突协商过程中，要学习抓准时机表达想法。集体主义者不要老是沉默，否则在个体主义者看来，这是在浪费时间。

7. 要努力与对方一起解决冲突。集体主义者应该更多地使用任务型探究策略，更多地考虑冲突若不解决会造成什么后果。也要适当调整防御心理，学习建立信任，消除对他者的恐惧心理。

Ting-Toomey提供的这些建议既周全，又实用，对于深受集体主义文化熏陶的我们而言，可谓弥足珍贵。哪怕对于如何处理日常细小的跨文化摩擦，也有重要的启示作用。一位留学海外的国内高中女生曾有过这样一段经历：

偶尔我会在住家做一些中餐，因为那些饭菜的味道让我倍感亲切。有一天，我花了很多时间烹饪一锅香喷喷的炒饭，并将一碗盛给住家妹妹，期待她能喜欢。然而，当妹妹拿起勺子尝了一口后，她的脸色变得有点难看，不久之后，她将剩下的炒饭倒进了垃圾桶。

那一刻，我感到非常失望和难过。那个炒饭代表着我离家后能品尝到的家的味道！由于食材不易获得，平时很难吃到自己喜欢的正宗中国饭菜。我完全可以一个人将那一小锅炒饭吃光，我都舍不得吃！住家的妹妹为什么要这样做呢？但我不想让这件事造成任何尴尬或者争吵，所以选择了沉默，默默地消化自己的负面情绪。

随后，我得知住家妹妹前不久得了甲流，一直身体不舒服，所以没有胃口也是情有可原的。于是，我开始反思自己的沟通方式是否妥当。或许，我应该更加坦诚地表达自己的感受，而不仅仅是为了维持情面而选择沉默。我后悔没有及时与妹妹进行沟通。如果能够就事论事，也许就不会有那么多闷气。

因此，我决定主动与住家妹妹谈话。我向她解释了事情的经过和我的真实感受，并对她说，我知道可能是因为她的身体不舒服，所以没有食欲，但最好不要当着我的面倒掉饭菜。住家妹妹听完后，脸上顿时露出一丝愧疚的表情。她也意识到自己过于专注于当时的身体感受，对我的努力和善意没有给予足够的尊重。她向我道歉，并承诺以后会更加珍惜我为她所做的食物。

从那以后，我们俩的关系似乎更加紧密了。

从上述案例中可以看出，这位高中女生起先似乎带着文化惯性，没有"在人与事之间保持距离"，并且采用高语境的交际方式来应对摩擦，独自消化负面情绪。同时，住家妹妹或许没有意识到自己冒犯了姐姐，毕竟当时身体也不舒服。而接下来的补救措施无疑达到了很好的效果，它与Ting-Toomey给出的建议十分契合。

我们在第四章里曾经提到，集体主义文化中不乏个体主义者，个体主义文化中也不乏集体主义者，所以我们有必要了解自己在应对冲突时的基本取向。下面是个体主义和集体主义冲突视角自测，我们不妨一试。

Instructions: The following items describe how people think about themselves and communicate in various conflict situations. Let your first inclination be your guide and circle the number in the scale that best reflects your overall value. The following scale is used for each item:

4=YES!　　= strongly agree — IT'S ME!

3=yes　　　= moderately agree — it's kind of like me

2=no　　　= moderately disagree — it's kind of not me

1=NO!　　　= strongly disagree — IT'S NOT ME!

In most conflict situations, I try to ...

　1. Consider the interests and needs of the other person.

　2. Win and feel good about myself.

　3. Focus on the conflict process.

　4. Focus on the concrete conflict outcomes.

　5. Listen carefully to what the other person is telling me.

6. Be assertive to get my viewpoint across.

7. Work toward some compromise.

8. Be decisive in terms of how the conflict should work out.

9. Be sensitve to mutual face-saving issues.

10. Be certain to protect my own self-image.

Scoring: Add up the scores of all the even-numbered items and you will find your individualistic conflict lens score. Individualistic conflict lens score: _____ . Add up the scores on all the odd-numbered items and you will find your collectivistic conflict lens score. Collectivistic conflict lens score: _____ .

Interpretation: Scores on each conflict lens dimension can range from 5 to 20; the higher the score, the more individualistic and/or collectivistic you are. If all the scores are similar on both conflict lens dimensions, you are a bifocal conflict lens person.

使用说明：以下条目描述的是人们在各种冲突情况下是如何思考自身并进行沟通的。请您基于第一反应，在量表中圈出最能反映您总体情况的数字。下面是用于每个条目的量表：

4=太对了！　　＝非常同意—这就是我！

3=对的　　　　＝比较同意—这有点像我

2=不对　　　　＝不太同意—这不太像我

1=肯定不对！　＝非常不同意—这不是我！

在大多数冲突情况下，我尽量……

1. 考虑对方的利益和需求。

2. 争取赢并让自己感觉良好。

3. 关注冲突的过程。

4. 关注具体的冲突结果。

5. 仔细倾听对方正在对我说的话。

6. 坚定地把自己的观点表达清楚。

7. 努力达成某种妥协。

8. 在冲突应该如何解决的问题上态度坚决。

9. 对保全彼此颜面的问题保持敏感。

10. 确保维护自身的形象。

得分：将所有偶数项的分数相加，就是您的个体主义冲突观得分。个体主义冲突观的得分为：＿＿＿＿＿。将所有奇数项的分数相加，就是您的集体主义冲突观得分。集体主义冲突观的得分为：＿＿＿＿＿。

解释：每个冲突观维度的得分介于5分和20分之间；得分越高，您越倾向于个体主义和/或集体主义。如果两个冲突观维度上的得分相似，那么您就是一位持有双焦冲突观之人。[5]

　　本章有关跨文化关系和跨文化冲突的讨论到此为止。在本书的最后一章，我们将探讨当前的一个热门话题——跨文化能力。

5　Source: Ting-Toomey, S., & Chung, L. C. (2012). *Understanding intercultural communication.* Oxford University Press. Page 183

第十章
跨文化能力

我在当地的孔子学院做志愿者教师，学院位于当地仅有的一所大学里面。中国大学总是有各种社团活动，也时不时地举办晚会，但这所大学的学生活动很有限，最多也就是举办几次讲座。但孔子学院自成立起，就开始在学校里频繁开展活动，如庆祝春节、端午节、中秋节、元宵节、孔子学院日，还有汉语桥比赛、汉字书写比赛、歌手比赛，等等。由于校园面积小，活动又安排在人流量最大的中庭小广场上，所以每次搞活动，基本上整个学校都知道。学生确实很高兴，一来可以玩，二来有礼物拿，但本地的老师想法不一样。他们觉得以前大学的节奏和环境挺好的，现在孔子学院一来，学校变得闹哄哄的，不太好。另外，孔子学院和其他院系反差很大，这会让其他院系怎么想？

当地的工作时间比较固定，一般早上八九点上班，中午一点下班，然后四五点再上班，晚上六七点下班。然而，很多做生意的中国人，从早上七点到晚上八九点一直在营业，这让当地的同行非常恼火。不同的国家有不同的生活方式，中国人勤奋，在国内甚至形成了一种"卷"文化，而在国外，比如我所在的这个国家，人们并不热衷于"卷"，但也不是喜欢"躺平"。我所接触到的很多人也很勤奋，也想要更好的生活，但他们不会达到"卷"的程度。不少当地人可能就是因为中国人"卷"而讨厌中国人。

这位志愿者教师透过上述两个例子，探讨了中国人与当地人关系出现问题的潜在原因。无论是孔子学院频繁地举办活动，还是中国商人超长的营业时间，都与当地人们的行为方式形成了反差。孔子学院的中方负责人和中国商人对行为方式的文化差异应该不是不知，而且跨越这个"社会文化障碍"的难度也不算太高，无非就是入乡随俗，少搞一点活动，缩短营业时间，与当地的生活节奏和工作节奏基本保持一致。因此，问题显然出在"心理层面"，即以不恰当的方式应对文化差异。在笔者看来，孔子学院中方负责人和中国商人似乎对当地文化传统缺乏敏感，无论出于何种原因，均采取了以我为主的行事方式。从有效交际的两个维度来看，这样的交流方式也许有效（effective），但不一定得体（appropriate）。交流的目的看似达到了（如宣传中华文化和提高营业额），但因没有按照当地的习惯办事，也就是事情做得不够得体，所以在社会上产生了一些负面的影响。交际的目标（或任务）也有软硬之分：对于生意人而言，提高营业额是一个硬目标，所以上面的交流方式可能对其本人的影响不大，但势必会影响到当地人对中国人的整体看法；而传播文化是软目标，对它的衡量不是基于举办活动的频次，而是基于传播的效果，即当地人是否真正地认可和接受。得体的传播方式是保证传播效果的必要条件。

跨文化能力（intercultural competence）的目标指向就是有效得体的跨文化交际。孔子学院肩负着传播中华文化的重任，这是跨文化交际的一大目标。这个目标很崇高，但达到目标的前提是采用得体的手段，让对方动心、动情、动脑（彭凯平 2021），否则效果往往适得其反。既然是"跨文化"，那就要寻求真正能跨过去的方式，而不是像案例中的我行我素。事实上，上面的案例放在国内，可能也会有产生类似的结果。比如，大学里某个学院太高调，动静太大，自然也会引起其他院系的反感；同样，菜场上某个商家打破行规，肆意减价，必然会引起其他商家的不满。从交际的角度来看，这些行为都超越了规则的范畴，因此可以被视为缺少建立和维持和谐关系的交际能力，也就是能带来有效而得体的交往结果的能力。由此可见，跨文化能力与一般的交际能力并无本质上的区别，前者无非是后者的延伸。跨文化能力特别强调如何处理文化差异，也就是说，对交往互动是否得体的判断，并不基于自身文化的标准，而是基于对方文化的标准，或者基于两者都认可的标准，也就是经由双方协商而产生的"第三文化"的标准。本章我们讨论跨文化能力的内涵、测评与培养。

第一节 跨文化能力的界定

一、定义跨文化能力

跨文化能力作为一种与文化背景不同的人们进行交往互动的能力，在不同的学科和语境中有不同的叫法，如全球能力、文化能力、文化商（cultural quotient）、多元文化能力、全球公民意识，等等。有的人将跨文化能力和跨文化交际能力等同起来，有的人认为，跨文化交际能力是跨文化能力的一个组成部分，后者所涉范围更大。跨文化能力通常被视为个人能力，但也可以是文化群体或组织机构（如公司、大学）所具备的能力，就如开篇案例中孔子学院所具备的能力。

跨文化能力背后有两个基本假设：第一，在交际过程中，双方因来自不同的文化，可能遵循不同的社会规范和交际规则，因此文化差异是误解产生的主要原因。第二，假如交际双方获取相关的知识和技能，并"留心"地进行交际，那么交际就有望成功。所谓"留心"，是指我们对自己的思维模式、情感反应和行为习惯偏好有清醒的认识，并将这种认识拓展到对来自其他文化的交际对象的参照系的理解过程之中（Ting-Toomey & Chung 2012）。也就是说，我们对自己的参照系——交际行为背后的文化逻辑——非常清楚，于是在交际过程中，也能用心地去了解和体会对方的文化参照系。显然，开篇案例中的孔子学院作为一个组织并没有真正"留心"地与外界互动，专注于自己的文化参照系，因此举办的各种活动或许算不上真正的成功，传播文化的效果有可能打了折扣。

由此，我们就很容易理解跨文化能力的基本逻辑了：为了与来自不同文化的人们（或在一个不熟悉的文化环境中）有效地交际，人们需要（1）培养文化自觉，反思本文化的价值取向和交际模式；(2) 培养目标文化意识，积累目标文化的相关知识；(3) 调整自己的行为方式，以满足不同文化群体的需要。回到案例中的孔子学院，我们发现，中方领导似乎缺乏文化自觉，对做事的方式想当然，没有多考虑自己的选择是受本文化影响的。他们对目标文化的意识较为单薄，也没有主动调整自己的行为方式，没有顾及目标文化群体的需要，甚至缺乏对这一群体足够的尊重。

　　国内外跨文化学者从多种角度对跨文化能力进行了界定。例如，在某些西方学者看来，跨文化能力是"与来自不同文化的人们进行有效互动的能力"（Guilherme 2000:297），是"与语言和文化不同于自己的人们有效而得体互动时所必需的综合能力"（Fantini 2009:458），是"对情感、认知和行为取向不同的人们之间互动的得体和有效的管理"（Spitzberg & Changnon 2009:7）。Kwok Leung 等学者（2014:490）给出的定义更加具体："跨文化能力是指在文化间能有效地发挥作用、得体地思考和行动、与来自国内外文化背景不同的人们交流和合作的能力。"这一定义可以作为我们讨论的主要依据。

　　在国内，对跨文化能力的界定也颇为类似。比如，跨文化能力是指"能够与不同文化背景的人在意义和关系上进行有效的跨文化对话的能力"（宋莉 2009：92），是"在跨文化环境中有效、适当、灵活地（适应不同环境）交际的能力"（刘宝权 2004：58），是在各种情境中与来自不同文化的成员得体、有效交际的能力（戴晓东 2018），是"在跨文化交际环境中由语言交际能力、非语言交际能力、语言规则和交际规则转化能力以及文化适应能力组成的必备综合能力"（毕继万 2005：66），是"由全球意识系统、文化调适能力系统、知识能力系统和交际实践能力系统共同组成，它们相互交织、密不可分，共同构成跨文化交际能力的框架（杨盈、庄恩平 2007：20），它"至少由基本交际能力系统、情感和关系能力系统、情节能力系统和交际方略能力系统组成"（贾玉新 1997：480）；具有跨文化能力的人"掌握一定的文化和交际知识，能将这些知识应用到实际跨文化环境中，并且在心理上不惧怕，主动、积极、愉快地接受挑战，对不同文化表现出包容和欣赏的态度"（张红玲 2007：70）。

　　从上述定义中可以看出，学者们基本上围绕着跨文化交际有效和得体两个目标，在知识、技能和态度三个层面对跨文化能力进行解读。Darla Deardorff（2015）在总结前人研究的基础上，罗列出这三个层面的主要内容：知识有四种，即文化自我知识和意识（我的交际行为如何受本文化的影响）、他文化知识（对其他特定文化的特征的认识）、外语知识（语言和语用）以及语境知识（对历史、政治、经济等宏观因素的认识以及交际语境中的特定知识，如旅游方面的知识）。技能包括倾听（留意对方说的话，包括没有说出来的）、细心观察（注意交往中的各种细节，包括自己的行为）、反思或留心（自省)、同理心（站在别人角度看问题、考虑别人的感受）以及交际（语言和非语言交际，包括对双方交际风格的认识）。态度包括思想开明（不妄下结论）、好奇心（乐于学习新的文化知识、了解新的文化）、尊重（看重对方，并且知道如何表达尊重也因文化而异）和宽容（对差异和模棱两可的状况的容忍）。

有的学者认为，上述三个维度还不足以反映跨文化能力的全貌，需要考虑积极性（motivation）、语境因素、交往结果等方面的问题。尽管交际者在意识、情感和技能方面都有一定的基础，但如果不热衷于参与跨文化交际活动，那么他的跨文化能力也就停留在理论层面，没有在实践层面真正落实。脱离语境谈能力也存在先天的不足，这就好比我们谈翻译能力，如果不设定翻译的文体范围和主题领域，能力的高低是很难衡量的。一个精于文学翻译的译者不一定会翻译自然科学作品，道理就在这里。为此，王一安和顾力行（Wang & Kulich 2015）以"Does context count"为题，专门探讨了跨文化能力在中国文化语境中的呈现方式。至于对交往结果的检验更是至关重要，有关这一点，我们在谈跨文化能力测试的时候会重点提到。此外，Michael Byram（2021:45）谈到跨文化能力中的文化意识时，特别强调批判性，认为交际者需要具备"评判自己思考和行动的方式以及这些方式如何受社会因素影响的能力。"此外，有的学者更关注跨文化能力的发展过程。比如，在跨文化敏感发展模型中（Bennett 1986；Hammer 2012），人们应对文化差异的能力会经历五到六个阶段的发展，随着交往经历的增多，人们潜在的跨文化能力也会不断地得到挖掘。也有学者另辟蹊径，构建了较为独特的理论模型。例如，Helen Spencer-Oatey（2008）提出的有效跨文化互动能力框架（Competency Framework for Effective Intercultural Interaction）由四部分组成：知识和观点、交际、关系以及个人素质和性格。其中知识和观点包括信息收集、新思维以及协同解决方案（synergistic solutions）；交际包括交际管理、语言学习以及积极聆听；关系包括亲和感的建立、情境敏感性以及人际关注度（interpersonal attentiveness）；个人素质和性格包括冒险精神、自我意识以及灵活性。

尽管如此，当今最流行的还是三维度模型，即ABC模型：A代表情感态（affect），B代表行为技能（behavior），C代表认知理解（cognition）。从Deardorff（2015）的总结中不难看出，除了强调语言文化的那一部分（如外语知识，他文化知识），跨文化能力的其他内涵恐怕均与一般的沟通能力有关。

不论在技能方面还是态度方面，像同理心、尊重、宽容、思想开明这些内容已经超越了一般意义上的"能力"范畴，或许称之为素质或素养更为合宜。为此，国内曾围绕着跨文化能力究竟属于"形而上"还是"形而下"这一问题展开了讨论，而高一虹（1998:39）所做"道"与"器"的区分尤为引人注目。她认为，"道"主要是指健全的人格和能产性（productive）交际取向，而"器"指的是文化知识、交际技巧和交际功效。基于这样的认识，高一虹提出了跨文化交际能力培养应遵循的原则："道高于器而寓于器；器由简至繁而道贯穿始终；由器得道，得道而忘器"。论到如何培养跨文化交际能力，高一虹（2002:27）提到了"跨越"与"超越"两个层面。前者强调"对具体的目的语文化的理解和有关交际能力的提高"，后者强调"获得一般的、整体意义上的文化意识以及反思的、宽容的态度"。这两个层面与本书前几章提到的如何处理三大障碍大体对应。要"跨越"的主要是第一和第二障碍，即语言与非语言障碍和社会文化障碍，而要"超越"的主要是第三个障碍，即心理层面的障碍，也就是如何避免用不恰当的方式看待（进而对待）文化差异，这已经不是一般意义上的"能力"问题了，可能更多的是"情怀"问题了。

二、 跨文化能力的指涉范围

我们在谈论跨文化能力、甚至跨文化交际的时候，往往会引来某些圈外学者的质疑，认为学理太肤浅，追求的目标太天真，或者用高级一点的说法，就是在编织一种"神话话语"。其实，他们的看法无可厚非，因为我们在探讨相关问题的时候，可能没有事先圈定范围，没有交代清楚建构理论的基本预设和使用理论的基本条件。在笔者看来，跨文化能力建构至少有两项基本预设：第一，交际的主要挑战在于文化差异；第二，知识、技能和态度可以帮助我们跨越文化差异。这两个预设决定了跨文化能力的提法"功效"导向明显，以人为中心的人文精神和"终极关怀"则较难看到。换言之，跨文化能力重解决什么问题（做事），轻成为什么样的人（做人）（高一虹 1998）。

为什么跨文化能力会呈现这样的功效导向？也许我们可以从杨国枢的这番话中得到启示："科学本身就是一种社会体系，其发展历程与结构具有相当的社会文化基础……科学知识并非发生在社会真空之中，而是为特定的社会、文化及历史因素所制约"[6]。那么,有关跨文化能力的科学知识体系,是在什么样的社会环境中建构起来的呢?我们知道,跨文化能力的研究和应用起源于美国,发展于西方,因此其背后的基本假设不可避免地带有西方社会、文化和历史的烙印。下面我们对其发展轨迹稍加回顾。

二战结束、冷战开始以后,美国急需在全球范围内拓展自身的影响,于是在政治、经济、文化等领域进行国际渗透。政府积极建立外交关系,其结果是,大批的外交官员需要派驻海外。同时,为了稳定国际局势,维和部队等机构应运而生。无论是外交官员还是维和部队成员,摆在他们面前的共同问题就是如何在外族文化中有效开展工作。然而,他们的跨文化交际常常以失败而告终,一个很重要的原因就是对文化如何影响交际缺乏基本的认识。因此,跨文化交际的有效性、社交规则的差异等话题便成了关注的焦点。在外交事务学院(Foreign Service Institute)工作的Edward T. Hall等学者认为,大多数跨文化交际失当是因为在交际过程中双方使用了不同的规则和规范。当交际一方用本文化的社交规则来解读对方的交际行为时,误解就产生了。如果交际背后的社会规范能够为众人所了解和掌握,那么交际障碍就有望得到克服,顺畅、有效和正面的交际就有可能发生。社交规则是指交际双方对在某一情景中适当和不适当的交际行为的共同期待。尽管在交际中存在许多文化共性,尤其是在非语言交际方面,但文化差异依然会带来很多的误解。因此,Hall等学者建议在培训中让人们用其他文化中的社交规则进行交际,而Hall不久发表的《沉默的语言》(*The Silent Language*, 1959)常被视为跨文化交际学科诞生的一个重要标志。

显然,跨文化交际的学科定位从一开始就注重实用,讲求功效,关注文化差异对人际交流造成的影响成了今后跨文化交际研究的基调,而接下来几乎所有的跨文化培训都以Hall等学者的观点为参照。对美国外派外交人员和维和部队志愿者的筛选和培训是"跨文化能力"研究和实践的雏形,而"跨文化能力"这一字眼的出现,则是到了20世纪70年代,也就是跨文化交际研究新生代学者(如William Gudykunst)崭露头角的时候。此后不久,为提高学科地位,跨文化交际研究进行了"科学转向",定量研究方法成为主流,学科的人文特征被进一步淡化。

6　出自杨国枢的论文"心理学研究的中国化:层次与方向",该文收录于周晓虹(2022)主编的《中国社会心理学文选1919—2019》(页143—167),由社会科学文献出版社出版。

另一方面，功效导向使得人们专注于跨文化交际的人际层面（interpersonal level），将跨文化交际理解为人际交流的一种特殊形式。在交流过程中，双方可能遵循不同的社会规范和交际规则，因此文化差异是导致误解的主要原因。假如交际双方具备相关的知识和技能，并"留心"（mindfully）地进行交际，那么交际就有望成功。作为一种特殊形式的人际交流能力，跨文化能力是指能确保跨文化交际有效和得体的能力。至于群际层面（intergroup level）的问题，如两个文化群体中谁的社会经济状况好、谁的语言更加通用、谁的话语权大，以及两个群体在历史上有何交集，群体之间关系的亲疏远近，并不是关注的重点。这些问题往往通过交际者在认知理解和情感态度方面的反思得到某种程度的体现（如反思自己对另一方所属群体的刻板印象和偏见），而不是作为核心问题专门来面对。然而，这些问题的重要性丝毫不亚于人际层面的问题。

跨文化能力既然侧重人际交流层面，那么本着"合作"和"理解"的精神跨越文化障碍，自然成了跨文化交际者的共同目标。交际中产生的冲突往往是"善意"的（Ting-Toomey 1999），是文化差异造成的。不管是移民、旅居者还是当地人，都愿意积极面对跨文化交际中可能遇到的挑战，并愿意为达到双方满意的交际结果而共同努力。跨文化能力培养的重心通常放在移民和旅居者一边，往往以下面几条为前设：首先，尽管我们摆脱不了民族中心主义思想的束缚，但我们依然有能力培养民族相对主义的态度，作为一个"陌生人"，我们可以学习从一个全新的文化角度来看待交际活动的内容、过程和结果。其次，我们通过学习和培训，获得有关新文化的各种知识。这些知识可分为语言知识和文化知识，其中文化知识包括普遍文化（culture-general）知识和特定文化（culture-specific）知识。通过语言知识和文化知识的积累，我们就有跨越文化障碍的可能性。再次，我们要培养一种以"留心"和"同理心"为核心的跨文化态度和技能，既要积极地体验新的文化，又要时刻留意本文化和新文化在价值取向、社会规范以及行为方式等方面的不同，并要吸纳新文化元素，用来指导自己的交际行为。最后，也是最为关键的一条就是，有了相应的知识、态度和技能，跨文化交际就有望取得成功。

第二节　跨文化能力的理论建构与测评

一、跨文化能力理论模型

经过数十年的不懈努力，跨文化学者们构建了众多跨文化能力理论模型，主要有五种：构成模型（compositional model）、双向模型（co-orientational model）、发展模型（developmental model）、适应模型（adaptational model）和因果过程模型（causal process model）（Deardorff 2009）。下面简单地介绍一下这五种模型，并指出每一种的优势与劣势（主要借鉴Spitberg和Changnon 2009的观点）。

成分模型着眼跨文化能力的组成部分，至于成分相互之间究竟存在怎样的关系，一般不作交待。比如，基于面子工作的跨文化能力模型（Ting-Toomey & Kurogi 1998）包含四个维度：知识、留心、交往能力和面子工作能力。这些维度是叠进式的，由双向箭头连接每个维度，表明维度与维度之间相互影响。Darla Deardorff（2006）的跨文化能力金字塔模型基于扎根理论和Delphi研究方法，通过分析来自全球23名跨文化专家的数据得出。她的模型以态度为根基，在上面叠加知识/理解和技能。在金字塔的顶端是希望达到的内部和外部结果。戴晓东（2022:26）采取同样的研究方法，从中国教师的角度构建了跨文化能力理论模型，具体包括态度、知识、意识、技能和预期目标五个维度。成分模型的好处是，跨文化能力重要维度的内容和范围清晰可辨，理解起来也比较容易，但不足之处是概念上比较薄弱，因为没能具体说出成分之间产生联系的必要条件或者制约跨文化能力的各种因素。

双向模型有两个特点，一是突出跨文化交际背后的交互过程，如在Alvino Fantini（1995）的跨文化交际者能力模型里，交际双方将感知转化为思想，思想转化为语义群，语义群转化为表达单位（句法），表达单位转化为语言；二是双向模型给出能力的具体标准，如在Michael Byram（2003）提出的跨文化能力模型里，合格的跨文化交际者拥有一种在多种文化里灵活运用的个人认同。他们知道一个社会的语言和文化如何在另一个社会里被感知和接受，知道如何在两者之间进行变通。双向模型的优点在于揭示了交际的互动本质，交际双方需要相互适应对方表达的意义和采取的行动。不足之处是，这类模型没有明确的时间概念，能力的培养和发展似乎是在模糊的时间框架里完成的。

　　发展模型强调时间因素，能力的发展经历一系列的过程。比如，在跨文化成熟度模型（King & Magdola 2005）里，认知、内省（intrapersonal）维度和人际（interpersonal）维度的发展经历初级、中级和成熟三个阶段。另一个例子就是我们已数次提到的 Milton Bennett（1986）的跨文化敏感发展模型，跨文化敏感从民族中心主义阶段（否定、防御、淡化）到民族相对主义阶段（接受、调适、整合）过渡。发展模型的优点是揭示了跨文化交往和跨文化关系的演化发展特征。不足之处是没有交代清楚哪些具体的人际能力和跨文化能力特征有利于跨文化关系的发展和进深。

　　适应模型类似于双向模型，也涉及交际双方，强调适应的过程。比如，在 Young Yun Kim（1988）的跨文化交际能力模型里，适应结果是基于交际者的内在特征（文化/种族背景、开放的心态/适应能力、对新情况的思想准备）和对人际交流和大众传媒产生影响的东道国的地方条件（接纳程度、从众压力）的。Cindy Gallois 等学者（1988）在交际顺应理论基础上提出的跨文化交际顺应模型是另一个例子。该模型突出跨文化能力的交互特征，强调适应是从一个非主流的、依附于本文化的交际者逐渐成为个性独立的主流文化一分子的过程。而对本族文化群体的依附性高低会影响到这个适应过程。这类模型将适应的目标放在显著位置是一大贡献，因为交际者的适应性无疑是跨文化能力的核心要素。当然，突出适应也就意味着淡化上面提到的其他因素，这便是这类模型的缺陷之所在，而且突出单方面的适应也没有抓住适应是一个双向过程的现实本质。

　　因果过程模型通过标注路径，将跨文化能力组成部分之间的相互关系呈现出来。模型通常包含调节变量和中介变量，对跨文化能力发展的结果有清楚的交代。例如，在 Lily Arasaratnam（2009）提出的模型中，同理心要么直接催生跨文化能力，要么间接地引向跨文化能力，后者需要通过一条更长的路径，其中包括态度、经历、互动和积极性。在 Mitchell Hammer 等学者（1998）提出的焦虑/不确定性管理模型中，跨文化能力的终极目标就是满足感。四大因素（人际显性、群际显性、交际信息交换和东道国接触条件）之间的关系受归因自信和归因焦虑的影响。归因过程模型的优点是内含研究假设，便于科学验证。但有的模型里双向箭头太多，因果关系过于复杂，不利于实验操作。

二、跨文化能力测评

总体而言，跨文化能力的测评可以分为直接和间接两种。假如我们要知道正在接受跨文化教育的学生的跨文化能力如何，那么相对客观的数据或资料可以为直接评估提供可能。比如，教师对学生学习情况和课堂表现的跟踪和学生作业的完成情况均是可靠的数据来源。当然，理想的状况是学生有真实的跨文化体验，如学生参与"民族志访谈"，访谈留学生、外籍员工或少数民族学生（Wang & Kulich 2015）。倘若我们能从交际对方的口中得知这些学生的表现，或者以笔头的形式，让交际另一方对学生的交际过程和结果进行评价，看他们在有效和得体两方面的表现，那是一种非常合宜的评估方式。间接评估往往得益于学生的自诉，即他们给自己的能力做出评价，主观成分较多。可以让学生填写跨文化能力量表，也可以对学生进行单独或集体采访。之所以称为间接评估，一是因为当事人容易产生"听众效应"，即给予他们自认为调查者希望得到的信息；二是因为当事人不一定真正了解自己的跨文化能力，所以填写量表时可能会比较盲目。为了更准确地评估跨文化能力，最好将直接和间接两种方式结合起来。

测评的数据和资料可以分为定量（quantitative）和质性（qualitative）两种。定量数据取自跨文化能力量表，量表不论是否基于理论，总是包含若干条目，测量与跨文化能力相关的某些特征。定量数据有助于我们找出变量之间的关系，也能较为直观地看到跨文化能力发展变化的趋势。可供选用跨文化能力量表众多（Fantini & Tirmizi 2006），如 Kelley 和 Meyers（1992）开发的跨文化适应力量表（Cross-Cultural Adaptability Inventory，CCAI），用来测量个人跨文化适应潜力（50个条目，四个维度）；Hammer 咨询公司推出的跨文化发展量表（Intercultural Development Inventory，IDI），该商业化量表用来测量文化差异取向（50个条目，用户必须参加培训课程、支付费用后才能使用）；Guo-Ming Chen 和 William Starosta（2000）的跨文化敏感度量表（Intercultural Sensitivity Scale, ISS）是采用五点式李克特计分的自陈式量表，共有24个项目，涵盖跨文化参与（intercultural engagement）、尊重文化差异（respect for cultural difference）、互动自信（interaction confidence）、互动乐趣（interaction enjoyment）以及互动专注度（interaction attentiveness）五个方面（见本章末）。若要测量中国大学生的跨文化能力，可以选用吴卫平、樊葳葳和彭仁忠（2013）设计开发的本土化量表。该量表包括本国文化知识、外国文化知识、态度、跨文化交流技能、跨文化认知技能和意识六个维度。为了弄清跨文化能力有否提高，需要用同一个量表对研究对象在课程前后分别进行测量，这是终结性评估的一个重要组成部分。

质性数据来自观察、访谈、日志等渠道，跨文化能力的表现形式或发展轨迹通过文字形式呈现出来，这样的数据往往显得更具体，也更有深度。这些数据可以通过主题分析（thematic analysis）提炼出主题，为跨文化能力的现状和发展提供证据，也可以通过内容分析，统计关键词出现的频率，从而将质性数据转化为定量数据。同样以接受跨文化教育的学生为例，此时测评的重心在于学生的态度和感受，看学生是否有能力"把陌生的变为熟悉的，把熟悉的变为陌生的"（Michael Byram语），即能否换位思考，能否用新的视角看待问题，同时反思自己惯用的视角是否总是合理。为了了解学生的态度是否有变化，对文化差异是否有更多的容忍和接受，我们可以定期记录学生的跨文化能力状况。这种过程性评估一般从学生和教师两方面着手。付小秋和张红玲（2017）认为，学生方面一个行之有效的方法是档案袋（portfolio），这是一种自省式的评估方法，学生针对学习过程中接触到的跨文化话题和平时生活中经历到的跨文化互动，从感受、知识和行动三个方面进行描述和自我评估。其重要性在于，一方面学生记录了自己所学所体验的，另一方面也让学生学习更加上心，对自己获得的能力也有更清楚的认识。教师可以这样问：来自其他文化的人们的生活方式是否引起你的兴趣？看问题是否可以转换视角？是否帮助过人们了解文化差异并鼓励他们从他人的视角看待问题？这些问题都需要通过例子给出回答。所以，这种方法可以帮助学生提高对自身跨文化能力的认识，也可以帮助他们明白这些能力是在课内课外不同的环境中获取的。而且，这种方法在突出跨文化敏感的同时，也涉及对知识层面和行为层面的反思，因此不失为一种比较全面和系统的方法。同样是自省式方法，它比相对抽象的量表更能反映学生跨文化能力的发展过程。来自教师方面的评估通常包括记录学生学习情况的课堂日志、对学生平时的观察以及教师对教学过程的反思。教师也可以通过集体访谈的形式，与若干名自愿参加访谈的学生进行深入交流，了解他们在学习上的成长和收获。

　　为了更全面地评估跨文化能力，我们可以把定量和质性两种数据结合起来分析。这样做的好处是，一方面，定量数据通过数值和统计分析，可以提供客观的测量和比较依据，而质性数据则用来解释和深挖这些定量指标背后的原因和机制。两种数据的结合可以更准确地解释数据的意义。另一方面，两种数据互相补充，可以弥补对方的不足。定量数据可以客观地反映跨文化能力的总体趋势，而质性数据可以提供特殊情境下的详细情况，以帮助我们更好地理解总体趋势下个体之间的差异。因此，好的评估或研究总是离不开这两种数据的支撑，以确保结论更加可靠、更加准确。最近，国内推出了由彭仁忠和吴卫平团队研制、基于 CAK 模型的跨文化能力考试（Intercultural Competence Test, ICT），该考试由客观题和主观题两部分组成，这也在某种程度上反映了定量和质性相结合的测评思路。

　　从时间跨度来看，跨文化能力的测评可以分为瞬间和历时两种。所谓瞬间，就是测量被试某一时刻的跨文化能力，如一项海外交换项目或当地培训项目结束之时，对学员的跨文化能力进行评估，而评估往往通过量表来完成。所谓历时，一方面可以借助量表定期对被试进行测试（如在一项干预措施的前后），通过比较两组或多组数据，了解被试跨文化能力的发展情况；另一方面可以借助质性数据，如来自上面提到的学生档案袋的数据。

　　为了有效地测评跨文化能力，Darla Deardorff（2015）提出了六个注意事项：首先，在评估跨文化能力之前，要给跨文化能力下一个清楚的定义，对于评估什么，要做到心中有数。第二，一旦有了定义，就要根据现有文献，并结合具体语境，将跨文化能力细化为可评估和测量的具体要素。第三，具体要素一旦确定，就要找出和这些要素相匹配的测量和评估方法，以确保测量和评估的有效性。第四，采用多种方法、多种视角进行评估。可以结合直接和间接的评估方法和自诉和他诉的数据收集方法。单一的方法往往无法揭示跨文化能力的全貌。第五，制定一个评估计划。考虑到跨文化能力评估的复杂性，有必要一开始就制定策略，将上述各个步骤有条不紊地落到实处。最后，对评估过程进行反思。评估过程是否有效地获得了证据，可以说明预期的结果是否出现。对这一过程的反思有助于今后更好地评估跨文化能力。

第三节　跨文化能力的培养途径

培养跨文化能力的路径主要有三：跨文化培训，跨文化外语教学，以及平时的跨文化体验。这里我们介绍前两种途径。

一、跨文化培训

（一）跨文化培训的内涵与目标

跨文化培训（intercultural training；cross-cultural training）在教育领域和商务领域较为常见，它旨在帮助来自不同文化的个人和群体增进理解、促进沟通、提高跨文化能力。培训项目的设计、开发和实施以提升交际者知识、技能和态度三个方面为目标。跨文化培训总体上可以分为具体文化培训（culture-specific training）和一般文化培训（culture-general training）。具体文化培训聚焦某一文化，培训内容大多借鉴民族志研究（ethnographic research）成果，文化分析侧重本土视角。比如，在对派往秘鲁孔子学院的中文国际教育教师做行前培训时，培训师要在本土视角下对秘鲁文化的重要特征进行梳理，以帮助学员了解中秘文化差异，尽快适应当地的工作和生活。一般文化培训没有具体的文化指向，通常用文化维度（如Hofstede的理论）来比较文化。因此，文化分析是在泛文化视角下进行的。比如，若要提高跨国公司员工对公司内部文化多样性的认识，可以采用一般文化培训的方法。通过文化维度的比较分析，学员能在较短时间内了解同事所在文化和本文化的一些重要区别。事实上，许多培训项目或多或少都会融合具体和一般两种培训方法。

有效的跨文化培训离不开核心内容的支撑。在跨文化培训师Craig Storti（2009）看来，有四项基本内容不可或缺：1）界定文化，解释文化如何在跨文化交往中发生作用；2）总结学员本族文化的核心价值观和文化预设；3）总结目标文化的核心价值观和文化预设；4）找出两种文化的主要差异，这些差异带来的主要问题，以及应对这些差异的有效策略。假如学员有外派任务，培训中还要加上有关文化休克和跨文化适应的内容。界定文化常借助冰山模型，显性部分是人们的所说所做（行为），隐性部分是行为背后的文化逻辑（价值观和文化预设）。在交际过程中，交际双方的行为差异在很大程度上是价值体系不同造成的，但他们往往没有这样的意识。当然，在培训中有必要强调一点，就是人都有共性（如吃饭睡觉），又有个体特征（如喜欢在电视机前吃饭，喜欢睡懒觉），还有文化特征（如分食制，睡榻榻米）。谈文化自然离不开对现象的抽象和概括（generalization），但同时又要避免将个体和文化群体画上等号。也许有人会问，自己的文化也需要归纳总结吗？为什么不把重点放在其他文化上面呢？问题是，其他文化的不同，是相对于本文化而言的，只有充分了解自己的文化参照系，才有可能进行有效的文化比较。而且，长期生活在某个文化并不保证我们就是"文化专家"。正如人类学家Edward T. Hall所言，文化反倒向自己人隐藏得最深，因为我们对文化的影响通常并不留意，就像水中的鱼儿不会留意水一样。对本文化的描述一方面需要借助文化维度，便于和其他文化横向比较，另一方面要借助本土概念，便于对文化内涵进行深度挖掘。

Richard Brislin等学者（1983）指出，跨文化培训借助各种培训方式，旨在帮助学员在知识、态度和行为三方面得到提升。在知识方面，对目标文化的了解和认识不只依赖于刻板印象，而是更多地借鉴文化局内人（cultural insider）的视角；对目标文化的认识不再流于表面，也不再作简单化的处理，而是随着知识的日积月累，不断加深对目标文化的理解。与此同时，在对比和反思的过程中，对本文化也有更深的洞见。在情感态度方面，与来自不同文化的人们交往时，交际者能收获更多的快乐和满足感，并感觉到跨文化关系日益密切，这种感觉源于跨文化交际成功经验的不断积累。就行为而言，在文化多样的团队或群体里，人际关系有所改善，工作或学习的积极性和效率均有所提高。在与来自不同文化的人们沟通时焦虑感减少，交际目的也更容易达到。对于已经有海外经验的学员来说，培训有助于他们整合已有的体验和知识，从而使他们的海外经历成为一笔更为宝贵的财富。

具体来说，跨文化培训希望达到三个目标。首先，个人（家庭）的适应，即在海外工作或学习过程中有效应对心理压力，无论是短期的，还是长期的。其次，通过跨文化互动，与来自不同文化的人们建立友好关系。第三，在尊重当地文化的前提下，顺利完成工作或学习任务。这三个目标分别对应心理、社会和职业（学业）三个方面。

（二）跨文化培训的主要方法

跨文化培训通常包括学员需求评估（needs assessment；即培训要解决什么具体问题），项目设计、开发和实施，以及培训效果评估等要素。学员的需求不同，学习风格和交际风格不同，培训的语境不同（如教育，商务），跨文化培训方法也有所不同。Richard Brislin 等学者（1983）归纳出了六种跨文化培训方法：1）信息或事实主导的培训（通过讲座、小组讨论、录像等形式向学员提供某一文化的信息）。2）归因训练。学员阅读有关旅居者在异国他乡生活时遇到的问题，然后在提供的几个解释中做出选择（只有一种解释在当地人看来是正确的）。3）文化意识培训。学员通过考察本文化的行为和价值观，提高对文化差异和跨文化关系的认识。4）认知行为调整。用学习理论解决跨文化适应的特殊问题，如在目标文化中如何获得奖赏，如何避免受罚。5）体验式学习。学员通过实地考察、模拟游戏或角色扮演，充分体验另一种文化，了解这一文化中人们的生活方式。6）互动式学习。在培训中，学员与来自目标文化的成员或跨文化经历丰富的人员展开互动，以便更快地适应目标文化。

到了20世纪末21世纪初，跨文化培训方法更趋多样。Sandra M. Fowler 和 Judith M. Blohm（1996）将跨文化培训方法分为认知型、积极型和跨文化型。认知型主要包括讲座、书面材料、计算机辅助培训、电影、自测（self-assessment）、案例研究和关键事件（critical incident）。讲座是培训中十分常见的方法，通常由专家针对相关的跨文化话题进行讲解。书面材料包括阅读材料、练习册、手册、清单等多种形式，可以在培训前后或培训过程中发放和使用。计算机辅助培训借助互联网，以社群、会议等形式，向学员传授知识。电影分片段和整部两种，前者往往结合相关活动，既可调动学员的积极性，又可传递相关信息；后者多为特别制作而成，专为传授知识服务。自测借助于量表，可以帮助学员了解自身的态度、行为模式和价值取向，对掌握相关跨文化概念有促进作用。案例研究方法要求学员分组讨论案例，针对案例进行反思，从案例内容和学习过程中得出结论，并将学到的东西运用到实际生活之中。关键事件是对一种跨文化情景的简单描述，在此情景中，文化差异导致交际双方之间产生文化适应困难、误解、矛盾或冲突；描述的重点在于交际双方的感受和反应，而文化差异则有待学员来发现。

积极型培训方法包括角色扮演（role playing）、模拟游戏（simulation games）

和跨文化练习（intercultural exercises）。角色扮演要求学员在一个全新的情景中扮演角色进行互动，以达到某一特定的目的。对角色扮演者而言，选择的情景往往是至关重要的，因为他们往往可以在活动中获得深切的体验和宝贵的经历。模拟游戏在一定程度上复制了真实世界的某一部分，通过游戏的形式，以达到培训的目的。一个典型的例子是BaFa BaFa，这个游戏旨在帮助那些即将跨越文化边界的人们了解文化休克、交际障碍和价值观差异。跨文化练习是学员参与的、与培训内容相关的活动，可以是书面练习，也可以是小组讨论。

跨文化型培训方法包括对比文化培训（contrast culture training）、文化通化练习（culture assimilator，也称为跨文化敏化练习，intercultural sensitizer）、跨文化分析、跨文化对话、区域研究和文化浸润（immersion）。对比文化培训以角色扮演的形式出现，其中一个角色为外国人，为的是揭示文化差异，增强文化意识。文化通化练习（跨文化敏化练习）着眼行为感知和解读中的文化差异，这些差异往往较难察觉。这一练习由数个关键事件组成。跨文化分析是一种体验式练习，学员针对一系列的价值观和文化取向，从本文化和目标文化两个角度赋予分值，个人分值再整合为集体分值，接着进行讨论，并由来自目标文化的人员参与。这一练习有助于加深学员对文化差异的认识。区域研究也就是具体文化培训，它不仅强调价值观、信念、规范、语言、交际风格等文化要素，而且对历史、政治、经济、地理、宗教等内容也有所涉及。文化浸润，顾名思义，是在目标文化中接受培训，可以是短期的访问，也可以是长期的生活、工作或学习。

随着互联网和社交媒体的普及，传统的、面对面的跨文化培训方式正受到网络课堂和培训的冲击。后者不受时间和地点的限制，学员可以任意选择自己感兴趣的话题。培训的内容可能不会有太大的变化（比如，要了解不同的文化，我们还得借助于一些理论框架），但对于培训者而言，开发与网上培训相关的新技能显然是必不可少的。

（三）跨文化培训效果评估

跨文化培训的主要目的是增强意识，改变态度，让人变得更加敏感。对培训效果进行评估，本身就非易事，而跨文化培训将复杂的"文化"概念纳入其中，更是增加了评估的难度。

人们检验培训效果时，常常借鉴Donald Kirkpatrick（1959）的培训评估模型，该模型包括四个层面：反应、学习、行为和结果。反应层面检验学员是否投入、是否在培训中做出积极的贡献。学员的反应有助于了解他们从培训中收获的多少。学习层面包括学员学到什么，没学到什么，学员在受训后能以何种方式应对工作和生活，应对时是否有信心，以及是否愿意积极地寻求改变。行为层面关注培训所得是否应用到实践中去，以及实践中哪些方面需要帮助。在结果层面，我们需要和原先设定的目标进行比较，看看培训是否发挥了真正的作用，对学员这一群体是否带来真正的实惠（在商务领域可以用投资回报率来衡量）。上述四个层面有助于我们全方位地评估培训的效果。

无论评估的侧重点在哪个层面，有一个问题不容忽视，那就是数据的来源。一个旅居者在派遣方眼里已准备就绪，但在当地人眼里，跨文化意识和敏感度可能还远远不够。所以我们不仅要有派遣方的数据，还需要接收方的数据，只有两者兼顾，才能比较客观地评价培训是否发挥了作用。数据来源多样，如自诉（如日志、周记）、身边人的判断（尤其是配偶、同事、同学、上司、老师等）、测量工具（用来测量学员的跨文化敏感度）、评估人的观察，等等。

当然，评估的要求有高有低。商务领域的跨文化培训注重投资回报率，评估要求较高；教育领域的跨文化培训很少进行严格意义上的评估，除非出于研究的目的。通常，我们只要注意以下几点，就可以初步达到评估的目的：首先，让学员在接受培训之前填写一份材料，罗列出他们在跨文化活动中遇到的主要困难，并说明在培训中希望得到怎样的帮助，他们的期待怎样。这些内容可以与培训后的反馈进行对照。其次，培训临近结束时，让学员完成一个自我评估练习。学员们可以参考笔记，回顾自己学到的东西，并指出今后如何学以致用。可以要求学生列出几点作为行动计划，在随后的工作或学习中实施。第三，培训临近结束前，培训师可以让学员填写一份评估表。问题不仅涉及学员的满意度（反应层面），而且要写出学员所学的东西（我学到了什么有用的概念或理论？学习层面）和今后的行动计划（我如何使用此次培训中习得的知识和技能？行为层面）。

第四，为了更有效地检验培训的效果，学员在受训后一到三月内对培训进行回顾。此时最好也有团队负责人（或者经理）参与，这样就可以对学员在跨文化环境中的工作、学习和日常生活情况做出评价，给出反馈（结果层面）。

最后，为了追踪培训带来的变化，可以要求学员参照行动计划写周记，记录他们在跨文化活动中的得失和体会，每次花十来分钟时间即可。另外，可以通过社交媒体建立学习群，在群里既可以分享学习心得，也可以提出问题，起到互利互惠的作用。这一举措也是为了更好地了解学员在结果层面的收获。

跨文化培训专家Craig Storti（2009）曾经坦言，跨文化培训与行为结果要挂起钩来，是一件非常复杂的事情。在他看来，除非万不得已，最好不要轻易地去做评估或测试。培训之前，倘若有人问起，培训有没有效果怎么知道，他的建议是反过来问问题。你可以问对方是否与来自不同文化的人打交道。如果他们说是，你就问他们是否注意到自己与来自不同文化的人们之间的主要差异。如果他们说没有，你就问他们对这些差异缺乏了解是否会给跨文化交往带来困难。如果他们说是，你就问，提高跨文化意识是否可以减轻或消除这些困难。如果他们说是……一般来说，人们对跨文化培训的效果或多或少都有认识，不管培训的效果是否可以用科学方法进行测量和评估。

二、 跨文化外语教学

（一）跨文化外语教学的基本特征

跨文化外语教学是以培养学生跨文化能力为核心的外语教学。其初级目标是培养基本人际交流能力（basic interpersonal communication skills），是学习者面对面进行有效交际所必备的语言能力，是对语言交际功能的掌握。由于有语境支持，对学习者来说相对容易。中级目标是培养认知学术语言能力（cognitive academic language proficiency），是学习者进行学习和研究所必备的语言能力，它要求学习者在理解和传递信息时能够准确、明了。由于缺乏像人际交流那样的语境支持，所以它被认为是一种较高层次的能力（Cummins 2000）。这两种能力与我们常说的通用英语能力和专门用途英语能力本质上是一致的。前者帮助学生用外语进行基本的沟通，而后者帮助学生用外语思考、用外语作为工具进行学术训练，并帮助学生拓宽视野。

培养学生的跨文化能力是跨文化外语教学的高级目标，也是社会和人文目标，旨在预备学生为社会和谐、公共外交与全球治理做出贡献。跨文化能力的培养，需要贯穿大中小学外语教学的整个过程，是一项系统工程（张红玲、姚春雨 2020）。跨文化能力包含认知理解、情感态度和行为技能三个维度。认知理解是基础，它既包括对目的语文化的学习，也包括对世界其他文化的了解，还包括对本族文化的深入理解和反思。情感态度的培养是重点，通过广泛接触和了解不同文化之间差异，增强学习者对中国文化的认同，并对世界其他文化持开放、包容、理解和欣赏的态度，培养学习者的全球意识。行为技能是目标，即将认知理解和情感态度转化为能力，使学习者善于倾听、观察、分析、阐释、比较、评价和创新，善于进行批判思维和自主学习，从而为参与中外人文交流做好准备。

　　具备跨文化能力的人超越本族语言和目的语以及相应的具体文化的藩篱，能灵活地、有效地在多种不同的社会文化环境中与人交流（张红玲 2007），能在不同的话语群体中得心应手，也就是说，他们不论在哪里遇到这些群体，都有能力分辨和使用适合特定群体的语言（Kramsch 2012）。而在 Karen Risager（2012）看来，具备跨文化能力的人在语言上有天然的优势，他们能够发现隐含在交际另一方语言和行为中的文化规范和价值取向，并在这些规范和价值取向中找到属于自己的位置，从而确保跨文化交际的顺利进行。

　　跨文化能力不仅包含认知理解，还包含情感态度和行为技能，因此文化知识只是课堂教学的一部分，其他两方面同样需要通过课堂教学和课后活动得到培养。比如，教师可以通过课堂活动，让学生解读文化差异，引导学生去发现自身的价值观是如何影响他们看待本文化和其他文化的，从而认识到民族中心主义思想和刻板印象带来的负面影响。为了培养学生的跨文化能力，教师在教学中需要突出以下几点（Byram & Fleming 1998）：首先，融合语言学习和文化学习，促进交际和互动（在笔者看来，主要针对语言与非语言障碍以及社会文化障碍）。其次，对比他人和自己，对自己在本文化中经历的社会化过程进行反思（主要针对社会文化障碍）。第三，转换视角，学习从别人的角度看待问题（主要针对社会文化障碍和心理层面障碍）。最后，通过语言教学，预备学生在有别于本文化的文化环境中与他人接触和交流（针对三大障碍）。总之，跨文化外语教学将知识、态度和技能放在首要位置，使其成为课程大纲最不可或缺的部分。

（二）跨文化外语教学框架

跨文化外语教学尚处在起步阶段，对于教学内容究竟应该包含什么，教学活动应该如何开展，是一个仁者见仁、智者见智的问题。然而，为了达到跨文化外语教学初级、中级和高级三个目标，教学内容和教学手段需要紧紧围绕跨知识、态度和技能三个层面进行设计，应该是很多人的共识。

在国内，不少学者借鉴国外的研究成果，结合国内的外语教学实际，提出了跨文化外语教学框架。下面举几个例子。首先，杨盈和庄恩平（2007）从教学过程、教学方法和教学目标着手，提出了五种培养学生跨文化能力的方法。一是背景知识导入。该方法本着知识的获得，在以文化理解为落脚点、内容面向跨文化交际、导入手段的多样性的原则下，充实外语教学中的文化内容，帮助学生积累跨文化知识、提高跨文化意识。二是文化内涵探索。该方法基于外语教学与社会文化因素的内在联系，旨在发掘语法、词汇和篇章的文化内涵，提高学生的跨文化意识，丰富他们的跨文化知识。三是案例分析。作为跨文化知识、意识、思维和交际能力的综合训练过程，案例分析法立足具有关联性和针对性的案例，通过教师提问、阅读案例、分析案例、分组讨论、得出结论、教师总结五个环节，帮助学生逐渐从语言文化知识向跨文化能力跨越。四是角色扮演与情景模拟。该方法通过规定情景和目标完成角色扮演和大规模的模拟活动，来提高学生的交际实践能力。所选情景要有代表性，并尽量与真实跨文化情景类似。任务实施过程分为情景介绍、学生参与、教师总结三个步骤。五是实例收集。该方法由学生在课外使用，通过日常观察和跨文化体验，学生在现实生活中寻找跨文化事件与活动，使得学生所学的知识得到应用，学生的跨文化意识得到检验和提升。

第二个例子来自彭仁忠、付容容与吴卫平（2020）。三位学者在现有跨文化能力理论和跨文化外语教学研究成果基础上，构建了新时代背景下的跨文化外语教学理论模型和实践模型。理论模型由平台层、形式层和能力层构成。平台层是指线下线上所有的外语类课程，教师通过教学方法的创新，将文化教学融入这类课程，以增进学生的跨文化体验，提升他们的跨文化能力。形式层是指体验式、思辨式和互动式学习方式。这些学习方式在加深学生对本国和他国语言文化的认识、引导学生发现问题和解决问题以及培养学生正确的跨文化态度等方面有很重要的作用。能力层包含跨文化能力的六个维度，即本国文化知识、外国文化知识、态度、跨文化认知技能、跨文化交流技能以及跨文化意识，这六个维度系统地反映了新时代中国大学生跨文化能力的发展需求。上述三层次呈现一种叠加的关系，平台层是基础，形式层是纽带，能力层是核心。

　　基于三层次理论模型，彭仁忠、付容容与吴卫平（2020）构建了跨文化外语教学实践模型，包括教学目标、教学原则、教学策略、教学环节、教学活动和教学评估六个层面。教学目标是培养学生的跨文化能力和外语语言能力，是教学实践的核心，也是其他五个层面的服务对象。教学原则包括知识建构、联系、社会交往、自省与自律五个要素。学生在构建知识体系的过程中，需要注意语言与文化之间、他国文化与本国文化之间的联系，突出外语学习的社会性和互动性，不断反省自己的外语学习过程、跨文化经历和文化身份，并规范自己的学习态度和学习行为，自觉发展外语语言能力和跨文化能力。教学策略有四条，包括语言教学和文化教学相结合、问题式教学和输入式教学相结合、自主学习和协作学习相结合以及线上学习和线下学习相结合。教学环节包含发现体验文化、对比分析文化和批判反思文化三个过程：学生接触和体验他国文化，发现外国文化与本国文化之间的差异；借助各种方法对比分析两种文化，解释两种文化的异同；反省自身文化，客观理性地评价各种文化。教学活动包括文化故事分享、案例分析、角色扮演、反思日志撰写等。对跨文化外语教学效果的评估，需要结合形成性评估和终结性评估。前者关注跨文化能力的发展过程，后者关注跨文化外语教学的结果。上述跨文化外语教学实践模型的系统性和操作性都比较高。

　　第三个例子来自张红玲等学者的研究。张红玲和姚春雨（2020:39-40）分析了中国学生跨文化能力发展的现实需求后认为，从交际行为、人际关系、文化冲突、身份认同四个视角切入，立足于认知理解、情感态度、行为技能三个层面，观照生活和工作两个语境，以外语教育为平台，可以作为新时代背景下培养中国学生跨文化能力的理论依据。基于这个"四三二一"理论框架，他们提出了"中国学生跨文化能力发展一体化模型"。该模型观照中国现实，面向未来世界，立足工作和生活的多元文化语境，服务广大学生，以培养全球公民为导向。跨文化能力由认知理解、情感态度和行为技能三个层面构成。认知理解既是"对世界及其复杂性的认知和思维能力以及对文化与个人、社会之间关系的理解"，也是"对本族文化和世界其他文化的理解"。情感态度由"尊重、包容、理解、欣赏等基本素养和自我认知、国家认同、全球视野、国际理解等价值情感"组成。行为技能则由"聆听、观察、描述、比较等基本技能和交流沟通、冲突管理、反思评价、学习创新等实践应用技能"组成。跨文化能力与外语能力同步发展，贯穿小学、初中、高中、大学教育的全过程。

基于上述"中国学生跨文化能力发展一体化模型"和其他相关理论，张红玲和吴诗沁（2022）提出了"跨文化能力教学参考框架"。该框架从学生能力发展的视角界定和描述了小学、中学、大学英语教育中跨文化能力教学的内容目标，为一线英语教师开展跨文化教学实践提供思路。该框架包含跨文化能力的三个维度，即认知理解（外国文化知识、中国文化知识、普遍文化知识）、情感态度（文化意识、国家认同、全球视野）、行为技能（跨文化体认、跨文化对话、跨文化探索），共有九个要素，每个要素按照小学、初中、高中、大学四个学段划分能力梯度。

两位学者认为，在认知理解方面，具有中国文化认同的大、中、小学学生，通过外语教材和课堂教学语料，接触到世界各地的文化，在教师的引导下，学习和理解新的文化产品、文化思维和文化行为，同时促进学生对本文化的反思，增强学生对文化差异的认识，从而加深他们对普遍文化知识的理解，培养他们的批判性文化意识。认知理解教学是跨文化能力教学的基础。

在情感态度方面，他们认为，对客观事物的态度，是人类精神生活的内核。中西方哲学都强调情感在教育中的重要作用。人际交往本质上是一种情感活动，因此，仅限于文化知识的学习对培养跨文化能力用处不大，情感态度，特别是同理心和多元文化认同，才是跨文化能力教学的重点。

在行为技能方面，他们认为，跨文化能力教学旨在帮助学生在多元文化环境中与人和谐相处、有效合作。将认知理解和情感态度转化为有效、得体的行为结果，提高沟通能力和解决问题的能力，培养反思能力和探索能力，是跨文化能力教学的最终目标。

为了达到这些目标，张红玲和吴诗沁（2022）还对跨文化能力三维度相对应的教学内容进行了阐释。认知理解方面的内容包括文化产品、文化行为和文化思维；情感态度方面的内容包括我与他人、我与国家和我与世界；行为技能方面的内容包括基本技能、交流互动和思辨创新。

（三）跨文化外语教学实践中的几个问题

要把教学框架中的内容和目标落实到具体的教学实践，需要注意的问题很多。首先，以培养学生跨文化能力为目标的跨文化外语教学应遵循发展规律。跨文化能力的提升，非朝夕之功，而是一个日积月累的过程。因此，在设置课程、安排教学时，教学内容要契合学生跨文化能力的发展状况，逐步提高学生的认知复杂度，使得学生对文化差异的认识日益加深，并不断激发学生对跨文化学习的热情。为了让跨文化能力培养循序渐进，我们可以从跨文化发展连续体（Intercultural Development Continuum，见图9）中得到启示。该连续体是在 Milton Bennett（1986）提出的跨文化敏感发展模型（DMIS）基础上修订而成，并得到实证研究的支撑。连续体包含五个成长阶段：否认（Denial）、极化（Polarization）、极小化（Minimization）、接受（Acceptance）和适应（Adaptation）。这五个阶段体现了从单文化思维方式（Monocultural Mindset）向跨文化思维方式（Intercultural Mindset）迈进的整个过程（见图9，Hammer 2012:119）。处在前几个阶段的人们往往无法正视文化差异，或者不想与来自其他文化的人打交道。在经历跨文化外语教学过程之前，学生通常处在这几个阶段中的某一个之中，而教师的职责就是帮助学生逐渐过渡到跨文化思维方式，赋予他们一个求同存异的开放心态，勇于接受差异，适应差异。针对每一阶段，教师需要设计相应的活动，寻找贴切的话题。这些活动和话题不仅有助于揭示跨文化互动的内在规律，而且可以激发学生的主观能动性。其中最关键的是，教师在设计课程时，始终要有一个发展意识，即课堂的教学活动要与学生跨文化敏感度所处的阶段相吻合。

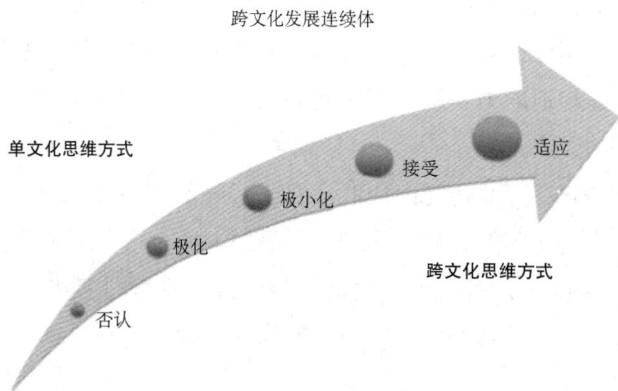

图9　跨文化发展连续体

其次，跨文化外语教学实践需要遵循跨文化教育的基本原则。结合中国的实际，笔者认为，孙有中（2016:19–20）提出的CREED五项原则，即思辨（Critiquing）、反省（Reflecting）、探究（Exploring）、共情（Empathizing）和体验（Doing），对跨文化外语教学具有启发意义：（1）引导学生运用认知技能分析和解决跨文化问题，也就是通过思辨，"对跨文化知识、信息与案例反复进行概念化、运用、分析、综合和/或评价"，以达到提升跨文化能力的目的。（2）鼓励学生通过反省，培养批判性文化自觉。一方面，"学生把所学的跨文化理论用于理解和指导自己的跨文化实践，以检验跨文化理论的适用性"；另一方面，"学生对自己的跨文化实践进行总结和分析，以揭示经验或教训"。（3）带领学生进行开放式的跨文化探究，"使学习活动由问题牵引，成为寻求新的知识与新的理解的过程"。（4）教学立足共情伦理，并促进共情人格的培养。共情"既可以构成跨文化沟通的伦理规范，也可以理解为跨文化能力的核心要素——形成跨文化人格"。（5）借助跨文化体验，促成学生跨文化能力的内化。提倡边做边学，强调体验式学习。

第三，在学习互动过程中突出跨文化性（interculturalness）。Anthony Liddicoat和Angela Scarino（2013:59–61）提出的过程模型有助于我们在外语教学中凸显跨文化特征。这个过程分四个部分：察觉（Noticing）、比较（Comparing）、反思（Reflecting）和互动（Interacting）。这四个部分相互依赖，互为表里，很难说跨文化学习必须从哪里开始（见图10，Liddicoat & Scarino 2013:60）。通常，我们假设这个过程是从察觉开始的，那么在教学活动中，学

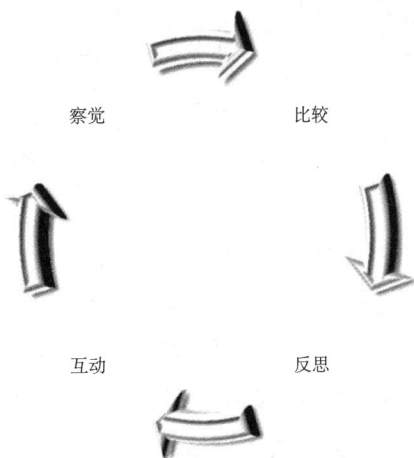

图10　跨文化学习的互动过程

生往往会察觉到某些语言和文化素材与自己期待的不太一样（比如大学教授喜欢学生直呼其名），这时，教师需要鼓励学生提出问题，并让学生根据自己的理解，对文化差异做出解释。察觉问题、并对问题进行探讨有助于培养学生对文化差异的敏感性，使他们成为观察和分析文化共性和差异的有心人。在此过程中，教师要时刻准备好提出问题，尤其当学生没有察觉文化差异的时候。

察觉之后，要围绕着文化的共性和差异进行比较。这既是本文化和目的文化之间的比较（如国内当着教授的面直呼其名是大不敬），也是学习者对已知和新知（刚刚察觉到的那部分）的比较（与国内学生相比，韩国学生对教授更加尊敬）。这两种比较有助于拓展学生思维的深度和广度。但跨文化学习并不仅仅停留在这个环节，文化和语言方面的比较可以引发学习者反思。在课堂上引导学生进行反思是突出跨文化性的核心环节。学习者需要对所经历和观察到的东西进行全方位的梳理和解读，了解事物的本质和意义，认清自己的反应，重新审视在比较过程中所借鉴的知识，并对新近获得的观点做进一步检验。总之，学生需要反思自己对文化多样性的反应以及如何建设性地应对文化多样性。反思的结果是付诸行动。

跨文化性不是光知道文化多样性而已，而是与多样性积极进行互动。这种互动包含多个层面，如将反思中的领受通过课堂语言活动呈现出来，或直接通过宣讲的方式表达出来，并通过课堂讨论，从多渠道、多角度对意义进行协商，对现象进行解读。因此，这种互动超越了语言习得，是在语言和文化之间来回穿梭；它又是体验式的，与自己的亲身经历密切相关，从而超越了一般意义上的信息分享，是通过与他人互动，了解各自意义生成的过程、语言和文化的前设如何在知识建构中发挥作用以及各自如何解读信息。简而言之，互动环节就是学习者将自己的学习心得与他人分享，使大家都能受益。互动带来的收获为新一轮的察觉、比较和反思提供了机遇，也为学习者进一步拓展思路提供了可能。

第四，抓住跨文化能力的本质，创造性地开展课堂教学活动。如前所述，跨文化外语教学的核心任务是培养学生跨越文化的能力，因此，教师需要激发学生对文化多样性的好奇心，鼓励学生学习从他人的角度看待问题。同时，教师需要帮助学生了解跨文化互动是如何展开的，社会认同在互动中扮演着什么角色，以及交际双方对另一方的看法是如何影响交际的。

上述目标的达成，并不要求教师成为目的语文化的专家，也不要求他们花费大量的课堂时间介绍某个文化。问题的关键在于学生怎样看待和处理文化信息。教师的首要任务是鼓励学生在解读和比较文化的过程中提出问题，并对问题进行探讨。当然，教师需要适时提供一些背景知识，但主要还是要鼓励学生分析听到或读到的内容，并得出自己的结论。这些任务可以通过教师设计课堂活动得以落实。

课堂活动可以包含体验式学习，其中以模拟游戏和角色扮演最为典型。比如，挑选几名学生扮演身处异国他乡的游客，其他学生扮演当地人，但这些当地人跟游客想象中的不太一样（旨在打破刻板印象）。这种体验式学习方法有助于提高学生对本文化和他文化的认识，也有助于学生观察文化影响行为的细微之处。体验式活动的关键不在于增加学生的文化知识，而在于他们如何看待其他文化，如何回应别人对本文化的看法，以及如何与来自不同文化的人交往。因为我们总是对目标文化抱有这样那样的刻板印象，或者认为解读目标文化只能靠母语者来完成。事实上，学生同样可以准确地解读某个国家的文化，只要教师根据学生的语言水平合理地设计活动，并随着学生语言能力的提高，不断调整材料的难度。假如学生有机会与来自目标文化的人员接触，教师应该鼓励学生先询问这些人员如何看待本文化，为什么有这样的看法，然后再向他们请教目标文化的相关问题。这样，学生可以进一步了解交际双方对另一方的看法是如何影响交际过程的。

说到课堂教学，自然离不开教材这一话题。若有跨文化外语教材，当然最好，因为这类教材是专门为培养学生的跨文化能力而设计的（如《大学跨文化英语综合教程》，其（跨）文化呈现方式见李加军的研究，2023）。假如手中的是传统教材，也不是问题，只要教师在处理课本内容时，能想方设法丰富学生看问题的视角，培养学生的跨文化意识，因为提高分析能力远比学习知识来得重要。课文的主题一般都可以从跨文化角度进行挖掘，如比较相同主题在不同语境中的呈现方式。假如课文的主题是社交媒体，我们可以从性别、年龄、国家/地区/文化、宗教信仰、跨文化交往等多个层面进行探讨。以微信为例，我们可以问：男性和女性在使用习惯上有何不同？为什么？年龄对微信使用习惯有影响吗？为什么？微信与其他社交媒体有何异同？然后我们可以拓宽提问的思路，如：宗教信仰是否影响人们对社交媒体的使用？为什么？社交媒体有助于跨文化交往，还是加大了跨文化交往的难度？通过社交媒体进行交往时，文化刻板印象是否会加深？人们在社交媒体上是如何建构个人认同与文化认同的？这些问题对培养学生的跨文化意识和批判性思维都是有益处的。

如何在大学课堂中协同培养外语语言能力与跨文化能力，也是当前的一个热门话题。民族志跨文化外语教学法是一种较为新颖和有效的辅助方法，值得推广。所谓民族志研究，是指"研究者通常以观察和访谈形式深入目标群体，考察研究目标群体的文化行为模式、习俗和生活方式，细描和阐释文化现象"（张红玲、赵涵2018:3）。在两位学者看来，将这一研究方法融入跨文化外语教学，就是让学生以民族志研究者的身份对某一文化群体进行参与性观察，与研究对象交流互动，最后对搜集到的资料进行整理、分析、反思和评价，撰写民族志研究报告。在此过程中，学生有机会尝试文化学习的常用方法，探索跨文化交际的一般规律。当然，这些活动开展的前提是教师必须熟练掌握民族志研究方法，才能有效地培训学生。总之，民族志教学法为学生创造了跨文化体验的机会，使他们对特定文化有了直观的感受，并提升了他们的文化认知复杂度，从而为打破刻板印象、消除偏见、化解冲突提供了可能。这种沉浸式学习，可以加强跨文化意识，提升跨文化能力。

第五，提高跨文化案例分析能力。案例分析衔接理论与实践，有助于我们了解现实世界的复杂性和动态性。案例往往涉及重要的跨文化议题，需要我们基于理论知识，或解读，或决策，或评价。跨文化案例分析可以加深我们对其他文化的了解，提高我们对跨文化差异的敏感性，有助于我们打破刻板印象，减少偏见，化解冲突，建立更加和谐的跨文化关系。总之，跨文化案例分析是培养跨文化能力的重要途径，在跨文化外语教学中尤为多见。

然而，跨文化案例分析亟需方法论的指导。简单来说，案例分析需要遵循具体——抽象——具体的原则，要从具体的事件或场景中提炼出具有普遍性的元素（也就是与相关泛文化理论对接），但如果仅仅停留在此，那就失去了案例分析的真正价值。案例分析的难点在于如何将相关理论反哺现实，抓住现实世界的细微之处，给出具有高度针对性的解读、反馈或评价，这才是案例分析的价值所在。案例分析好比一般意义上的文化分析，只见树木，不见森林，不行；只见森林，不见树木，也不行。高一虹（Gao 2007:109）所言极是：

　　由于"跨文化交际"往往预设"文化"的类属，因此，如何在不陷入僵化的结构主义–本质主义陷阱的情况下把握文化的常见模式，或者如何顾及复杂性而不失去宏观视野，是需要不断反思的常见而重要的问题。(笔者试译)

　　As "intercultural communication" tends to presuppose categories of "culture," how to capture general patterns without falling into the trap of rigid structuralism-essentialism, or how to accommodate complexities without losing sight of the general are common and important issues to be continuously reflected upon.

　　针对跨文化能力大赛中的案例分析环节，顾力行（Kulich 2021:19，见张红玲 2021）提出了"A–B–C–D–E–F"跨文化分析模型，以提高参赛者的案例分析能力，避免参赛者陷入"精致的刻板印象"的泥沼，即用学术伪装的刻板印象来替代老的刻板印象。该模型以跨文化能力的三要素——认知理解、情感态度和行为技能为抓手，涵盖六个深度不同、跨文化性（interculturality）程度各异的跨文化分析步骤，总体符合具体—抽象—具体的原则：

A　（Awareness of Issues 意识到问题）：承认差异的存在，接受差异，显出好奇心，表达进一步探索的需要

B　（Bases of Categorization 归类的基础）：注意到可以用来分析差异的类属、分类法和维度（泛文化视角）

C　（Comparisons and Contrasts 比较与对比）：兼顾显性差异和隐性差异，重点关注有利于深化跨文化理解和提高个人认知复杂度的相关问题

D　（Description and Depth 描述与深度）：挖掘现象背后的深层原因、文化的深层结构，包括价值观、世界观、思维方式或文化逻辑（本土视角）

E　（Evaluation and Empathy 评估与共情）：拓展现有理论，拓宽解释渠道和应用方式，加深理解，谋求共识，表达共情

F　（Feeling and Fit 感受与契合）：考虑有助于解释情感反应的情感因素和个人因素，反思自己的感知框架（perceptual frame），承认分析的不足，期待更加契合实际的分析和更加公正的评价

　　在"A–B–C–D–E–F"跨文化分析模型里，认知理解贯穿于六个步骤之中，是案例分析的基础和保障。同时，在分析过程中，参与者要对自己可能存在的刻板印象和偏见始终保持警惕，承认自己看问题的局限性；对不同的解

读要持开放的心态，并在适当的时候表达共情，即同理心。这是情感态度的集中反映。此外，无论是为跨文化困局提供解决之道，还是在跨文化问题上做出重要决策，都与行为技能有关。当然，对分析结果的呈现，语言的组织，沟通的技巧，乃至整个分析过程，无不透露出参与者对必要技能的把控。可以说，"A–B–C–D–E–F"跨文化分析模型为在跨文化案例分析中提高学生的跨文化能力提供了一个重要的路线图。

当然，要符合上述模型的要求，需要学生有一定的认知复杂度，在跨文化态度和技能方面也要有所积累。为了便于起步，笔者尝试用更加浅显易懂的方式来介绍跨文化案例分析的过程。我们以跨文化能力大赛最后阶段常见的比赛形式为例。

第一部分：案例分析

案例通常以视频或影视片段的方式呈现。分析过程可以用OIS（Observation, Interpretation, Solution）来概括。观察（Observation）＝什么（What）？你看到的通常是一个关键事件（critical incident），涉及一系列由文化差异（差异本身或对差异的错误认识/不正确的态度）引起的沟通问题。简要概括在这一事件中发生了什么。

解释（Interpretation）＝为什么（Why）？可以在本书提到的三个障碍的框架内进行梳理和分析：语言和非语言障碍（如交流风格，如果有的话）、社会文化障碍（如价值观、自我概念、思维模式，如果有的话）和心理层面障碍（如民族中心主义、刻板印象、偏见，如果有的话）。需要注意的是，因为事件往往在人际层面或小群体之间展开，而分析需要涉及文化，这样的层面跨越，假如处理不当，难免会给人牵强附会的感觉。为了淡化这种感觉，建议使用试探性的语气（例如，"从交流的角度来看，交流方式的文化差异似乎在事件中产生了一定的影响"，"也许Hofstede的文化维度理论有助于我们理解这里的情况"，"或许我们应该先从跨文化心理学的角度来分析一下这个情景"）。在分析环节，要既自信又优雅，不能心虚，但更不能武断。要确保论点有根有据，有案例中丰富的细节和事例来佐证。假如事件涉及中国文化，就有必要从文化局内人的角度进一步审视案例中潜藏的原因，借助本土概念和理论作进一步的解释（部分本土概念和理论参见第四、第五章）。这是从抽象回归具体、从泛文化视角回归本土视角的重要一步。当然，也不排除对其他文化进行深度解读的必要性。比如，倘若案例涉及中法两国，但对法国文化的解读仅仅停留在个体主义，这显然是不够的。否则中法与中德又有什么区别呢？此外，考虑到社会的复杂性，单一视角往往不足以解读一个有深度的案例，因此，要从多角度、多维度进行分析，但前提是，这些角度和维度与案例高度相关，而且分析者要做到逻辑自洽，融会贯通。如果一味地堆积理论，蜻蜓点水，浅尝辄止，这样的做法只会削弱分析的力度，难以让听众信服。

解决方案（Solution）＝如何（How）？针对案例中涉及的难题提出解决方案，通常可以按照跨文化能力框架（ABC 模型）思路进行。比如，在认知方面，培养本文化意识和他文化意识；拓展有关语言、非语言和社会文化差异的知识库。在情感方面，培养跨文化态度（如宽容、尊重、欣赏、共情等）；引导人们避免民族中心主义和刻板印象的负面影响。在行为方面，留心地交际，注意观察，时刻专注，等等。

第二部分：问答

在此环节，评委基于第一部分的内容向参赛者提问，由参赛者作答。对于参赛者而言，迅速做出决定至关重要——我的回答要涉及哪两点或哪三点？例如，当问及跨文化培训的内容应涵盖哪些方面时，或许你也可以借鉴跨文化能力的 ABC 模型：知识（一般文化知识和特定文化知识）、态度和行为。由于只有两分钟的回答时间，要确保你的回答直截了当、击中要害。切忌用无关紧要的话填满两分钟，更不可将事先背诵的"万能答案"和盘托出，否则会给人缺乏逻辑性的感觉，效果往往适得其反。

第三部分：讲述中国故事

这一环节一般可以从有效（effectiveness）和恰当/得体（appropriateness）两方面入手。

观察（Observation）＝什么（What）？假如以人为主题，就要留意这个人的身份。以谷爱凌为例：她取得了哪些成就？她的文化身份（双文化）有什么特别之处？简要概括这几个方面。

说明（Explanation）＝为什么（Why）？从跨文化交际的角度来看，有关谷爱凌故事的分享和传播，在功能方面是有效的，在文化方面是恰当、得体的。

故事的有效性体现在以下几点：第一，谷爱凌对体育运动的热爱和在体育运动中取得的卓越成就，高度体现了更高、更快、更强的奥林匹克精神。第二，她在北京冬奥会上的精彩表现被全球媒体争相报道，使北京成为世界关注的焦点。第三，作为一个榜样人物，她激励了无数年轻人，尤其是女孩子，去拥抱冬季运动，发挥自己的潜能。

在文化方面，谷爱凌的双文化背景和深度的跨文化接触为汇聚不同文化、促进跨文化理解、建立和谐的跨文化关系提供了一个极好的范例。这种旨在建设和平世界的跨文化互动和对话正是奥林匹克传统的精髓所在。

****

至此，我们已从基本概念、三大障碍和跨越障碍三个方面分十章向读者呈现了跨文化交际的精要。诚然，跨文化交际的成功之道在于跨文化能力的培养，而跨文化能力的培养是道器相即、相互成全的过程，即在提高自身文化素养的同时，学会更好地理解、尊重和适应其他文化，积极探索共同点，化解分歧和冲突，建立共赢和谐的跨文化关系。只有具备了这些能力，才能够在全球化的当今社会中更加自信和成功地展现自己的价值，给世界带来正向的改变。那么，改变的先决条件是什么呢？奥斯卡奖获得者、功夫演员杨紫琼在哈佛法学院毕业典礼上的这句话，正好回答了这个问题：The prerequisite to change is empathy.

附：

The Intercultural Sensitivity Scale
(Chen & Starosta 2000)

Intercultural engagement

1. I enjoy interacting with people from different cultures.
11. I tend to wait before forming an impression of culturally-distinct counterparts.
13. I am open-minded to people from different cultures.
21. I often give positive responses to my culturally-different counterpart during our interaction.
22. I avoid those situations where I will have to deal with culturally-distinct persons.
23. I often show my culturally-distinct counterpart my understanding through verbal or nonverbal cues.
24. I have a feeling of enjoyment toward differences between my culturally-distinct counterpart and me.

Respect of cultural difference

2. I think people from other cultures are narrow-minded.
7. I do not like to be with people from different cultures.
8. I respect the values of people from different cultures.
16. I respect the ways people from different cultures behave.
18. I would not accept the opinions of people from different cultures.
20. I think my culture is better than other cultures.

Interaction confidence

3. I am pretty sure of myself in interacting with people from different cultures.
4. I find it very hard to talk in front of people from different cultures.
5. I always know what to say when interacting with people from different cultures.

6. I can be as sociable as I want to be when interacting with people from different cultures.

10. I feel confident when interacting with people from different cultures.

Interaction enjoyment

9. I get upset easily when interacting with people from different cultures.

12. I often get discouraged when I am with people from different cultures.

15. I often feel useless when interacting with people from different cultures.

Interaction attentiveness

14. I am very observant when interacting with people from different cultures.

17. I try to obtain as much information as I can when interacting with people from different cultures.

19. I am sensitive to my culturally-distinct counterpart's subtle meanings during our interaction.

跨文化敏感度量表
（Chen & Starosta 2000）

跨文化参与

1. 我喜欢与来自不同文化的人们互动。

11. 对文化背景不同的交际对象形成印象之前，我往往会先等一下。

13. 我对来自不同文化的人们持开放的态度。

21. 在互动中，我经常给予文化背景不同的另一方积极的回应。

22. 我会回避那些需要我与文化背景不同之人打交道的情况。

23. 我经常通过言语或非言语信息，对文化背景不同的交际对象表达理解。

24. 我能从文化背景不同之交际对象与我本人之间的差异中感受到乐趣。

尊重文化差异

2. 我认为来自其他文化的人们心胸狭窄。

7. 我不喜欢与来自不同文化的人们共处。

8. 我尊重来自不同文化的人们的价值观。

16. 我尊重来自不同文化的人们的行为方式。

18. 我不会接受来自不同文化的人们的观点。

20. 我认为我的文化比其他文化优秀。

互动方面的信心

3. 与来自不同文化的人们互动时，我对自己很有信心。

4. 在来自不同文化的人们面前说话，我感到很难。

5. 与来自不同文化的人们互动时，我总是知道该说些什么。

6. 与来自不同文化的人们互动时，我可以变得很善于社交。

10. 与来自不同文化的人们互动时，我感到有信心。

互动的乐趣

9. 与来自不同文化的人们互动时，我很容易感到不安。

12. 与来自不同文化的人们共处时，我经常泄气。

15. 与来自不同文化的人们互动时，我经常感到自己没用。

互动专注度

14. 与来自不同文化的人们互动时，我很善于观察。

17. 与来自不同文化的人们互动时，我会尽可能多地获取信息。

19. 与文化背景不同的交际对象互动时，我对其所传递的微妙的意义保持敏感。

参 考 文 献

■ Adler, P. (1977). Beyond cultural identity: Reactions on cultural and multicultural man. In R. W. Brislin (Ed.), *Culture learning: Concepts, application and research* (pp. 24–41). University of Hawaii Press.

■ Allport, G. W. (1954). *The nature of prejudice*. Addison-Wesley.

■ Altman, I., & Taylor, D. (1973). *Social penetration: The development of interpersonal relationships*. Holt.

■ Arasaratnam, L. A. (2009). The development of a new instrument of intercultural communication competence. *Journal of Intercultural Communication, 20.* doi: 10.36923/jicc.v9i2.478

■ Aycan, Z., & Berry, J. W. (1996). Impact of employment-related experiences on immigrants' psychological well-being and adaptation to Canada. *Canadian Journal of Behavioural Science/Revue canadienne des sciences du comportement, 28*(3), 240–251.

■ Baldwin, J. R., Means Coleman, R. R., Gonzalez, A, & Shenoy-Packer, S. (2014). *Intercultural communication for everyday life*. Wiley-Blackwell.

■ Barnlund, D. (1989). *Communicative styles of Japanese and Americans: Images and realities*. Wadsworth.

■ Baxter, L.A. (1988). A dialectical perspective on communication strategies in relationship development. In S. Duck, D. F. Duck, S. E. Hobfoll, W. Ickes, & B. M. Montgomery (Eds.), *Handbook of personal relationships* (pp. 257–273). John Wiley & Sons.

■ Befu, H. (1968). Gift-giving in a modernizing Japan. *Monumenta Nipponica, 23*(3–4), 445–456.

■ Bennett, J. M. (1986). Modes of cross-cultural training: Conceptualizing cross-cultural training as education. *International Journal of Intercultural Relations, 10*(2), 117–134.

■ Berger, A. A. (1995). *The essentials of mass communication theory*. Sage Publications.

■ Berlo, D. K. (1960). *The process of communication: An introduction to theory and practice*. Holt, Rinehart and Winston.

■ Berry, J. W. (1997). Immigration, acculturation, and adaptation. *Applied Psychology, 46*(1), 5–34.

■ Berry, J. W. (2001). A psychology of immigration. *Journal of Social Issues, 57*, 611–627.

■ Bond, M. H., Leung, K. et al. (2004). Culture-level dimensions of social axioms and their correlates across 41 cultures. *Journal of Cross-Cultural Psychology, 35*(5), 548–570.

■ Brabant, M., Watson, B., & Gallois, C. (2007). Psychological perspectives: Social psychology, language, and intercultural communication. In H. Kotthoff & H. Spencer-Oatey (Eds.), *Handbook of intercultural communication* (pp. 55–75). Mouton de Gruyter.

■ Brislin, R. W., Landis, D., & Brandt, M. E. (1983). Conceptualizations of intercultural behavior and training. In D. Landis & R. W. Brislin (Eds.), *Handbook of intercultural training* (Vol. 1) (pp. 1–35). Pergamon.

■ Burgoon, J. K., Guerrrero, L. K., and Floyd, K. (2016). *Nonverbal communication*. Routledge.

■ Buss, D. M., Abbott, M., Angleitner, A., Asherian, A., Biaggio, A., Blanco-Villasenor, A., Bruchon-Schweitzer, M., Ch'U, H.-Y., Czapinski, J., Deraad, B., Ekehammar, B., El Lohamy, N., Fioravanti, M., Georgas, J., Gjerde, P., Guttman, R., Hazan, F., Iwawaki, S., Janakiramaiah, N., ... Yang, K.-S. (1990). International preferences in selecting mates: A study of 37 cultures. *Journal of Cross-Cultural Psychology, 21*(1), 5–47.

■ Byram, M. (2003). On being 'bicultural' and 'intercultural.' In G. Alred, M. Byram, & M. Fleming (Eds.), *Intercultural experience and education* (pp. 50–66). Multilingual Matters.

■ Byram, M. (2021). *Teaching and assessing intercultural communicative competence revisited* (2nd ed.). Multilingual Matters.

■ Byram, M., & Fleming, M. (1998). *Language learning in intercultural perspective: Approaches through drama and ethnography*. Cambridge University Press.

■ Chen, G.-M., & Starosta, W. J. (2000). The development and validation of the intercultural sensitivity scale. *Human Communication, 3*(1), 3–14.

■ Chi, R., & Martin, J. N. (2020). Toward a social network theory of reentry. In D. Landis & D. P. S. Bhawuk (Eds.), *The Cambridge handbook of intercultural training* (4th ed.) (pp. 281–305). Cambridge University Press.

■ Cialdini, R. B., Reno, R. R., & Kallgren, C. A. (1990). A focus theory of normative conduct: Recycling the concept of norms to reduce littering in public places. *Journal of Personality and Social Psychology, 58*(6), 1015–1026.

■ Cummins, J. (2000). BICS and CALP. In M. Byram (Ed.), *Routledge encyclopedia of language teaching and learning* (pp. 76–79). Routledge.

■ Deardorff, D. K. (2006). Identification and assessment of intercultural competence as a student outcome of internationalization. *Journal of Studies in International Education, 10*, 241–266.

■ Deardorff, D. K. (2015). Assessments of intercultural competence. In J. Bennett (Ed.), *The Sage encyclopedia of intercultural competence* (pp. 17–20). Sage Publications.

■ Fang, T. & Faure, G.O. (2011). Chinese communication characteristics: A Yin Yang perspective. *International Journal of Intercultural Relations, 35*, 320–333.

■ Fantini, A. E. (1995). Language, culture, and world view: Exploring the nexus. *International Journal of Intercultural Relations, 19*, 143–153.

■ Fantini, A. E. (2009). Assessing intercultural competence. In D. K. Deardorff (Ed.), *The Sage handbook of intercultural competence* (pp. 456–476). Sage.

■ Fantini, A., & Tirmizi, A. (2006). *Exploring and assessing intercultural competence*. World Learning Publications.

■ Fiske, S. T., Cuddy, A. J. C., Glick, P., and Xu, J. (2002). A model of (often mixed) stereotype content: Competence and warmth respectively follow from perceived status and competition. *Journal of Personality and Social Psychology, 82*, 878–902.

■ Fowler, S. M., & Blohm, J. M. (1996). An analysis of methods for intercultural training. In D. Landis & R. S. Bhagat (Eds.), *Handbook of intercultural training* (2nd ed.) (pp. 37–84). Sage Publications.

■ Gallois, C., Franklyn-Stokes, A., Giles, H., & Coupland, N. (1988). Communication accommodation in intercultural encounters. In Y. Y. Kim (Ed.), *Theories in intercultural communication* (pp. 157–185). Sage.

■ Gallois, C., Ogay, T., & Giles, H. (2005). Communication accommodation theory: A look back and a look ahead. In W. Gudykunst (Ed.), *Theorizing about intercultural communication* (pp. 121–148). Sage.

■ Gamble, T. K., & Gamble, M. W. (1996). *Communication works*. McGraw Hill Inc.

■ Gao, G., & Ting-Toomey, S. (1998). *Communicating effectively with the Chinese*. Sage Publications.

■ Gelfand, M. (2018). *Rule makers, rule breakers*. Scribner Book Company.

■ Gelfand, M. J., Raver, J. L., Nishii, L. H., Leslie, L. M., Lun, J., Lim, B. C., ... Arnadottir, J. (2011). Differences between tight and loose cultures: A 33–nation study. *Science, 332*, 1100–1104.

■ Giles, H. (1980). Accommodation theory: Some new directions. In S. de Silva (Ed.), *Aspects of linguistic behavior* (pp. 105–136). York University Press.

■ Giles, H., Coupland, N., & Coupland, J. (1991). Accommodation theory: Communication, context, and consequence. In H. Giles, J. Coupland, & N. Coupland (Eds.), *Contexts of accommodation* (pp. 1–68). Cambridge University Press.

■ Giles, H., & Gasiorek, J. (2013). Parameters of non-accommodation: Refining and elaborating communication accommodation theory. In J. Forgas, J. László, & V. Orsolya Vincze (Eds.), *Social cognition and communication* (pp. 155–172). Psychology Press.

■ Goffman, E. (1959). T*he presentation of self in everyday life*. Doubleday.

■ Graham, M. A., Moeai, J., & Shizuru, L. S. (1985). Intercultural marriages: An intrareligious perspective. *International Journal of Intercultural Relations, 9*(4), 427–434.

■ Gudykunst, W. B. (1985). A model of uncertainty reduction in intercultural encounters. *Journal of Language and Social Psychology, 4*, 79–98.

■ Gudykunst, W. B. (2004). *Bridging differences: Effective intergroup communication* (4th ed.). Sage Publications.

■ Gudykunst, W. B. (2005). An anxiety/uncertainty management (AUM) theory of effective communication: Making the mesh of the net finer. In W. B. Gudykunst (Ed.), *Theorizing about intercultural communication* (pp. 281–323). Sage Publications.

■ Gudykunst, W. B., & Kim, Y. Y. (2003). *Communicating with strangers: An approach to intercultural communication* (4th ed.). Mc-Graw Hill.

■ Gudykunst, W. B., & Ting-Toomey, S. (1988). *Culture and interpersonal communication*. Sage Publications.

■ Guilherme, M. (2000). Intercultural competence. In M. Byram (Ed.), *Routledge encyclopedia of language teaching and learning* (pp. 297–300). Routledge.

■ Gullahorn, J. T., & Gullahorn, J. E. (1963). An extension of the U-curve hypothesis. *Journal of Social Issues, 19*, 33–47.

■ Haigh, E. A. P., Moore, M. T., Kashdan, T. B., & Fresco, D. M. (2011). Examination of the factor structure and concurrent validity of the Langer mindfulness/mindlessness scale. *Assessment, 18*(1), 11–26.

■ Hall, E. T. (1959). *The silent language*. Doubleday.

■ Hall, E. T. (1966). *The hidden dimension*. Doubleday.

■ Hall, E. T. (1973). *The silent language*. Anchor.

■ Hall, E. T. (1976). *Beyond culture*. Doubleday.

■ Hammer, M. (2012). The intercultural development inventory: A new frontier in assessment and development of intercultural competence. In M. Vande Berg, R. M. Paige & K. H. Lou (Eds.), *Student learning abroad* (pp. 115–136). Stylus Publishing.

■ Hammer, M. R., Wiseman, R. L., Rasmussen, J. L., & Bruschke, J. C. (1998). A test of anxiety/uncertainty management theory: The intercultural adaptation context. *Communication Quarterly, 46*, 309–326.

■ Hanvey, R. G. (1976). *An attainable global perspective*. American Forum for Global Education.

■ Harrington, J. R., & Gelfand, M. J. (2014). Tightness-looseness across the 50 United States. *PNAS Proceedings of the National Academy of Sciences of the United States of America, 111*(22), 7990–7995.

■ Harwood, J., Giles, H., & Palomares, N. A. (2005). Intergroup theory and communication processes. In J. Harwood & H. Giles (Eds.), *Intergroup communication: Multiple perspectives* (pp. 1–17). Peter Lang Publishing.

■ Hatfield, E., & Sprecher, S. (1995). Men's and women's preferences in marital partners in the United States, Russia, and Japan. *Journal of Cross-Cultural Psychology, 26*(6), 728–750.

Hewstone, M. & Brown, R.J. (1986). Contact is not enough: An intergroup perspective on the contact hypothesis. In M. Hewstone & R. Brown (Eds.), *Contact and conflict in intergroup encounters* (pp. 1–44). Blackwell.

Hofstede, G. (1980). *Culture's consequences*. Sage Publications.

Hofstede, G. (2011). Dimensionalizing cultures: The Hofstede model in context. *Online Readings in Psychology and Culture, 2*(1). doi: 10.9707/2307–0919.1014

Hwang, K. K. (1987). Face and favor: The Chinese power game. *American Journal of Sociology, 92*(4), 944–974.

Islam, M. R., & Hewstone, M. (1993). Dimensions of contact as predictors of intergroup anxiety, perceived out-group variability, and out-group attitude: An integrative model. *Personality and Social Psychology Bulletin, 19*(6), 700–710.

Jackson, J. (2014). *Introducing language and intercultural communication*. Routledge.

James, C. (1980). *Contrastive analysis*. Longman.

Kaplan, R. B. (1966). Cultural thought patterns in intercultural education. *Language Learning, 16*(1–2), 1–20. doi:10.1111/j.1467–1770.1966.tb00804.x

Kelley, C., & Meyers, J. (1992). *The cross-cultural adaptability inventory*. National Computer Systems, Inc.

Kim, E. Y. (2000). *The Yin and Yang of American culture: A paradox*. Intercultural Press.

Kim, M.-S. (2015). Intercultural verbal communication styles. In J. Bennett (Ed.), *The Sage encyclopedia of intercultural competence* (pp. 530–534). Sage Publications.

Kim, Y. Y. (1988). *Communication and cross-cultural adaptation: An integrative theory*. Multilingual Matters.

Kim, Y. Y. (2001). *Becoming intercultural: An integrative theory of communication and cross-cultural adaptation*. Sage Publications.

Kim, Y. Y. (2012). Beyond cultural categories: Communication adaptation and transformation. In J. Jackson (Ed.), *Routledge handbook of language and intercultural communication* (pp. 229–243). Routledge.

King, P. M., & Magolda, M. B. (2005). A developmental model of intercultural maturity. *Journal of College Student Development, 46*, 571–592.

■ Kirkpatrick, D. L. (1959). Techniques for evaluation training programs. *Journal of the American Society of Training Directors, 13*, 21–26.

■ Kluckhohn, C. (1951). Values and value orientations in the theory of action: An exploration in definition and classification. In T. Parsons & E. Shils (Eds.), *Toward a general theory of action* (pp. 388–433). Harvard University Press.

■ Kluckhohn, F. R., & Strodtbeck, F. L. (1961). *Variations in value orientations*. Greenwood Press.

■ Koo, M., Choi, J. A., & Choi, I. (2018). Analytic versus holistic cognition: Constructs and measurement. In J. Spencer-Rodgers & K. Peng (Eds.), *The psychological and cultural foundations of East Asian cognition: Contradiction, change, and holism* (pp. 105–134). Oxford University Press.

■ Kroeber, A. L., & Kluckholn, C. K. M. (1952). *Culture: A critical review of concepts and definitions.* (With contributions from Alfred G. Meyer & Wayne Untereiner). Harvard University Press/Alfred A. Knopf/Random House.

■ Kramsch, C. (2012). Teaching culture and intercultural competence. In C. A. Chapelle (Ed.), *The encyclopedia of applied linguistics*. Blackwell Publishing. doi: 10.1002/9781405198431.wbeal1153

■ Kulich, S. J. (2009). Values studies: History and concepts. In S. W. Littlejohn & K. A. Foss (Eds.), *The encyclopedia of communication theory* (pp. 984–989). Sage Publications.

■ Kulich, S. J. (2011). Applying cross-cultural values research to "the Chinese": A critical integration of etic and emic approaches. Doctoral book published online, Humboldt-University zu Berlin, Germany. Retrieved from urn:nbn:de:kobv:11–100197519

■ Kulich, S. J., & Zhang, R. (2010). The multiple frames of 'Chinese' values: From tradition to modernity and beyond. In M. H. Bond (Ed.), *Oxford handbook of Chinese psychology* (pp. 241–278). Oxford University Press.

■ LaBrack, B. (2015). Reentry. In J. Bennett (Ed.), *The Sage encyclopedia of intercultural competence* (pp. 723–727). Sage Publications.

■ Lado, R. (1957). *Linguistics across cultures: Applied linguistics and language teachers*. University of Michigan Press.

■ Leung, K., Ang, S., & Tan, M. L. (2014). Intercultural competence. *Annual Review of Organizational Psychology and Organizational Behavior, 1*, 489–519.

Leung, K., Bond, M. H., Reimel de Carrasquel, S., Muñoz, C., Hernández, M., Murakami, F., Yamaguchi, S., Bierbrauer, G., & Singelis, T. M. (2002). Social axioms: The search for universal dimensions of general beliefs about how the world functions. *Journal of Cross-Cultural Psychology, 33*, 286–302.

Liddicoat, A. J., & Scarino, A. (2013). *Intercultural language teaching and learning*. Wiley.

Liu, S., Volčič, Z., & Gallois, C. (2014). *Introducing intercultural communication: Global cultures and contexts* (2nd ed.). Sage Publications.

Liu, S., Volčič, Z., & Gallois, C. (2019). *Introducing intercultural communication: Global cultures and contexts* (3rd ed.). Sage Publications.

Lukens, J. G. (1977). Bridging the communication gap: Understanding communicative distances and cultural differences. Paper presented at the Annual Meeting of the International Communication Association (27th, Berlin, Germany, May 29–June 4).

Lustig, M. W., & Koester, J. (2010). *Intercultural competence: Interpersonal communication across cultures* (6th ed.). Pearson Education/Allyn and Bacon.

Markus, H. R., & Conner, A. C. (2014). *Clash! How to thrive in a multicultural world*. Penguin (Hudson Street Press).

Markus, H. R., & Kitayama, S. (1991). Culture and the self: Implications for cognition, emotion, and motivation. *Psychological Review, 98*, 224–253.

Markus, H. R., & Kitayama, S. (2003). Models of agency: Sociocultural diversity in the construction of action. In G. Berman & J. Berman (Eds.), *The Nebraska symposium on motivation: Cross-cultural differences in perspectives on self* (Vol. 49, pp. 1–57). University of Nebraska Press.

Matsumoto, D., & Juang, L. (2013). *Culture and psychology* (5th ed.). Wadsworth.

Matsumoto, D. & Hwang, H. C. (2016). The cultural bases of nonverbal communication. In D. Matsumoto, H. C. Hwang, & M. G. Frank (Eds.), *APA handbook of nonverbal communication* (pp. 77–102). American Psychological Association.

Mehrabian, A. (1981) *Silent messages: Implicit communication of emotions and attitudes* (2nd ed.). Wadsworth.

■ Miller, S. H., & El-Aidi, N. (2008). Culture shock: Causes and symptoms. *International Business Research, 1,* 26–37.

■ Mooij, M. D. (2004). *Consumer behavior and culture: Consequences for global marketing and advertising.* Sage Publications.

■ Navas, M. S., García, M. C., Sánchez, J., Rojas, A. J., Pumares, P., & Fernández, J. S. (2005). Relative acculturation extended model (RAEM): New contributions with regard to the study of acculturation. *International Journal of Intercultural Relations, 29,* 21–37.

■ Neuliep, J. W. (2018). *Intercultural communication: A contextual approach* (7th ed.). Sage Publications.

■ Neuliep, J. W., & McCroskey, J. C. (1997). The development of a US and generalized ethnocentrism scale. *Communication Research Reports, 14,* 385–398.

■ Nisbett, R. E. (2003). *The geography of thought: How Asians and Westerners think differently ... and why.* Free Press.

■ Oberg, K. (1960). Cultural shock: Adjustment to new cultural environments. *Practical Anthropology, 7,* 177–182.

■ Peng, K., & Nisbett, R. E. (1999). Culture, dialectics, and reasoning about contradiction. *American Psychologist, 54* (9), 741–754.

■ Pettigrew, T. F. (1998). Intergroup contact theory. *Annual Review of Psychology, 49,* 65–85.

■ Pettigrew, T. F., Tropp, L. R., Wagner, U., & Oliver Christ, O. (2011). Recent advances in intergroup contact theory. *International Journal of Intercultural Relations, 35*(3), 271–280.

■ Rahim, M. A. (1992). *Managing conflict in organizations* (2nd ed.). Praeger.

■ Reinert, J. (1971). What your sense of time tells you. *Science Digest, 69,* 8–12.

■ Richards, J. C., Platt, J., & Platt, H. (2000). *Longman dictionary of language teaching & applied linguistics.* Foreign Language Teaching and Research.

■ Risager, K. (2012). Linguaculture and transnationality: The cultural dimensions of language. In J. Jackson (Ed.), *The Routledge handbook of language and intercultural communication* (pp. 101–115). Routledge.

■ Romano, D. (1997). *Intercultural marriages: Promises and pitfalls* (2nd ed.). Intercultural Press.

Ruble, R. A., & Zhang, Y. B. (2013). Stereotypes of Chinese international students held by Americans. *International Journal of Intercultural Relations, 37*(2), 202–211.

Ryffel, C. (1997). D.I.C.E.: Many sides to what we 'see.' In A. E. Fantini (Ed.), *New ways in teaching culture: New ways in TESOL Series II: Innovative classroom techniques* (pp. 203–205). TESOL.

Saphiere, D. H., Mikk, B. K., & Devries, B. I. (2005). *Communication highwire: Leveraging the power of diverse communication styles*. Nicholas Brealey.

Sapir, E. (1929/1949). The status of linguistics as a science. In Mandelbaum, D. G. (Ed.), *Culture, language and personality: Selected essays* (pp. 65–77). University of California Press.

Schramm, W. (1970). *The process and effects of mass communication*. University of Illinois Press.

Schramm, W., & Porter, W. E. (1982). *Men, women, messages, and media: Understanding human communication*. Harper & Row.

Spencer-Oatey, H. (2008). *Culturally speaking: Culture, communication and politeness theory*. Continuum.

Spencer-Oatey, H. & Franklin, P. (2009). *Intercultural interaction: A multidisciplinary approach to intercultural communication*. Palgrave Macmillan.

Spitzberg, B. H., & Changnon, G. (2009). Conceptualizing intercultural competence. In D. K. Deardorff (Ed.), *The Sage handbook of intercultural competence* (pp. 2–52). Sage.

Stankov, L., & Saucier, G. (2015). Social axioms in 33 countries: Good replicability at the individual but less so at the country level. *Journal of Cross-Cultural Psychology, 46*(2), 296–315.

Stephan, W. G., & Stephan, C. W. (2000). An integrated threat theory of prejudice. In S. Oskamp (Ed.), *Reducing prejudice and discrimination* (pp. 225–246). Lawrence Erlbaum.

Sternberg, R. J. (1986). A triangular theory of love. *Psychological Review, 93*(2), 119–135.

Storti, C. (2009). Intercultural competence in human resources— Passing it on: Intercultural competence in the training arena. In D. K. Deardorff (Ed.), *The Sage handbook of intercultural competence* (pp. 272–286). Sage Publications.

■ Sumner, W. G. (1906). *Folkways*. Ginn.

■ Tajfel, H., & Turner, J. C. (1986). The social identity theory of intergroup behavior. *Psychology of Intergroup Relations, 5*, 7–24.

■ Tan, A. (1990). The language of discretion. In C. Ricks & L. Michaels (Eds.), *The state of the language* (pp. 25–32). University of California Press.

■ Ting-Toomey, S. (1994). Managing conflict in intimate intercultural relationships. In D. D. Cahn (Ed.), *Conflict in personal relationships* (pp. 47–77). Lawrence Erlbaum.

■ Ting-Toomey, S. (1999). *Communicating across cultures*. Guilford.

■ Ting-Toomey, S. (2009). Face negotiation theory. In S. W. Littlejohn & K. A. Foss (Eds.), *Encyclopedia of communication theory* (pp. 371–374). Sage.

■ Ting-Toomey, S. (2012). Understanding intercultural conflict competence: Multiple theoretical insights. In J. Jackson (Ed.), *The Routledge handbook of language and intercultural communication* (pp. 279–295). Routledge.

■ Ting-Toomey, S. (2015). Conflict facework negotiation theory. In J. Bennett (Ed.), *The Sage encyclopedia of intercultural competence* (pp. 325–327). Sage Publications.

■ Ting-Toomey, S., & Chung, L. C. (2012). *Understanding intercultural communication*. Oxford University Press.

■ Ting-Toomey, S., & Kurogi, A. (1998). Facework competence in intercultural conflict: An updated face-negotiation theory. *International Journal of Intercultural Relations, 22*, 187–225.

■ Ting-Toomey, S., & Oetzel, J. (2001). *Managing intercultural conflict effectively*. Sage Publications.

■ Uz, I. (2015). The index of cultural tightness and looseness among 68 countries. *Journal of Cross-Cultural Psychology, 46*, 319–335.

■ Wakefield, C. S. (2014). Communicating with Americans: Chinese international students' experiences and perceptions. Unpublished doctoral dissertation. University of Kansas, Laurence, USA.

■ Wang, T. (2013). Talking to strangers: Chinese youth and social media. Unpublished doctoral dissertation, University of California, San Diego, USA.

■ Wang, Y.-A., & Kulich, S. J. (2015). Does context count? Developing and assessing intercultural competence through an interview- and model-based domestic course design in China. *International Journal of Intercultural Relations, 38*, 38–57.

■ Ward, C. A., Bochner, S., & Furnham, A. (2001). *The psychology of culture shock*. Routledge.

■ Ward, C., & Kennedy, A. (1994). Acculturation strategies, psychological adjustment, and sociocultural competence during cross-cultural transitions. *International Journal of Intercultural Relations, 18*, 329–343.

■ Weng, L.-P. (2015). Individualism and collectivism. In J. Bennett (Ed.), *The Sage encyclopedia of intercultural competence* (pp. 423–429). Sage Publications.

■ Weng, L.-P., & Kulich, S. J. (2015). Communicating across cultures with people from China. In J. Bennett (Ed.), *The Sage encyclopedia of intercultural competence* (pp. 67–73). Sage Publications.

■ Weng, L.-P., Zhang, Y. B., Kulich, S. J., & Zuo, C. L. (2021). Cultural values in proverbs reported by Chinese college students. *Asian Journal of Social Psychology, 24*(2), 232–243.

■ Whorf, B. L. (1956). *Language, thought, and reality: Selected writings of Benjamin Lee Whorf*. M.I.T. Press.

■ Yang, C.-F. (2006). The Chinese conception of the self: Towards a person-making (做人) perspective. In U. Kim, K. S. Yang, & K. K. Hwang (Eds.), *Indigenous and cultural psychology: Understanding people in context* (pp. 327–356). Springer.

■ Yang, K. S. (2004). A theoretical and empirical analysis of the Chinese self from the perspective of social and individual orientation. *Indigenous Psychological Research in Chinese Societies, 22*, 11–80.

■ Ye, S., Ng, T. K., Lu, E. Y., & Ma, Z. (2018). Chinese Proverb Scale: Development and validation of an indigenous measure of Chinese traditional values. *Asian Journal of Social Psychology, 21*, 156–177.

■ Yum, J. O. (1988). The impact of Confucianism on interpersonal relationships and communication patterns in East Asia. *Communication Monographs, 55*(4), 374–388.

■ 艾娟（2016）.扩展群际接触：观点、机制与展望.心理科学进展，24（5），836–843.

■ 艾娟、严晶华（2017）.肯定类型对扩展接触改善同性恋态度的影响.心理学探新，37（4），333–338.

■ 毕继万（2005）.第二语言教学的主要任务是培养学生的跨文化交际能力.中国外语，1，66–70.

■ 蔡定剑、刘小楠（2010）（主编）.反就业歧视法专家建议稿及海外经验.社会科学文献出版社.

■ 陈国明（2009）.跨文化交际学.华东师范大学出版社.

■ Chen, G. M., & Starosta, W. J. (2007). Foundations of intercultural communication.上海外语教育出版社.

■ 戴晓东（2018）.跨文化能力研究.外语教学和研究出版社.

■ 戴晓东（2022）.中国教师视角的跨文化能力模型建构.外语界，5，20–28.

■ Davis, L. (2001). Doing culture: Cross-cultural communication in action（中西文化之鉴：跨文化交际教程）.外语教学与研究出版社.

■ 费孝通（2008）.乡土中国.人民出版社.

■ 付小秋、张红玲（2017）.综合英语课程的跨文化教学设计与实施.外语界，1，85–89.

■ 高一虹（1998）.跨文化交际能力的"道"与"器".语言教学与研究，3，39–53.

■ 高一虹（2000）.语言文化差异的认识与超越.外语教学与研究出版社.

■ 高一虹（2002）.跨文化交际能力的培养："跨越"与"超越".外语与外语教学，10，27–31.

■ 何自然（1997）.语用学与英语学习.上海外语教育出版社.

■ 侯玉波（2007）.文化心理学视野中的思维方式.心理科学进展，15（2），211–216.

■ 侯玉波、彭凯平、朱滢（2016）.中国人整体思维方式量表的编制与确认.中国社会心理学评论，2，45–72.

■ 侯玉波、朱滢（2002）.文化对中国人思维方式的影响.心理学报，34（1），106–111.

- 胡文仲（1999）.跨文化交际学概论.外语教学与研究出版社.

- 黄光国（2010）.儒家关系主义与华人企业的组织文化.载黄光国编，人情与面子：中国人的权力游戏.中国人民大学出版社.

- 黄丽莉（1996）.中国人的和谐观与冲突观：和谐化辩证观之研究取径.本土心理学研究，5，47–71.

- 贾玉新（1997）.跨文化交际学.上海外语教育出版社.

- Kramer, E. M.、刘杨（2015）.全球化语境下的跨文化传播.清华大学出版社.

- 李加军（2023）.大学通用英语教材的（跨）文化呈现研究.外语界，1，66–75.

- 连淑能（2002）.论中西思维方式.外语与外语教学，2，40–46.

- 连淑能（2006）.中西思维方式：悟性与理性.外语与外语教学，7，35–38.

- 梁晓雪（2022）.在华旅居者群际接触机制研究：基于在沪外国专家跨文化感知的变化.中国商务出版社.

- 刘宝权（2004）.跨文化交际能力与语言测试的接口研究.博士学位论文.上海外国语大学.

- 刘有安（2012）.多民族城市中的族际交往及和谐民族关系构建.内蒙古社会科学，6.

- 罗常培（2003）.语言与文化.北京出版社.

- 彭凯平（2021）.吾心可鉴：跨文化沟通.清华大学出版社.

- 彭凯平（2016）.吾心可鉴：澎湃的福流.清华大学出版社.

- 彭仁忠、付容容、吴卫平（2020）.新时代背景下跨文化外语教学理论模型和实践模型研究.外语界，4，45–53.

- 宋莉（2009）.跨文化交际法中国英语教学模式探析.博士学位论文，上海外国语大学.

- 孙有中（2016）.外语教育与跨文化能力培养.中国外语，3，1，17–22.

- 文崇一（1989）.中国人的价值观.东大图书公司.

- 文崇一（1994）.道德与富贵：中国人的价值冲突.载杨国枢（编），中国人的价值观：社会科学观点.桂冠图书公司.

■ 翁立平（2015）.跨文化交际文化过程论初探.上海交通大学出版社.（英文版）

■ 翁立平（2021）.什么是跨文化交际学.上海外语教育出版社.

■ 翁立平、顾力行（2014）.当今跨文化交际研究中的文化悖论.中国外语，11（3）：85-90.

■ 吴卫平、樊葳葳、彭仁忠（2013）.中国大学生跨文化能力维度及评价量表分析.外语教学与研究，45（4），581-592，641.

■ 许烺光（2002）.中国人与美国人.（徐隆德译）.南天书局.

■ 阎云翔（2006）.差序格局与中国文化的等级观.社会学研究，4，201-213.

■ 杨国枢（2005）.中国人的社会取向：社会互动的观点.中国社会心理学评论，1.

■ 杨盈、庄恩平（2007）.构建外语教学跨文化交际能力框架.外语界，4，13-21，43.

■ 翟学伟（1996）.中国人在社会行为取向上的抉择：一种本土社会心理学理论的建构.高等学校文科学报文摘，2.

■ 张红玲（2007）.跨文化外语教学.上海外语教育出版社.

■ 张红玲（2021）（主编）."外教社杯"高校学生跨文化能力大赛历届优秀案例选评.上海外语教育出版社.

■ 张红玲、吴诗沁（2022）.外语教育中的跨文化能力教学参考框架研制.外语界，5，2-11.

■ 张红玲、姚春雨（2020）.建构中国学生跨文化能力发展一体化模型.外语界，4，35-44.

■ 张红玲、赵涵（2018）.民族志跨文化外语教学项目的设计、实施与评价.外语界，3，2-9.

■ 张雁冰、Makiko Imamura、翁立平（2018）.交际顺应理论与跨文化交际：人际与群际视角.载顾力行、英东亚编，中国跨文化传播研究年刊，2，168-188.（英文版）

■ 张彦彦、赵英男、李华智、吴胜涛（2022）.社会规范的文化延伸：文明作为中国人的一种道德基础.自然辩证法通讯，44（5），19-26.

■ 祝华（2022）.跨文化交际探索.（连美丽、黄剑译）.商务印书馆.